Ursula Nuber

Der Bindungseffekt

PIPER

Gleichgültig, ob wir aktuell in einer schwierigen, konfliktreichen Partnerschaft leben, ob wir eine Trennung hinter uns haben, immer wieder an falsche Partner geraten oder ungewollt Single sind – die Beschäftigung mit unseren frühen Bindungserfahrungen ist auf jeden Fall hilfreich. Denn die Forschung zur Bindung im Erwachsenenalter zeigt ganz klar: Am stärksten wirken sich frühe Bindungserfahrungen in Paarbeziehungen aus. Das ist kein Wunder, denn sie sind der Eltern-Kind-Beziehung am ähnlichsten. Deshalb ist es für gelingende Beziehungen wichtig, unsere früh entstandenen Bindungsmuster gut kennenzulernen und ihren Einfluss auf unsere aktuellen Beziehungen zu schwächen. Denn Bindungsmuster sind kein Schicksal, sie sind veränderbar. Sobald wir wissen, welche Bindungsgeschichte wir haben und warum wir in engen Beziehungen so agieren, wie wir es tun, können wir positive Veränderungen in Gang setzen.

Ursula Nuber ist Diplompsychologin und war bis 2018 Chefredakteurin der Zeitschrift *Psychologie Heute*. Sie arbeitet als Psychologin und Paartherapeutin in der Nähe von Heidelberg, ist Autorin zahlreicher psychologischer Ratgeber und Kolumnistin bei der *Frankfurter Allgemeinen Sonntagszeitung*. Zuletzt im Piper Verlag erschienen ihre Bücher »Was Paare wissen müssen« und »Sag mal, liebst du mich eigentlich noch?«.

www.ursula-nuber.de

facebook.com/Ursula.Nuber.Ernst

Ursula Nuber

DER BINDUNGS EFFEKT

Wie frühe Erfahrungen unser Beziehungsglück beeinflussen und wie wir damit umgehen können

PIPER

Mehr über unsere Autorinnen, Autoren und Bücher:
www.piper.de

Von Ursula Nuber liegen im Piper Verlag vor:
Sag mal, liebst du mich eigentlich noch?
Was Paare wissen müssen
Der Bindungseffekt
Lass die Kindheit hinter dir

Ungekürzte Taschenbuchausgabe
ISBN 978-3-492-31967-6
1. Auflage Juli 2023
2. Auflage März 2025

www.piper.de
Für einen direkten Kontakt und Fragen zum Produkt wenden Sie sich bitte an:
info@piper.de
Umschlaggestaltung: zero-media.net, München
Umschlagmotiv: FinePic®, München
Satz: Satz für Satz, Wangen im Allgäu
Gesetzt aus der Adobe Garamond Pro
Litho: Lorenz & Zeller, Inning am Ammersee
Gedruckt von ScandBook in Litauen
Printed in the EU

»Der Kern meiner Aussagen ist, dass eine enge und kausale Beziehung besteht zwischen den Erfahrungen eines Individuums mit seinen Eltern und seiner späteren Fähigkeit, emotionale Bindungen einzugehen.«

JOHN BOWLBY

»Man kann das Leben nur rückwärts verstehen, aber leben muss man es vorwärts.«

SØREN KIERKEGAARD

Inhalt

Begegnungen

Neun Liebesgeschichten und eine Gemeinsamkeit

Männer und Frauen reden über die Liebe. Sie erzählen von einer Liebe, die Hoffnungen weckt und Sehnsüchte stillt; sie erzählen aber auch von einer Liebe, die schmerzt, enttäuscht und mutlos macht. An diesen Geschichten gibt es nichts Besonderes oder Außergewöhnliches, ganz im Gegenteil: Sie haben einen wohlvertrauten Inhalt. Wie wir alle, sind auch diese Menschen auf der Suche nach einer tiefen Begegnung – nach einem anderen, der sie versteht, dem sie vorbehaltlos vertrauen können, der ihnen Sicherheit gibt, mit dem sie sich weiterentwickeln können. Manchmal glauben sie, diesen anderen Menschen gefunden zu haben. Doch dann wird die Liebe schwierig.

Drei Paare sowie vier Frauen und zwei Männer kommen in diesem Buch zu Wort. Sie alle wünschen sich nichts mehr als eine glückliche Beziehung – und wissen nicht, warum dieser Wunsch nicht in Erfüllung geht.

Alle Fälle sind anonymisiert und verfremdet, die Namen sind erfunden. Allerdings setzen sich diese Liebesgeschichten aus den Erfahrungen realer Menschen zusammen. Sie sind daher keine reine Fiktion.

MARIA UND MAX

Es war die große Liebe. Als sie sich auf einer Studentenparty kennenlernten, wussten beide sofort: Wir bleiben zusammen. Ihm imponierte diese selbstständige und selbstsichere junge Frau. Ihr gefiel, dass er zuhören konnte und so sanft war. Bald zogen sie zusammen, beendeten ihr Studium, fanden tolle erste Stellen. Er machte Karriere, sie auch. Das Glück war perfekt. Doch davon ist nicht mehr viel geblieben. Wenn Max nun am Abend nach Hause kommt, ist Maria entweder nicht da, oder sie macht ihm Vorwürfe. Er habe keine Zeit mehr für sie, denke nur an sich, würde sich nur noch für seine Arbeit und seinen Sport interessieren.

Max versteht Maria nicht. Aus seiner Sicht tut er alles für sie und die Beziehung. Ihre Erwartungen empfindet er als überzogen, er fühlt sich eingeengt, kontrolliert, ausgebremst. Zunehmend reagiert er wütend, wenn Maria ihm Vorwürfe macht, und geht zum Gegenangriff über. Dann wirft er ihr vor: »Du bist eigennützig, viel zu passiv, auf mich fixiert, neidisch auf meine Arbeit.« Das Paar verheddert sich immer mehr in dem Teufelskreis aus Vorwurf und Gegenvorwurf.

Die beiden fragen sich: Warum ist Maria so anklammernd und vorwurfsvoll? Sie war doch bislang so unabhängig? Und warum kann Max ihr nicht mit Verständnis begegnen? Warum wehrt er sich so verzweifelt?

HANNELORE

Hannelore ist seit ein paar Jahren Single und sucht im Internet eine neue Liebe. Regelmäßig hat sie vielversprechende Verabredungen, die aber fast immer im Sande verlaufen. Das Muster ist jedes Mal dasselbe: Auf stundenlange Telefonate folgt das erste Treffen. Wenn der Mann auch nur annähernd infrage kommt, verliebt sie sich schnell. Und wenn der andere es forciert, landet sie auch schon mal nach ein oder zwei Begegnungen mit ihm im

Bett. Danach aber kommt der »Kater«. Der Mann zieht sich zurück, ist plötzlich nicht erreichbar oder gesteht, dass er noch andere Eisen im Feuer hat. Für Hannelore bricht dann regelmäßig eine Welt zusammen, sie verliert jeglichen Mut, will sich nur noch verkriechen. Sie fragt sich, was der Grund dafür ist, dass kein Mann nachhaltiges Interesse an ihr hat. Und sie findet die Schuld immer bei sich: Sie ist zu hässlich, zu dick, zu dumm und vermutlich überhaupt nicht beziehungsfähig. Irgendetwas Grundlegendes muss sie falsch machen. Wenn es ihr dann wieder besser geht, startet sie den nächsten Versuch.

Sie fragt sich: Was mache ich falsch? Warum gerate ich immer an die Falschen? Oder bin ich falsch? Warum bleibt niemand bei mir? Bin ich beziehungsunfähig?

JOE UND ULRIKE

Joe heißt eigentlich Josef. Aber Joe klingt moderner, jünger, meint Josef. Und so will er erscheinen: jung und dynamisch. Er ist Immobilienmakler, und da ist ein überzeugendes Auftreten genauso wichtig wie die Automarke. Natürlich fährt Joe einen SUV.

In letzter Zeit aber bleiben die beruflichen Erfolge aus, er fühlt sich ausgebrannt. Er hatte sich daran gewöhnt, gute Abschlüsse einzufahren; doch seit Monaten läuft das Geschäft eher schleppend. »Dieses Auf und Ab ist in der Branche normal«, sagt Joe, »aber dieses Wissen beruhigt mich nicht. Ich sitze stundenlang im Büro, telefoniere mit Leuten, versuche Kontakte zu machen, aber mir gelingt nichts mehr.« Joe befindet sich in einer mittelschweren Depression. Er, der überaus erfolgreiche Makler, bewundert von Kollegen wie Konkurrenten, fühlt sich wertlos. Was für einen anderen Menschen eine normale Durststrecke wäre, ist für Joe ein Desaster.

»Seine berufliche Situation wirkt sich immer mehr auf unsere Beziehung aus«, klagt seine Ehefrau Ulrike. »Er kennt zu Hause nur ein Thema: die schwierige Lage auf dem Immobilienmarkt.

Er will, dass ich ihm zuhöre, ihn aufbaue. Auf keinen Fall kann er es aushalten, wenn ich irgendwelche Wünsche habe oder über eigene Probleme reden will. Solange ich als emotionale Tankstelle zur Verfügung stehe, ist er zufrieden. Noch biete ich ihm diesen Service, aber langsam bin ich auch am Ende meiner Kräfte. Mich überfordert das, es strengt mich extrem an. Er verträgt keine Kritik und ist auch nicht bereit, mir entgegenzukommen oder mal einen Kompromiss einzugehen.« Einen normalen Beziehungsalltag kann sich Ulrike schon gar nicht mehr vorstellen.

Die beiden fragen sich: Warum hat sich der erfolgreiche und zuversichtliche Joe so verändert? Wieso kann er mit den beruflichen Schwierigkeiten nicht besser umgehen? Und welche Rolle spielt Ulrike dabei?

JOHANNA

Seit ihrer Pubertät weiß Johanna, dass sie Frauen liebt. Damals hat sie die Sportlehrerin verehrt und bewundert und sich gewünscht, die Lehrerin würde sie mal in den Arm nehmen. Mit zwanzig wurde sie von einer deutlich älteren Frau verführt. Die große Liebe war es nicht. In der Folge verliebte sie sich immer mal wieder. Aber die Richtige war nicht dabei. Dann aber kam Ella. Von Anfang an wusste sie: Die ist es! Seit sie Ella kennt, weiß sie, was es heißt, jemanden zu lieben und zu begehren. Mit dieser Frau will sie zusammenziehen, Kinder adoptieren, heiraten. Doch Ella fühlt sich bedrängt. Und sie ist oft schwierig: Sie wird schnell eifersüchtig, klammert in einem Moment, und im anderen zeigt sie Johanna die kalte Schulter. Johanna lässt sich durch dieses Verhalten aber nicht beirren. Sie bleibt dran. Sie weiß, dass Ella sie liebt, daran hat sie keinen Zweifel. Ella verblüfft die Verlässlichkeit von Johanna. Sie kann dem Frieden noch nicht trauen: Wird das anhalten, oder wird Johanna irgendwann genug von ihr haben?

Johanna fragt sich: Warum kann Ella nicht einfach »Ja« zu meinen Plänen sagen? Was hält sie ab?

MATTHIAS

Er ist ratlos. Eigentlich hat er in Susanne seine Traumfrau gefunden. Sie haben viele Gemeinsamkeiten, er fühlt sich wohl mit ihr. Eigentlich. In letzter Zeit spricht sie viel von der Zukunft, und das gefällt ihm nicht. Susanne will wissen, wie es weitergeht mit ihnen. Gemeinsame Wohnung, ein Kind? Um Gottes willen, denkt Matthias dann, nur weg hier. Hinzu kommt, dass es da noch zwei sehr gute Freundinnen gibt, die er hin und wieder trifft und mit denen er auch Sex hat. Warum er diese Beziehungen aufrechterhält, weiß er selbst nicht so genau. Auf keinen Fall darf Susanne davon erfahren, er will sie nicht verlieren. Aber entscheiden kann er sich auch nicht für sie.

Er fragt sich: Was ist mit mir los, warum kann ich mich nicht entscheiden? Was hält mich davon ab, mich verbindlich auf Susanne einzulassen?

ANNALENA UND TOM

Bislang gab es keine Probleme zwischen ihnen. Sie sind gut miteinander ausgekommen, bezeichnen sich als Team, das viele Gemeinsamkeiten lebt. Aber seit »dieser Geschichte« ist alles anders, klagt Tom. Mit »dieser Geschichte« meint er die Zeit, als Annalena mit der Diagnose »Verdacht auf Brustkrebs« nach Hause kam. Natürlich war sie erschüttert, natürlich hatte sie Angst. Sie wünschte sich, dass er sie zur Untersuchung begleitet. Da aber hatte er ein wichtiges berufliches Meeting und wollte sich nicht freinehmen. Er wollte sie nur beruhigen, als er meinte, »Da wird schon nichts sein«. Für Annalena war seine Reaktion schockierend, sie hatte das Gefühl, dass bisher vorhandene kleine Risse in der Beziehung nun aufbrachen. Als er sah, wie viel ihr seine Begleitung bedeutete, bot er ihr an, sein Meeting zu verschieben. Doch da war es schon zu spät. Sie ging allein. Dass der Verdacht sich nicht bestätigte, hat sie natürlich sehr gefreut. Doch die Enttäuschung über Tom war so groß, dass sie ihm nur widerwillig das Ergebnis mitteilte. Seit diesem Ereignis kann Annalena nicht mehr entspannt mit Tom umgehen. Auch er ist verunsichert, zugleich aber auch verärgert. Schließlich ist er sich keiner Schuld bewusst.

Die beiden fragen sich: Was ist da passiert? Haben wir uns die ganze Zeit etwas vorgemacht? Wieso kann dieses eine Ereignis uns so auseinanderbringen? Was haben wir übersehen?

AGNES

Nach ihrer Scheidung lebte Agnes lange allein. Sie konnte es sich nicht vorstellen, sich noch einmal fest zu binden. Doch dann begegnete ihr auf einem Firmenfest ein Mann, der sofort ihr Herz eroberte. Sie hatte Schmetterlinge im Bauch und war selbst erstaunt über ihre Gefühle. Er war auch geschieden. Mit seiner Ex hatte er eine sechsjährige Tochter. Sie teilten sich das Sorgerecht. Alles schien perfekt. Wenn er alle zwei Wochen seine Tochter bei sich hatte, unternahm Agnes andere Dinge, und als er mit der Tochter in Ferien fuhr, fand sie das natürlich in Ordnung. Sie hielt sich aus der Vater-Tochter-Beziehung ganz heraus. Doch die Distanz hielt nur ein halbes Jahr. Als er meinte, es wäre an der Zeit, dass sie seine Tochter kennenlerne, willigte sie ein. Es war ihr wichtig, bei der Kleinen einen positiven Eindruck zu machen. Was auch gelang: Die Tochter fand sie »super«. Nun verbrachten sie die Vater-Wochenenden zu dritt. Agnes erfuhr immer mehr über seine Probleme mit der Ex-Frau, bekam die schulischen Sorgen der Tochter mit, kümmerte sich um deren Hausaufgaben und wurde zu einer Art Zweitmutter. Alles schien gut. Doch Agnes wurde immer unzufriedener. Sie wollte einen Partner, keine Familie. Sie wollte, dass er sich um sie kümmerte und weniger um die Tochter. Sie warf ihm vor, dass er sie vernachlässige, dass er zu wenig Interesse an ihrem Leben und ihren Sorgen hätte. Immer ginge es um ihn, um seine Tochter, um deren Bedürfnisse. Hatten sie Zeit für sich, ohne das Kind, ging es ihr gut mit ihm. Aber sobald die Tochter ins Spiel kam, gab es Zoff. Er meinte, er könne nichts an der Situation ändern. Er habe nun mal ein Kind, das müsse sie akzeptieren. Sie hätte doch gewusst, dass sie ihn nur mit Kind haben könne.

Sie fragt sich: Warum fühle ich mich zurückgesetzt? Ich kann mich doch nicht mit einem Kind vergleichen – und doch tue ich es. Warum nur? Bin ich zu egoistisch?

ELENA

Elena ist seit sechs Jahren mit Mario zusammen, bald wollen sie heiraten. Der Termin steht schon fest. Vor Kurzem sind sie in die erste gemeinsame Wohnung gezogen. Es könnte eine Zeit der Freude und Zuversicht sein. Doch Elena und Mario sind nicht glücklich. Sie haben immer schon viel und heftig gestritten, meist, weil sie ihn wegen Kleinigkeiten angriff: Mal war er zu lang mit den Freunden unterwegs, mal hat er ihr nicht aufmerksam zugehört, mal hat er die falsche Milch gekauft. Aber weil sie sich liebten und meist schnell versöhnten (oft landeten sie nach dem Streit im Bett und hatten wunderbaren Sex), führten sie ihre Auseinandersetzungen auf Elenas Temperament zurück und problematisierten sie nicht weiter. Doch seit sie zusammenleben, haben die Auseinandersetzungen eine neue Qualität. Wo Elena früher nur laut wurde, schreit und brüllt sie jetzt, und es gehen Dinge zu Bruch. Wo Mario sie früher beruhigen konnte, bleibt ihm heute häufig nur die Flucht, um die Situation zu deeskalieren. Sie lieben sich, daran haben beide keinen Zweifel. Aber so darf es nicht weitergehen.

Elena fragt sich: Woher kommt die Wut? Warum kann sie sich nicht kontrollieren? Welchen Anteil hat Mario daran? Wie kann sie verhindern, dass die Konflikte eskalieren?

PAUL

Paul und Inga kannten sich bereits als Teenager und haben mit Anfang zwanzig geheiratet. Für beide gab es keine anderen Liebespartner. Auf ihre bisherige Lebensbilanz schauen beide mit großem Stolz: Sie haben gemeinsam einen florierenden Schreinerbetrieb aufgebaut und drei Kinder großgezogen, die alle »was geworden sind«. Doch nun ist etwas passiert, womit beide »niemals« gerechnet hätten, wie Paul sagt. Er ist fremdgegangen. Vor einem halben Jahr hatte er eine kurze Affäre, die bis heute für Turbulenzen sorgt. Sehr bald hatte Paul seiner Frau alles offenbart, wollte so ehrlich wie nur möglich mit ihr sein. Natürlich brach für Inga eine Welt zusammen. Der Gedanke, dass sie einander untreu sein könnten, war in all den Jahrzehnten des Zusammenlebens nie aufgetaucht. Die beiden führten viele Gespräche, Paul stand Inga Rede und Antwort, bemühte sich, ihren Schmerz aufzufangen. Teilweise ist ihm das auch gelungen. Aber wichtige Fragen sind immer noch ungeklärt.

Paul fragt sich: Warum ist diese Affäre passiert? Warum bereue ich meine Untreue nicht wirklich? Warum würde ich auf Ingas Frage »Würdest du es wieder tun?«, nicht klar mit »Nein« antworten?

Max und Maria, Hannelore, Joe und Ulrike, Johanna, Matthias, Annalena und Tom, Agnes, Elena, Paul – sie alle leiden aus ganz unterschiedlichen Gründen an der Liebe. Spürbar ist bei allen die Sehnsucht nach einer glücklichen Beziehung und die Enttäuschung darüber, diese bisher nicht wirklich gefunden zu haben. Ihre Geschichten sind inhaltlich sehr verschieden, keine gleicht der anderen. Und doch gibt es eine Gemeinsamkeit. Auf sie stößt man fast immer, wenn die Liebe Probleme bereitet. Von dieser Gemeinsamkeit handelt das Buch.

Einleitung
Die erste Liebe

Was hat die Kindheit damit zu tun, wenn Beziehungen heute schwierig sind? Und warum sind Veränderungen nur möglich, wenn wir wissen, was die erste Liebe uns lehrte?

»Es gibt kaum eine Aktivität, kaum ein Unterfangen, das mit so großen Hoffnungen und Erwartungen begonnen wird und das mit einer solchen Regelmäßigkeit fehlschlägt, wie die Liebe.« Diese Aussage traf der Psychoanalytiker Erich Fromm Mitte der 1950er-Jahre. Könnte man ihn heute erneut zum Thema befragen, würde er wohl kaum anderer Meinung sein. Konstant hohe Scheidungsraten, die große Zahl an Single-Haushalten in Großstädten, viele Millionen Partnersuchende im Internet und ungezählte Paare, die sich ein glückliches Leben zu zweit erhofften und sich dann im Liebesalltag miteinander verstricken – gelebte Liebe ist offensichtlich mehr denn je ein schwieriges Unterfangen. Frauen und Männer sehnen sich nach einem anhaltenden Beziehungsglück, doch häufig erfolgt nach einem kurzen Höhenflug schon bald der Absturz, oder die Partnerschaft landet nach einem längeren, unaufhaltsam erscheinenden Sinkflug auf dem harten Boden des Alltags.

Warum ist es so schwer, glückliche und dauerhafte Beziehungen zu führen? An Analysen mangelt es nicht: Verantwortlich für die Liebesmisere, so Experten, seien allzu romantische Vorstellungen von der Liebe, die Überforderungen durch Beruf und Familie, überzogene Erwartungen an eine Partnerschaft, die Hoffnung, dass es »da draußen« – vielleicht in den Tiefen des Internets – noch einen besseren Partner oder eine bessere Partnerin gibt. Gerade der letzte Punkt bekommt zurzeit viel Aufmerksamkeit. Vor allem jüngeren Erwachsenen, aber nicht nur ihnen, wird Beziehungs- und Bindungsunfähigkeit bescheinigt. Sie würden nur noch um sich selbst kreisen und sich mit Selbstoptimierung beschäftigen. Sobald Beziehungsprobleme auftauchten, kämen sie ins Schleudern, meint zum Beispiel Michael Nast, Autor des Bestsellers *Generation beziehungsunfähig*. Der Zwang zur Perfektion mache dann auch nicht vor dem Partner halt. Denn schließlich sei man sich ja bewusst, »dass es irgendwo noch jemanden gibt, der das eigene Leben sinnvoller ergänzt«.

Diese Diagnose ist nicht falsch. Alle genannten Aspekte können dazu beitragen, dass eine Paarbeziehung in Schieflage gerät. Deshalb ist es für ein Paar durchaus sinnvoll, an diesen Problemen zu arbeiten und sich deren Auswirkungen auf die Liebe bewusst zu machen. Aber reicht das aus? Verbessert sich die eigene Beziehungssituation nachhaltig, wenn man die Liebe nicht mehr romantisch verklärt und seine Erwartungen herunterschraubt? Ändert sich grundlegend etwas an der Beziehungszufriedenheit, wenn man aufhört, nach dem perfekten Partner oder der perfekten Partnerin zu suchen, und sich zufriedengibt mit einem Menschen, der »gut genug« ist?

Wer oder was ist schuld?

Seit vielen Jahren habe ich das große Privileg, als Psychologin und Paartherapeutin Menschen in Lebens- und Beziehungskrisen ein Stück auf ihrem Weg begleiten zu dürfen: Junge Frauen und Männer, die gerade in die Arbeitswelt starten, Partnerschaften eingehen und Familien gründen; Paare in der *Rushhour* des Lebens, die fürchten, dass ihnen vor lauter Alltagsstress die Liebe abhandenkommt; ältere Männer und Frauen, die sich nach vielen Jahren der Zweisamkeit fragen, ob das jetzt schon alles war.

Manche Ratsuchende sind hetero-, manche homosexuell, manche kommen als Paar, viele suchen für sich allein Rat – weil der Partner, die Partnerin nichts von einer Paarberatung hält, weil eine Beziehung gescheitert ist, oder weil sie Single sind und bisher keinen passenden Lebensbegleiter finden konnten.

All diese Männer und Frauen erzählen mir vertrauensvoll von ihren Begegnungen und Erfahrungen mit der Liebe. Sie berichten von den immer gleichen Konflikten, von ihren Ängsten, nicht (genug) geliebt zu werden, sie zweifeln an sich selbst und fürchten – möglicherweise beeinflusst von der öffentlichen Diskussion des Themas –, beziehungsunfähig zu sein. Sie reden von ihrer Einsamkeit, die sie trotz Partnerschaft empfinden oder unter der sie leiden, weil sie bislang noch niemanden getroffen haben, der mit ihnen durchs Leben gehen will. Sie sprechen von ihrer Enttäuschung über den Partner oder die Partnerin, und gar nicht so selten sprechen sie auch von der Enttäuschung über sich selbst.

»Wir streiten ständig über Kleinkram.« »Meine Frau hat sich in einen Kollegen verliebt.« »Wir reden kaum noch miteinander.« »Ich gerate immer an die falschen Männer (falschen Frauen).« »Manchmal habe ich den Eindruck, ich rede gegen eine Wand.« »Sie akzeptiert meine Kinder aus erster Ehe nicht.« »Er kontrolliert mich ständig, ich habe gar kein Privatleben mehr.« »Er kann eiskalt werden, wenn ich etwas von ihm will.« »Ich kann es nicht leiden, wenn ständig jemand an mir klebt.« »Schon wieder ist eine Beziehung gescheitert, die dritte in zwei Jahren. Was stimmt mit mir nicht?« »Sie hat mich mit meinem besten Freund betrogen.« »Ich habe das Gefühl, ich bin inzwischen für Männer unsichtbar.« »Die Frauen, die ich kennenlerne, haben über kurz oder lang immer was an mir auszusetzen.« »Im Laufe der Zeit habe ich interessante Männer getroffen. Aber ich muss was an mir haben, was sie vertreibt.« »Ich hätte gern mehr Sex mit meiner Frau, aber sie will nicht. Sie sagt, sie liebt mich, aber ich kann es nicht wirklich glauben.« »Ihr Ex-Mann steht zwischen uns. Sie spricht zwar nicht von ihm, aber ich weiß, dass er noch ein Konkurrent ist.« »Ich liebe zwei Männer und weiß nicht, wie ich mich entscheiden soll.« »Sein Kind aus erster Ehe ist ihm wichtiger, als ich es bin.« »Wie sollen wir zusammen alt werden, wenn wir nicht miteinander reden können.«

So unterschiedlich die jeweiligen Probleme und Anliegen auch sind, alle Liebesunglücklichen hoffen, dass sich ihre Situation möglichst kurzfristig zum Besseren verändern lässt. Sie möchten lernen, was Beziehungen im Allgemeinen und ihre Beziehung im Besonderen erfolgreich macht. Sie wollen an sich arbeiten und erfahren, wie sie mehr Leichtigkeit in ihre Zweierbeziehungen bringen können und was ihnen zu einer effektiveren Kommunikation, einem erfüllteren Sexualleben und insgesamt zu einem harmonischeren Zusammenleben verhilft. Sie wünschen sich, dass der Partner, die Partnerin endlich einsichtig ist und Veränderungsschritte einleitet.

Verständliche Wünsche, verständliche Erwartungen. Doch in den meisten Fällen suchen Menschen die Lösung für ihre Liebesprobleme am falschen Ort. Wenn ein Paar nicht miteinander reden kann, wenn körperliche und emotionale Nähe fehlen oder unbefriedigend sind, wenn ständige Auseinandersetzungen um Kleinkram zermürben, wenn Untreue eine Partnerschaft erschüttert, wenn Liebesbeziehungen nicht zustande kommen oder regelmäßig scheitern, dann sind das meist nur Symptome einer tiefer liegenden Ursache.

Wie wir Liebe lernen

Krisen in der Partnerschaft, häufige Trennungen oder unerfüllt bleibende Beziehungswünsche werden von Betroffenen meist auf individuelle Schwächen und Fehler zurückgeführt oder auf die Unfähigkeit des Partners. Doch aktuelle Schwierigkeiten mit der Liebe haben oft gar nicht so viel mit der eigenen Beziehungsfähigkeit oder der des Partners zu tun, als man gemeinhin glaubt. Viele Männer und Frauen, die an der Liebe leiden, wissen nicht, dass sie das möglicherweise bereits seit Anbeginn ihres Lebens tun, weil ihre aktuellen Probleme weniger mit dem aktuellen Partner zusammenhängen als vielmehr mit der ersten Frau oder dem ersten Mann in ihrem Leben. Denn das Verhalten von Mutter und Vater hat uns nicht nur in der Kindheit geprägt; die frühen Erfahrungen mit den ersten und intensivsten Liebespartnern beeinflussen bis heute unser Leben und eben auch unsere Liebesbeziehungen.

Unsere Eltern brachten uns bei, wie Beziehungen funktionieren. Aus der Art und Weise, wie sie sich in den ersten Lebensjahren um uns kümmerten, ob sie uns Zuwendung und Liebe schenkten oder uns streng behandelten und wenig beachteten, lernten wir, was wir von den Menschen, die wir lieben, erwarten können und was nicht. Wir lernten, ob wir einen eigenen Willen haben dürfen oder ob es ratsamer ist, uns unterzuordnen und anzupassen. Wir lernten, wie viel Nähe wir zu anderen zulassen können, ob die Erwachsenen unser Vertrauen verdienen, oder ob es für uns besser ist, auf Abstand zu bleiben. Wir lernten, ob wir uns Liebe erarbeiten müssen, oder ob wir auch geliebt werden, wenn wir nicht immer brav sind. Kurz: Wir lernten, ob unsere erste Liebesbeziehung ein sicherer oder ein unsicherer Ort ist. Diese frühen Lektionen und die Schlussfolgerungen, die wir daraus zogen, haben wir abgespeichert. Sie begleiten uns unser Leben lang. Unser späteres Beziehungs*glück* beziehungsweise unser späteres Liebes*unglück* haben in den meisten Fällen mit diesem frühem »Unterricht« und dem damals entstandenen Beziehungswissen zu tun.

Gibt es Probleme in einer Partnerschaft, dann sollten wir uns unbedingt mit unserer ersten Liebesbeziehung befassen. Der Blick zurück kann helfen, immer wiederkehrende Beziehungskonflikte zu verstehen. Denn es gibt inzwischen keinen Zweifel mehr an diesem Zusammenhang: Wie gut Beziehungen im Erwachsenenalter gelingen, hängt zu einem sehr großen Teil von den Erfahrungen in der frühen Kindheit ab. Die Erfahrungen, die wir mit der ersten Liebe unseres Lebens machen mussten oder durften, formten das Modell, wonach wir heute Beziehungen führen. Man kann sagen: Die erste Liebesbeziehung ist der Prototyp, nach dem wir alle folgenden wichtigen Beziehungen in unserem Leben gestalten. Nicht immer ist dieser Prototyp eine Last. Aber manchmal schränkt er unsere Handlungsfähigkeit auf ungute Weise ein.

Spannende Erkenntnisse der Bindungsforschung, die in den 1950er-Jahren von dem englischen Psychiater und Psychoanalytiker John Bowlby begründet wurde, bestätigen diesen Zusammenhang zwischen der frühen Eltern-Kind-Beziehung und der späteren Fähigkeit, stabile Paarbeziehungen einzugehen. Erleben wir als kleines Kind keine sichere Bindung an einen Erwachsenen, dann speichern wir unsere negativen Erfahrungen in einer Art »Beziehungsmodell« ab. Von der Qualität dieses Modells hängt nicht nur unsere physische wie psychische Gesundheit ab, sondern auch unsere Beziehungs- und Bindungsfähigkeit.

Beziehungen im Erwachsenenalter können nicht losgelöst von den Kindheitserfahrungen eines Menschen betrachtet werden. Das Kind, das wir einst waren, beeinflusst mit seinen Erfahrungen das erwachsene Beziehungsgeschehen. Diese bahnbrechende Erkenntnis ermöglicht ein tieferes Verständnis für Paarkonflikte und Paardynamiken und macht – nebenbei bemerkt – auch Paartherapien erfolgreicher.

Tiefer tauchen – eine neue Perspektive finden

Wenn auch Ihre Beziehungsgeschichte alles andere als eine Erfolgsstory ist und alle bisherigen Verbesserungsversuche wenig gefruchtet haben, dann kann es sinnvoll sein, »tiefer zu tauchen« und Ihre Beziehungssituation aus einer neuen Perspektive zu betrachten. Dieses Buch ermöglicht Ihnen diesen Perspektivwechsel. Es lädt Sie ein, Ihre Aufmerksamkeit nicht nur auf die Gegenwart und Zukunft zu richten, sondern auch auf die Vergangenheit. Je mehr Sie über Ihre Erfahrungen in der frühen »Beziehungsschule« Bescheid wissen, desto besser können Sie sich selbst verstehen. Und das ist die wichtigste Voraussetzung für gelingende Partnerschaften.

Solange Sie aber den Zusammenhang zwischen Ihrer ersten Liebe, der Liebe zu den Eltern, und Ihren heutigen Beziehungsproblemen nicht kennen, bleiben Partnerschaften für Sie unter Umständen ein Rätsel und ein Problem. Sie sind dann dazu »verurteilt«, fatale Fehler immer und immer wieder zu wiederholen:

- Sie verlieben sich immer in Menschen, die zu Ihrer Bindungsgeschichte passen. Das aber kann bedeuten: Sie ignorieren Menschen, mit denen Sie gut zusammenleben könnten, die aber leider aufgrund Ihrer frühen Erfahrungen als langweilig und uninteressant wahrgenommen werden.
- Sie verlieben sich zu schnell oder auch gar nicht, weil Ihre ersten Bindungserfahrungen Ihnen falsche Ratschläge geben.
- Sie verharren in einer Beziehung, die Ihnen nicht guttut, weil Sie glauben, keine andere Wahl zu haben.

- Sie inszenieren immer wieder Störungen, um auf Abstand zum Partner, zur Partnerin gehen zu können.
- Sie bleiben Single, weil Ihre Angst vor Enttäuschung und Verletzung zu groß ist.

Gleichgültig, ob Sie aktuell in einer schwierigen, konfliktreichen Partnerschaft leben, ob Sie eine Trennung hinter sich haben, immer wieder an falsche Partner geraten oder ungewollt Single sind – die Beschäftigung mit Ihren frühen Bindungserfahrungen ist auf jeden Fall hilfreich. Denn die Wissenschaft von der Bindung im Erwachsenenalter zeigt ganz klar: Am stärksten wirken sich frühe Bindungserfahrungen in Paarbeziehungen aus. Das ist kein Wunder, denn sie sind der Eltern-Kind-Beziehung am ähnlichsten. Deshalb genügt es nicht, wenn Sie an Ihrer Kommunikationsfähigkeit arbeiten oder lernen, negative Verhaltensmuster zu verändern. Vielmehr geht es darum, dass Sie Ihre früh entstandenen Bindungsmuster gut kennenlernen und ihren Einfluss auf Ihre Beziehungen schwächen.

Das Ziel dieses Buches ist es, Sie bei dieser Entdeckungsreise zu unterstützen. Machen Sie Bekanntschaft mit den faszinierenden Fortschritten im Bereich der Erwachsenen-Bindungsforschung. Erfahren Sie, wie Sie die wissenschaftlichen Erkenntnisse für Ihr Liebes- und Beziehungsleben nutzen können. Und vor allem: Lernen Sie das Kind, das Sie waren, besser kennen. Und wenn Sie zusätzlich herausfinden, welche frühkindlichen Erlebnisse Ihren Partner oder Ihre Partnerin prägten – umso besser! Denn die Kinder, die Sie waren, leben mit Ihnen in Ihren Beziehungen und können unter Umständen Ihr Beziehungsglück gehörig stören.

Was Sie schon jetzt auf jeden Fall wissen müssen und was Sie beim Lesen der nächsten Kapitel nicht vergessen sollten: Bindungsmuster sind kein Schicksal, sie sind veränderbar.

Sobald Sie erkennen, welche Bindungsgeschichte Sie haben

und warum Sie in engen Beziehungen so agieren, wie Sie es tun, haben Sie eine wichtige Voraussetzung für Veränderung geschaffen.

Was Sie in den Hauptkapiteln dieses Buches erwartet

Kapitel 1 und 2 beschäftigen sich mit den Einflüssen der Kindheit auf Beziehungsmuster und -vorstellungen. Woher stammt Ihr Wissen über Beziehung? Nach welchem Modell gestalten Sie heute Ihre Partnerschaften? Wann und von wem haben Sie gelernt, wie enge zwischenmenschliche Beziehungen funktionieren?

Kapitel 3 stellt Tests vor, mit deren Hilfe Sie Ihrem Bindungsstil auf die Spur kommen können: Sind Sie sicher, ängstlich oder ambivalent gebunden, oder gehören Sie zu der Gruppe der Bindungsvermeider?

Kapitel 4 bis 7 beschreiben die einzelnen Bindungsstile genauer. Welche Auswirkungen haben diese auf das konkrete Verhalten, auf den Umgang mit Gefühlen? Und vor allem: Was sagt Ihr Bindungsstil darüber aus, wie Sie enge Partnerschaften gestalten?

Kapitel 8 und 9 greifen die Frage auf, wer am häufigsten mit wem eine Beziehung eingeht. Interessanterweise finden sich vor allem ängstliche Gebundene mit vermeidend Gebundenen in der sogenannten Verfolger-Vermeider-Beziehung zusammen. Diese Partnerschaften sind oftmals problematisch, aber dennoch meist sehr stabil. Das gilt auch für das narzisstische Paar, das eine Extremform der Verfolger-Vermeider-Beziehung darstellt.

Kapitel 10 wirft einen Blick auf eine Beziehungsherausforderung, die nach wie vor häufig zu Trennungen führt: Untreue.

Berücksichtigt man auch bei dieser für Paare extrem schwierigen Situation die Bindungserfahrungen und Bindungsstile der Partner, kann dies zu einem neuen Verständnis von Untreue führen und einen lösungsorientierten Weg aufzeigen.

Kapitel 11 bis 14 schließlich geben Ihnen Hinweise, wie Sie den Einfluss Ihres Bindungsstils verringern und Ihre Beziehungsfähigkeit vergrößern können. Diese Kapitel nehmen Sie mit auf eine Bindungsreise, auf der Sie einen neuen Umgang mit sich selbst und Ihrem Partner, Ihrer Partnerin lernen können.

1
Das Kind, das wir waren

Warum streiten wir uns nur die ganze Zeit? Woher kommen diese ständigen Missverständnisse? Was steht zwischen uns? Es wird Zeit, die richtige Frage zu stellen: Wer denkt, spricht und handelt hier eigentlich?

Wenn Sie mit einem anderen Menschen eine Beziehung eingehen, hängt der Erfolg Ihrer Partnerschaft nicht nur von Ihnen, den beiden Erwachsenen, ab. Denn in Ihr »Beziehungshaus« ziehen zwei weitere Wesen mit ein: ein kleines Mädchen und ein kleiner Junge. Oder wenn Sie in einer homosexuellen Beziehung leben, gehören zwei Mädchen oder eben zwei Jungen zu Ihrer Gemeinschaft. Wer sind die Kleinen? Eigentlich müssten Sie sie kennen. Denn bei den unsichtbaren Mitbewohnern handelt es sich um das Kind, die Sie und Ihr Partner oder Ihre Partnerin früher einmal waren. »Da jeder von uns ein ›Kind von früher‹ in sich beherbergt, müssen sich in der Ehe vier Personen miteinander arrangieren«, schreibt der Autor Whitney Hugh Missildine, »zwei Erwachsene, die sich in der Gegenwart bewegen, und zwei Kinder, die sich in ihrem je eigenen Familienmilieu tummeln.«

Manchmal machen diese Kleinen keinerlei Schwierigkeiten, aber meist sind sie eher Störenfriede. Engagiert und unaufgefordert mischen sie sich munter in Ihre erwachsenen Angelegenheiten ein. Das ist so lange kein Problem, solange diese Kinder eine glückliche Kindheit hatten und in ihrer ersten Liebesbeziehung mit den Eltern positive Bindungserfahrungen sammeln konnten. Ihre Einmischungen ins Leben der Erwachsenen sind daher eher harmlos. Möglicherweise schmollen sie, wenn etwas nicht so läuft, wie sie es erwarten, manchmal haben sie Heißhunger auf mindestens zwei Stück Kuchen, weil der Erwachsene sich über etwas geärgert hat, manchmal kommen sie morgens nicht aus dem Bett, weil sie keinen Bock auf Arbeit haben.

Waren die Erfahrungen der »Kinder« mit ihren frühen Liebespartnern, den Eltern, dagegen negativ und belastend, dann sind die beiden wahrscheinlich eine ernsthafte Herausforderung für die erwachsene Beziehung. Sie melden dann penetrant Wünsche und Bedürfnisse an, möchten Aufmerksamkeit, wollen nicht allein gelassen werden und reagieren eifersüchtig auf Konkurrenz. Die Kinder wollen bestimmen, wie viel Nähe erträglich ist oder wie viel Distanz eingehalten werden muss. Sie fürchten sich vor Einsamkeit oder davor, bevormundet zu werden.

Einig sind sich die beiden dabei selten. Das eine Kind will oft etwas anderes als das andere – und umgekehrt. So gut wie nie haben sie Verständnis für die Anliegen des anderen. Meist kämpfen sie erbittert miteinander um Aufmerksamkeit und Zuwendung. Mit aller Macht wollen sie verhindern, dass das andere Kind die Oberhand gewinnt. Es liegt auf der Hand, dass das Leben mit den Kindern, die sich belastet von frühen negativen Erfahrungen in Ihre Beziehung einmischen, für Sie alles andere als erfreulich ist.

Das chaotische Leben zu viert

Viele Beziehungskonflikte resultieren aus der störenden »Einmischung des ›inneren Kindes‹ von früher«, schreibt Whitney Hugh Missildine. Diese Einmischung »ist vielfach die primäre Ursache von Eheproblemen, auch wenn es dabei vordergründig um Sex, Geld, Eifersucht oder einen ständig nörgelnden Partner geht«. Dieses einflussreiche Wirken des jeweiligen Kindes ist Ihnen, den Erwachsenen in diesem Quartett, in der Regel nicht bewusst. Seine Störsignale sind nicht leicht zu identifizieren. Es fällt schwer, die Aktivitäten des eigenen inneren Kindes zu bemerken, und noch schwerer ist es, das kleine Mädchen, den kleinen Jungen im Partner oder der Partnerin zu entdecken. Denn das Kind, das Sie früher waren, ist ziemlich geschickt. Es kann seine Wünsche so gut tarnen, dass Sie glauben, es seien Ihre eigenen Wünsche. Das führt dann manchmal dazu, dass Sie als erwachsene Frau, als erwachsener Mann sich in Konfliktsituationen »wie ein Kind« verhalten, um auf sich, Ihre Ängste, Bedürfnisse und Wünsche, aufmerksam zu machen. Dann kann es vorkommen, dass Sie heftiger als nötig weinen, hilflos den anderen anschreien, sich stumm in sich zurückziehen, voller Wut etwas an die Wand werfen, sich verzweifelt an den Partner klammern, ärgerlich mit dem Fuß aufstampfen – und damit meist alles nur noch schlimmer machen.

Vielleicht aber empfiehlt Ihr »inneres Kind« auch eine indirekte Methode, wenn es um Aufmerksamkeit und Zuwendung kämpft. Wenn das der Fall ist, bleiben Sie scheinbar erwachsen und verpacken Ihre Bedürfnisse in »vernünftige« Argumente oder »sachliche« Kritik: Sie beklagen sich beim anderen über sein mangelndes Engagement im Haushalt. Sie reagieren gereizt, wenn der Partner zu viel Zeit mit der Arbeit oder seinen Freunden verbringt. Sie kritisieren die Partnerin wegen ihres ständigen Zuspätkommens. Sie werfen dem anderen vor, dass er nie zuhört und immer nur Sex will. Sie bleiben vorgeblich aus Sorge bis spät in die Nacht auf, wenn Ihre Partnerin ohne Sie auf einer Party feiert. Sie rechnen dem anderen vor, dass Sie mehr in die Haushaltskasse einzahlen als er. Sie kritisieren, dass immer Sie sich um die Kontakte zu Freunden und Geburtstagsgeschenke kümmern müssen. Sie werfen der Partnerin vor, dass sie jeden Tag mit ihrer Mutter telefoniert, sich aber nicht genug um Ihre Eltern kümmert.

Wie angebracht Ihnen diese Vorwürfe auch erscheinen und wie vernünftig Ihre Begründungen dafür auch ausfallen, die dahinterliegenden Motive haben oft mit der Realität wenig zu tun. Vielmehr kämpfen Sie in vielen Fällen auf diese Weise um die Erfüllung kindlicher Bedürfnisse – Ihrer kindlichen Bedürfnisse, denen in der Kindheit zu wenig Beachtung geschenkt worden ist. War Ihr Zuhause zum Beispiel für Sie als Kind kein sicherer Ort, interessierten sich die Erwachsenen nicht für Ihre Ängste und Wünsche, dann haben Sie gelernt: »Was ich wirklich fühle, will keiner wissen.« Deshalb wagen Sie es auch heute nicht, Ihrem Partner offen zu zeigen, wie es Ihnen geht. Würden Sie dem anderen ehrlich gestehen »Ich brauche dich! Kümmere dich um mich!« »Ich fühle mich so allein«, käme das für Sie mit Ihrer Kindheitsgeschichte einer Bankrotterklärung gleich. Deshalb folgen Sie dem »Rat« Ihres inneren Kindes und verstecken Ihre wahren Wünsche hinter Kritik, »Quengeleien« und pseudosachlichen Argumenten.

Natürlich wissen Sie all das nicht. Sie spüren meist nicht, dass Sie sich alleingelassen und einsam fühlen, dass Sie Trost und Unterstützung vom anderen brauchen – weil Sie am Arbeitsplatz gekränkt worden sind, weil Sie sich überfordert fühlen oder etwas anderes Ihnen schwer auf der Seele liegt. Was Sie spüren, ist, dass Sie beim Partner, bei der Partnerin Schutz finden wollen, dass der andere Ihre innere Not lindern soll. Doch dieses Bedürfnis äußern Sie nicht offen, sondern meist auf denkbar ungünstige Weise. Das, was Sie sich wünschen, mehr Nähe, mehr Verständnis, mehr Unterstützung, bekommen Sie durch Ihre indirekten Signale allerdings meist nicht.

Das Kind weiß es nicht besser!

Das Kind, das Sie mal waren, steht Ihnen also ziemlich im Weg. Es glaubt zu wissen, wie Sie am besten bekommen, was Sie sich wünschen. Und es glaubt zudem, dass Sie nicht zu offenherzig sein dürfen und dass Vorsicht die Mutter der Porzellankiste ist. Das Beziehungsmodell Ihres inneren Kindes entscheidet, wie Sie heute mit Ihrem Partner, Ihrer Partnerin am besten umgehen sollten. Das Kind weiß es nicht besser: Seine Erfahrungen sind eindeutig, es kann nur auf der Basis des Erlebten fühlen und handeln. Solange Sie dieses Kind ignorieren oder gar nichts von seiner Existenz wissen oder wissen wollen, sind Sie ihm ausgeliefert. Das Kind darf dann ungehindert dazwischenfunken und Ihnen das Beziehungsleben schwer machen. Solange Sie nicht merken, dass sich das Kind, das Sie einst waren, in Ihre gegenwärtigen Probleme einmischt, suchen Sie die Ursachen und Lösungen dafür am falschen Ort. Sie arbeiten sich dann immer wieder an denselben Konflikten ab, räumen immer wieder dieselben Missverständnisse aus dem Weg, sind immer wieder vom Miteinander und von sich selbst enttäuscht. Und immer wieder beschleicht Sie das Gefühl, dass Sie und Ihr Partner zwei ganz verschiedene Sprachen sprechen.

Wüssten Sie aber, dass das Kind, das Sie einst waren, für Störungen in Ihrer aktuellen Beziehung oder in Ihrem Liebesleben allgemein sorgt, könnten Sie so manche Ihrer »seltsamen« Verhaltensweisen besser verstehen und Antworten finden auf Fragen wie zum Beispiel diese:

- Warum habe ich mit meiner Partnerin, meinem Partner die immer gleichen Konflikte?
- Warum kommt es zwischen mir und meiner Partnerin/meinem Partner so häufig zu Missverständnissen?
- Warum beschleicht mich immer wieder das Gefühl, dass der Mensch an meiner Seite eine andere Sprache spricht?
- Weshalb schaltet mein Partner, meine Partnerin ab und zieht sich zurück, sobald ich mit ihm oder ihr über meine Gefühle und unsere Beziehung sprechen will?
- Weshalb überlege ich immer wieder, die Beziehung zu beenden?
- Warum scheitern meine Beziehungen mit schöner Regelmäßigkeit?
- Warum verliebe ich mich immer wieder in einen Menschen, von dem ich glaube, dass er prima zu mir passt, zu dem ich dann aber dennoch keine feste, dauerhafte Verbindung herstellen kann?
- Weshalb kann ich nach der Arbeit nicht in Ruhe ein Bier mit Kollegen trinken, ohne von einer schlecht gelaunten Partnerin/einem schlecht gelaunten Partner empfangen zu werden?
- Weshalb sehnt sich mein Mann, meine Frau unendlich nach mir, wenn ich verreist bin, empfängt mich dann aber kühl und distanziert, sobald ich zu Hause bin?
- Warum eskalieren unsere Auseinandersetzungen immer wieder?
- Weshalb möchte ich manchmal am liebsten aus dem Haus laufen – ganz weit weg?
- Warum fühle ich mich so einsam und depressiv, wenn in meiner Beziehung mal etwas nicht so glatt läuft, wie ich es erwarte?
- Weshalb bin ich so abhängig davon, dass mein Partner, meine Partnerin mir Anerkennung und Lob gibt?

- Weshalb wird es mir in einer Beziehung schnell zu eng?
- Warum bin ich immer nur der oder die Gebende, und der andere nimmt nur von mir?
- Bin ich überhaupt beziehungsfähig?
- Ist mein Partner, meine Partnerin überhaupt beziehungsfähig?

In der Kindheit liegt der Schlüssel für die Lösung so mancher Ihrer Beziehungsprobleme in der Gegenwart. Es lohnt sich also nachzufragen: Welche Erfahrungen haben Sie als Kind konkret mit der Liebe gemacht? Welche Schlüsse haben Sie aus diesen Erfahrungen gezogen? Was haben Sie über Beziehungen gelernt?

2
So geht Beziehung. Oder?

Woher wissen wir eigentlich, wie man Beziehungen führt? Wer hat uns das beigebracht? Und: Hatten wir wirklich gute Lehrer und Lehrerinnen? Zweifel sind angebracht.

ANNALENA UND TOM

Annalena hatte keine glückliche Kindheit. Aufgewachsen auf einem Bauernhof als ältestes von acht Kindern, bekam sie wenig Aufmerksamkeit. Alle Kinder mussten mithelfen, die Eltern hatten keine Zeit, sich um die Kleinen zu kümmern. Vor allem Annalena als Älteste wurde sehr in die Pflicht genommen. Schon früh lernte sie, dass es am besten für sie ist, möglichst nicht aufzufallen. Ein wenig Anerkennung fiel für sie ab, wenn sie der Mutter im Haushalt zur Hand ging. Krank war sie eigentlich nie. Nur einmal war sie so schwer gestürzt, dass sie sich das Handgelenk und die Schulter brach. Sie war sechs, gerade in die Schule gekommen. Der Vater ließ sie von einem Erntehelfer in die Klinik fahren. »Der war zwar ganz nett, aber völlig überfordert. Ich weinte die ganze Zeit und hatte Angst vor dem Krankenhaus«, erinnert sich Annalena. Ihre frühen Erfahrungen haben dazu geführt, dass sie möglichst wenig von anderen erwartet und versucht, ihre Probleme mit sich allein auszumachen.

Als sie jedoch vor wenigen Wochen nach einer Routinemammografie erfuhr, dass Verdacht auf Brustkrebs besteht, und der Arzt eine Biopsie anordnete, wünschte sie sich, dass ihr Lebensgefährte Tom sie zur Untersuchung begleitet und ihr zur Seite steht. Allerdings bot er ihr seine Hilfe nicht von sich aus an. Nun war sie gezwungen, ihren Wunsch klar und deutlich zu äußern. Das aber gelang ihr nicht wirklich. Sie war ungeübt im Wünschen. Statt ihm ihr Bedürfnis und ihre Ängste mitzuteilen, griff sie ihn an: »Du bist nie für mich da, wenn ich dich brauche. Ich kann eigentlich gleich alleine leben, wenn ich dich nicht interessiere.« Tom fiel aus allen Wolken, fühlte sich ungerecht behandelt und schlug mit Vorwürfen zurück. Ein heftiger Streit entbrannte, den sie nicht richtig beilegen konnten. Obwohl Tom dann seine Begleitung anbot, ging Annalena allein zur Untersuchung. Sie wollte ihn nicht mehr dabeihaben. »Wenn er nur mitgeht, weil ich ihn gezwungen habe«, meinte sie, »ist das doch nichts wert.«

Annalena lernte von klein auf, sich auf die Menschen einzustellen, auf die sie angewiesen war. Sie registrierte, was sie von ihnen erwarten durfte und wie sie sich verhalten musste, um zu bekommen, was sie dringend brauchte: Liebe und Zuwendung. Annalena prüfte genau: Wie reagiert die Mutter, wenn ich Krawall schlage? Mag sie es lieber, wenn ich still bin und sie nicht störe? In welchen Situationen werde ich gesehen, in welchen übersehen? Werde ich getröstet, wenn ich Kummer habe? Merkt überhaupt jemand, dass ich Hilfe brauche? Die Antworten, die Annalena auf diese Fragen erhielt, förderten nicht ihr Vertrauen und ihre Sicherheit.

Unser Bindungsstil ist eine Anpassungsleistung

Vom ersten Tag unseres Lebens an haben wir ein biologisches Bedürfnis nach Bindung. Wir suchen die Nähe zu den Menschen, die für uns sorgen und uns beschützen sollen. Mithilfe unseres angeborenen »Bindungssystems« sorgen wir dafür, dass unsere physiologischen und psychischen Bedürfnisse gestillt werden. Das heißt, wir machen die Erwachsenen durch »Bindungssignale« auf uns aufmerksam. Plagen uns Hunger oder Durst, sind wir müde und können nicht einschlafen, fühlen wir uns schrecklich allein – dann ist es existenziell wichtig, dass jemand auf unsere Rufe, unser Weinen, unsere Ängste angemessen reagiert. Wie erleichternd und unendlich beruhigend ist es, wenn wir spüren: »Es ist jemand für mich da!«

Schon als Baby lernen wir also, ob wir uns sicher fühlen können oder ob die Zuwendung der Erwachsenen alles andere als selbstverständlich ist. Wir lernen, ob die Menschen, die für uns sorgen, eine sichere Basis bieten, wenn sich in uns dicke Gewitterwolken sammeln und ein Sturm aufzieht. Dieses frühe Sicherheitsgefühl ist ein verlässlicher Schutz gegen die Unbilden des Lebens, mit denen wir bereits als Kleinkind konfrontiert sind. Die sichere Basis hat aber noch eine weitere wichtige Funktion. Wir brauchen sie, um mutig die Welt zu erkunden und zu erobern. Ausflüge zu anderen Kindern auf dem Spielplatz oder in die Arme einer wenig vertrauten Person wagen wir nur, wenn unsere Bindungsperson uns verlässlich im Blick hat.

In unseren ersten Lebensjahren sollten wir die Gewissheit erwerben, in Zeiten großer und kleiner Turbulenzen, mit denen schon ein Kind zu kämpfen hat, nicht halt- und orientierungslos zu sein. Und wir sollten wissen, dass die Eltern unsere Wege in die »Fremde« begrüßen und verlässlich begleiten. Gute Bindungspersonen sind für kleine Kinder ein »sicherer Hafen«, sagen Bindungsforscher: ein Hafen, den sie verlassen können, um furchtlos mit fremden Kindern zu spielen oder erste Schritte allein durchs Zimmer zu machen. Ein Hafen, in den sie zurückkehren können, wenn ihnen mulmig wird und sie Schutz brauchen.

Diese wertvollen Erfahrungen – »Ich habe eine sichere Basis und einen sicheren Hafen« – bilden die Stützpfeiler unserer seelischen Sicherheit: Sind beide stabil, fühlen wir uns sicher und geborgen und entwickeln einen sicheren Bindungsstil.

Doch leider sind die Stützpfeiler nicht in jedem Kinderleben vorhanden. Manchmal sind sie instabil und wackelig, manchmal sind sie so gut wie gar nicht vorhanden. Für ein Kind ist das eine schwierige, herausfordernde Situation. Um nicht in Angst zu erstarren und um die Unsicherheit ertragen zu können, braucht das Kind eine hilfreiche Strategie: Es passt sich, so gut es kann, an die unsichere Lage an. Im Extremfall kann das bedeuten:

- Um nicht immer wieder die angstbesetzte Erfahrung machen zu müssen, »Ich bin hier nicht sicher«, meidet das Kind die Nähe wichtiger Bezugspersonen.
- Um nicht ständig erleben zu müssen, dass sich niemand für seine Bedürfnisse interessiert, unterdrückt es diese und tut so, als hätte es keine.
- Weil es nicht weiß, wie sich wahre Liebe anfühlt, interpretiert das Kind das Verhalten der Erwachsenen als Liebe – selbst wenn dieses Verhalten ihm schadet.

Diese Anpassungen an die familiäre Umwelt fallen unterschiedlich stark aus – je nachdem, welche Erfahrungen das Kind macht. Immer aber formen sie den Bindungsstil eines Kindes. Alles, was es über Vertrauen, Sicherheit und Zuwendung oder über Misstrauen, Unsicherheit und Vernachlässigung lernt, lässt ein Beziehungsmodell entstehen, welches sein Verhalten in der Kindheit steuert und auch später im Erwachsenenleben Handlungsanweisungen gibt. In diesem Modell sind nicht nur alle Lektionen gespeichert, die ein Kind im Laufe seines Heranwachsens zum Thema »Was ist Liebe? Wie geht Beziehung?« bekommt; dieses Modell enthält auch Informationen über das eigene Selbst: Wie wertvoll bin ich für andere? Wie wichtig nehmen sie mich? Wie liebevoll verhalten sie sich mir gegenüber? Lieben sie mich bedingungslos, akzeptieren sie mich? Oder wollen sie, dass ich ein anderes Kind werde, eines, das sie eher lieben können? Sind sie an mir interessiert, stehen sie an meiner Seite?

Die frühen Überzeugungen, die in diesem Beziehungsmodell gespeichert sind, bleiben unser Leben lang aktiv. Jede neue Bindungserfahrung gleichen wir mit den im Modell gespeicherten Erfahrungen ab und holen uns Rat: Wie verhalten wir uns am besten: Sollen wir auf Distanz gehen, uns einlassen, vertrauen, misstrauen? Je nach den im Modell vorhandenen Daten bekommen wir entsprechende Anweisungen, wie wir uns in Beziehungen am besten verhalten sollen.

Annalena hat in ihrer Kindheit wenig Sicherheit erfahren. Im Gegenteil: Ihre Bindungserfahrungen sagen ihr, dass sie von den Menschen, die sie liebt, nicht viel erwarten darf. Sie, die als Kind funktionieren musste und wenig Aufmerksamkeit bekam, rechnet auch als Erwachsene nicht damit, dass ihre Bedürfnisse wirklich zählen. Sie erwartet keine Unterstützung – obwohl sie sich diese natürlich sehnlichst wünscht. So wenig wie ihre Familie für sie als Kind ein sicherer Ort war, so wenig empfindet sie ihre Beziehung zu Tom als sicher. In dieser Partnerschaft befindet sie sich auf schwankendem Boden, sie kann kein stabiles Gefühl von Sicherheit und Verlässlichkeit entwickeln. Bis zur beunruhigenden Diagnose kam sie einigermaßen gut mit dieser Situation zurecht. Nun aber leidet sie darunter, dass sie Tom nicht als verlässlichen Partner sehen kann.

Annalenas Bindungsmuster beantwortet die Frage »Wie geht Beziehung?« auf negative und pessimistische Weise. Sie hat einen Bindungsstil, der zum einen von Misstrauen und Unsicherheit geprägt ist und der zum anderen ausgerechnet jene Menschen für sie als Beziehungspartner interessant macht, die ähnlich wie ihre frühen Bindungspersonen agieren. Mit Tom hat Annalena einen Partner gewählt, der aufgrund seiner frühen Erfahrungen ein Beziehungsmodell entwickelt hat, das ihn vor zu engen Bindungen warnt und es ihm seinerseits schwer macht, der aufmerksame, einfühlsame und engagierte Partner zu sein, den Annalena bräuchte.

Tom hat eine ähnliche Geschichte wie Annalena. Er war ein »herumgeschubstes« Kind. Seine Mutter musste aus finanziellen Gründen gleich nach seiner Geburt wieder arbeiten gehen, der Vater war viel auf Montage. Deshalb wuchs Tom abwechselnd mal bei den Eltern seiner Mutter und den Eltern seines Vaters auf. Wohl fühlte er sich nirgends. Er hatte das Gefühl, dass für ihn weder Raum noch Zeit zur Verfügung standen. Er lief so mit. Am besten war es, so lernte er früh, wenn er nicht weiter auffiel und sich mit sich selbst beschäftigte. Nur am Wochenende und später in den Ferien sah er seine Eltern für einen längeren Zeitraum. Auch Tom hat ein Beziehungsmodell, das ihn vor zu viel Nähe und Abhängigkeit warnt. Wie Annalena vermeidet er alles, was Gefühle von Abhängigkeit und Bedürftigkeit hervorrufen könnte. Annalenas plötzlicher Wunsch nach Nähe überfordert ihn.

Annalena und Tom wissen nichts von der Existenz ihrer einflussreichen Bindungsstile. Sie haben keine Ahnung, welche Bindungserfahrungen sie in der Kindheit machen mussten und wie diese heute ihre Zweisamkeit beeinflussen. Und so wie diesem Paar geht es mit hoher Wahrscheinlichkeit auch vielen anderen: Auch sie kennen ihren Bindungsstil nicht und merken nicht, wann und wie er sich bemerkbar macht.

Das ist fatal. Denn durch diese Unkenntnis bleibt der tiefe Wunsch nach Bindung und Verbundenheit unerfüllt, den jeder Mensch verspürt. Gleichgültig, wie alt er ist.

Sehnsucht nach Bindung – ein Leben lang

Das Bedürfnis nach einer sicheren Bindung begleitet uns ein Leben lang. Wir sind Bindungswesen von der »Wiege bis zur Bahre«, wie der englische Psychoanalytiker John Bowlby, der Begründer der Bindungstheorie, es ausdrückt. Wir sehnen uns nicht nur als Kleinkind nach einem Menschen, auf den wir uns blind verlassen können und der uns sicher führt; wir wünschen uns auch als erwachsener Mensch eine Person, die uns emotionale Sicherheit vermittelt und gleichzeitig ermutigt, in die Welt hinauszugehen. Vor allem in einer Liebespartnerschaft, die in ihrer Exklusivität und Intimität der frühen Eltern-Kind-Beziehung sehr nahe kommt, tauchen dieselben Bedürfnisse und Sehnsüchte auf, wie wir sie früher als Säugling und Kleinkind hatten.

Auch wenn es uns zunächst irritieren und vielleicht sogar Abwehr hervorrufen mag – die Gemeinsamkeiten zwischen unserem Verhalten und Erleben als Kleinkind und unserem Verhalten als erwachsene Frau oder als erwachsener Mann sind frappierend:

Wie Kinder fühlen auch wir uns sofort sicherer und haben ein größeres Vertrauen in uns selbst, wenn ein vertrauter Mensch (Partner, Mutter, Vater, bester Freund) an unserer Seite ist.

Wie Kinder können auch wir Erwachsene mit Belastungen besser umgehen, sind geduldiger und ausdauernder, wenn wir wissen, dass wir uns auf den Beziehungspartner verlassen können.

Gleichgültig, wie alt wir sind: Wir reagieren ängstlich, nervös und ungeduldig, wenn sich unsere wichtige Bindungsperson desinteressiert zeigt, sich abwendet oder zurückweisend verhält.

Ähnlich wie Kindern fällt es auch uns Erwachsenen schwer, uns auf eine Sache, eine Aufgabe zu konzentrieren, die Umwelt freudig zu erkunden und uns für Neues zu interessieren, wenn der nächste andere nicht verfügbar erscheint.

Wie die Kleinen suchen auch wir »Großen« durch körperliche Nähe Kontakt zum wichtigen anderen. Zärtlichkeiten, Streicheln, Umarmungen, Im-Arm-Halten, Küssen sind Bindungszeichen, die sowohl Eltern-Kind-Beziehungen als auch Liebesbeziehungen kennzeichnen.

Es ist also nicht nur in unserer Kindheit von enormer Bedeutung, dass wir bei den Menschen, die wir lieben, ausreichend Sicherheit finden. Auch als Erwachsene brauchen wir »tapfere Gefährten«, wie John Bowlby es formulierte, die uns zur Seite stehen, denen wir vertrauen können, die uns in kritischen Momenten beruhigen und zeigen, dass sie uns wertschätzen. Diese Gefährten sollten uns eine sichere Basis bieten, sie sollten uns in guten wie in schlechten Zeiten unterstützen, und sie sollten Weiterentwicklung ermöglichen, uns wohlwollend bei unseren Plänen unterstützen und es aushalten, dass jeder auch mal eigene Wege geht.

Ob wir solche Gefährten und Gefährtinnen finden – und ob wir selbst anderen Sicherheit geben können –, hängt von unseren frühen Bindungserfahrungen ab. Also davon, welche Antworten wir auf die Fragen »Was ist Liebe?« und »Wie geht Beziehung?« als Kind gefunden haben. Abhängig davon, wie unsere Lektionen in Liebe ausfielen, verhilft uns das früh erworbene Beziehungswissen zu Lebenszufriedenheit und Beziehungsglück. Oder bewirkt das Gegenteil: Dann stehen wir uns selbst im Weg, das Leben fühlt sich eher beschwerlich an, und enge Beziehungen zu anderen fallen schwer. Sollte das der Fall sein, dann muss das zum Glück nicht so bleiben: Denn der Bindungsstil ist kein Schicksal. Wir können seinen Einfluss begrenzen. Dazu aber müssen wir ihn gut kennen. Je besser wir über das eigene Bindungsmuster Bescheid wissen, desto effektiver können wir gegensteuern.

3
Sicher oder unsicher: Wie ist die Bindung?

Darf es gern nah sein? Oder fühlt sich Abstand besser an? Fällt Vertrauen leicht oder dominiert die Vorsicht? Der eigene Bindungsstil hat viel damit zu tun. Ein Test gibt Aufschluss.

Sie mögen es, wenn Ihr Mann beim Spaziergang Ihre Hand nimmt und Sie beide wie zwei frisch Verliebte redend oder auch schweigend eine Wegstrecke gehen.

Wenn Ihre Partnerin abends vor dem Fernseher an Ihre Seite rückt und ihren Kopf auf Ihre Schulter legt, ist das für Sie der schönste Moment des Tages.

In größeren Gesellschaften fühlen Sie sich unwohl. Ihr Mann weiß das. Deshalb sucht er, so oft er kann, Ihren Blick. Sofort fühlen Sie sich weniger allein.

Nach einem Streit können Sie erst einschlafen, wenn Sie sich mit Ihrer Frau wieder versöhnt haben.

Ist Ihr Partner mit dem Auto unterwegs, dann sind Sie ihm dankbar, wenn er Ihnen Verspätungen mitteilt.

Auf Dienstreisen wird das Handy für Sie zur Nabelschnur. Sie melden dem Partner, der Partnerin, ob der Zug Verspätung hat, dass Sie gut angekommen sind, und sagen selbstverständlich Gute Nacht.

Obwohl alles ganz gut läuft zwischen Ihnen, haben Sie immer mal wieder Angst, dass Sie verlassen werden. Sie machen sich dann Sorgen, ob Sie wirklich geliebt werden.

Solche Situationen sind Ihnen eher fremd? Dann sind Ihnen diese möglicherweise vertrauter:

Sie fühlen sich unwohl, wenn Ihnen jemand allzu nahe kommt. Ständiges Händchenhalten oder Umarmungen sind nicht Ihre Sache. Es ist Ihnen unangenehm, wenn der Partner, die Partnerin mehr Intimität wünscht, als Ihnen lieb ist.

Sie brauchen viel Zeit für sich allein und verstehen nicht, wenn der andere dafür kein Verständnis hat.

Es stört Sie, wenn Sie glauben, über jeden Ihrer Schritte Rechenschaft ablegen zu müssen.

Auch Beziehungsgespräche sind nicht Ihre Sache. Es fällt Ihnen schwer, über sich und Ihre Gefühle zu sprechen, weil Sie fürchten, dann verletzt zu werden. Deshalb verfallen Sie meist in abwehrendes Schweigen, wenn Ihre Partnerin oder Ihr Partner über Sie, über sich oder einen Konflikt sprechen möchte.

Sie können sich stundenlang mit Ihrer Arbeit oder Ihrem Hobby beschäftigen und wundern sich, wenn der Mensch an Ihrer Seite irgendwann ungeduldig und unleidlich wird.

Das sind sehr unterschiedliche Szenarien. Sie haben jedoch eine Gemeinsamkeit. Ob Sie die Hand Ihres Partners beim Spaziergang suchen oder körperliche Nähe meiden, ob Sie Ihrer Partnerin gern Ihre Gedanken und Gefühle mitteilen oder ob Sie eher der schweigsamen Fraktion angehören, ob Sie Trennungen (gleichgültig, ob kurz oder lang) nur schwer aushalten oder ob Sie immer wieder Distanz suchen – in allen Situationen geht es um *Bindung*.

Bindung suchen, Bindung vermeiden

Kommen Ihnen die ersten Szenen bekannt vor? Dann wollen Sie *Bindung herstellen.* Sie signalisieren dem anderen, dass Sie seine Zuwendung wünschen oder dass Sie Unterstützung und Sicherheit brauchen. Sie wünschen sich beruhigende Nähe, Sie haben kein Problem damit, in solchen Situationen dem anderen deutlich zu zeigen, dass Sie ihn brauchen. Ihr Bindungswunsch kann sich konkret ganz unterschiedlich auswirken: Vielleicht suchen Sie, so oft es geht, körperliche Nähe. Sie berühren den anderen gern und wollen auch selbst berührt, in den Arm genommen, mal zwischendurch geküsst werden. Oder Sie lieben es, gemütlich mit dem Partner, der Partnerin zusammenzusitzen und über »Gott und die Welt«, aber auch sich selbst und die Beziehung reden zu können. Es ist für Sie selbstverständlich, wenigstens einmal am Tag in irgendeiner Form mit dem Partner, der Partnerin Kontakt aufzunehmen – sei es telefonisch, per E-Mail oder per WhatsApp.

Sie erkennen sich in den anderen Beispielen wieder? Dann ist Ihr Thema die *Bindungsvermeidung.* Sie gehen auf Abstand, wenn ein anderer Mensch Ihnen zu naherückt. Und Sie reagieren abwehrend, sobald Ihr Partner oder Ihre Partnerin zu viel Aufmerksamkeit und Zuwendung von Ihnen erwartet. Wahrscheinlich gehören Sie zu jenen Menschen, die lieber vor dem Computer sitzen oder in Haus und Garten werkeln, als gemütlich auf der Couch mit dem Partner oder der Partnerin zu kuscheln oder Gedanken über die Beziehung auszutauschen. Zu große Nähe und Intimität wecken bei Ihnen unangenehme Erinnerungen und Gefühle. Deshalb achten Sie auf ausreichend Abstand und verteidigen Ihre Autonomie und wollen auf keinen Fall, dass andere sich von Ihnen oder gar Sie sich von anderen abhängig fühlen.

So weit, so gut. Sowohl die Bedürfnisse des Bindungssuchenden als auch die des Bindungsvermeiders sind nachvollziehbar. Schwierig aber wird es, wenn eine bindungswillige Person auf eine bindungsvermeidende trifft. Die sehr unterschiedlichen Bindungswünsche lassen sich nur schwer unter einen Hut bringen. Konflikte sind dann unvermeidlich.

Gehören Sie beispielsweise zur Gruppe der Bindungs*sucher*, dann haben Sie dem Partner oder der Partnerin sicher schon Sätze gesagt wie: »Du liebst mich nicht«, »Ich weiß nie, was du denkst«, »Du hast keine Gefühle«, »Ich kann mit dir überhaupt nicht reden«, »Du denkst nur an dich«, »Du kümmerst dich zu wenig um meine Wünsche«.

Sind Sie eher ein *bindungsvermeidender* Mensch, haben Sie dem Bindungswilligen an Ihrer Seite wahrscheinlich schon mal Sätze an den Kopf geworfen wie: »Du klammerst, du lässt mir keinen Freiraum«, »Sei doch nicht so unselbstständig«, »Mach doch mal was für dich allein«, »Ich brauche mehr Zeit für mich«. Möglicherweise haben Sie eine Reihe von Strategien auf Lager, um den Nähesuchenden auf Abstand zu halten. Sie arbeiten viel und machen Überstunden oder haben ein zeitaufwendiges Hobby wie Golfspielen oder Rennradfahren. Auch politisches und soziales Engagement, Weiterbildungen und Workshops aller Art können unter Umständen dazu dienen, die Bindung zum Partner oder der Partnerin nicht zu eng werden zu lassen.

Die Partnerschaft zwischen einem Bindungswilligen und einem Bindungsvermeider ist selten konfliktfrei. Aufgrund der unterschiedlichen Bindungsvorstellungen können Situationen schnell eskalieren. Je mehr der Bindungswillige sich zurückgewiesen fühlt, desto verzweifelter klammert er sich an den Bindungsdistanzierten, der wiederum immer mehr in Abwehrstellung geht. Ihm wird es zu nah, zu eng, zu klammernd, und er kann sich dann tierisch über das »irrationale«, »unreife«, »kindische« Verhalten des anderen aufregen: »Das ist doch nicht normal, dass ein erwachsener Mensch so anhänglich und bedürftig ist. Du bist doch kein Kind mehr!«

Das stimmt natürlich. Und doch haben alle geschilderten Situationen – die Bindungssuche wie die Bindungsvermeidung – mit dem Kind zu tun, das Sie einmal waren. Ob Sie bindungswillig sind, Nähe wünschen und gut zulassen können, oder ob Sie Bindungen eher meiden und schnell Beklemmungen verspüren, wenn ein anderer Mensch Ihnen zu nahe kommt – das eine wie das andere hat mit dem Bindungsstil zu tun, den Sie aufgrund Ihrer Kindheitserfahrungen entwickelt haben. Das, was Sie über Beziehungen in Ihren frühen Jahren lernten, ist nicht, wie so manch anderer Lernstoff, verblasst, sondern beeinflusst sehr aktiv Ihre heutigen erwachsenen Beziehungen.

Das ist vor allem dann der Fall, wenn ein anderer Mensch für Sie sehr wichtig wird und Bindungswünsche entstehen. Dann tauchen Erinnerungen an ähnliche Situationen in Ihrer Kindheit auf. Je nachdem, ob diese Erinnerungen positiv oder negativ sind, haben Sie kein Problem damit, Bindungswünsche entweder klar und deutlich zu zeigen, oder es tauchen zweifelnde Fragen auf: »Kann ich diesem Menschen vertrauen? Meint er das alles so, wie er es sagt? Bin ich interessant, liebenswert genug? Ganz sicher wird er mich bald enttäuschen.« Das gilt für Freundschaften, für Beziehungen am Arbeitsplatz oder die Kontakte zu nahen Verwandten.

Am stärksten und intensivsten sind Sie mit Ihren frühen Bindungserfahrungen konfrontiert, wenn Sie eine Liebesbeziehung eingehen oder sich eine verlässliche Partnerschaft wünschen. Denn, wie schon erwähnt, ist die Person, in die Sie sich verlieben, Ihnen ähnlich nahe, wie es am Beginn Ihres Lebens Ihre Eltern gewesen sind. Durch diese Nähe werden auch die Bindungslektionen aus der Kindheit lebendig, die bislang wie »Schläfer« auf ihren Einsatz gewartet haben. Diese funken nun mit Ratschlägen, Warnungen, Bedenken, schönen oder schlechten Erinnerungen in Ihre geplante, erhoffte oder schon bestehende Liebesbeziehung hinein.

Die wichtige Frage ist nun: Wie sehen Ihre Beziehungslektionen aus? Sind es Sicherheit stiftende oder eher verunsichernde? Haben Sie einen Nähe suchenden Bindungsstil oder gehören Sie zu den Vermeidern?

Den eigenen Bindungsstil erforschen

Sicher können Sie auf die Frage, »Wie war die Kindheit?«, eine Antwort geben. Sie glauben zu wissen, ob Sie eine gute, glückliche Kindheit hatten oder ob Ihre ersten Jahre eher belastet waren. Sie haben Erinnerungen daran, wie es Ihnen im Kindergarten ging und ob Sie gern zur Schule gegangen sind. Sie wissen, wie sich Mutter und Vater Ihnen gegenüber verhalten haben, ob Sie liebevoll verwöhnt oder oft bestraft wurden. Aber vermutlich ist Ihnen nicht bewusst, welche Schlussfolgerungen Sie aus all diesen Erfahrungen und Erlebnissen gezogen haben und wie diese Schlussfolgerungen Ihren Umgang mit anderen wichtigen Menschen beeinflussen. Eine Antwort auf die Frage nach Ihrem Bindungsstil wird Ihnen daher schwerfallen. Streng genommen bräuchten Sie dafür auch Expertenhilfe. Sehr viele Informationen über die Vergangenheit sind notwendig, um ein klares Bild zu bekommen – Informationen, die Ihnen oftmals nur schwer zugänglich sind. Aber es geht auch ohne Expertenunterstützung: Sie können durch Selbsterforschung einiges herausfinden.

Wie war das damals eigentlich?

Vielleicht erinnern Sie sich noch, wie Sie sich als Kind verhielten? Waren Sie ein Kind, das schlecht allein sein konnte? Mit welchem Elternteil fühlten Sie sich emotional besonders verbunden? Gab es einen Elternteil, vor dem Sie Respekt oder gar Angst hatten? Wie reagierten Sie auf Trennungen, zum Beispiel als Sie in den Kindergarten kamen? Waren Sie schon früh selbstständig und unabhängig von den Erwachsenen? Gingen Sie gern und ohne Probleme in den Kindergarten und später in die Schule? Oder hatten Sie bei solchen Lebensübergängen Schwierigkeiten, sich von der Mutter oder dem Vater zu lösen? Hatten Sie Angst im Dunkeln, aber keiner kam, um Sie zu beruhigen? Oder war immer jemand da, wenn Sie Hilfe, Trost und Zuwendung brauchten?

Erinnerungen wie diese können erste Hinweise darauf sein, wie sicher oder wie unsicher Sie als Kind waren.

Strukturierter können Sie vorgehen, wenn Sie Fragen zur Selbsterforschung nutzen, die von Bindungsforschern entwickelt wurden. Diese Fragen stammen aus dem *Adult-Attachment-Interview* (AAI), einer verlässlichen Methode, um aus der Sicht von heute Erwachsenen frühere Bindungen und Bindungserfahrungen zu identifizieren. In diesem Interview, das von den Wissenschaftlerinnen Carol George und Mary Main entwickelt wurde, wird erkundet, wie ein erwachsener Mensch rückblickend seine Situation als 6- bis 12-jähriges Kind in seiner Herkunftsfamilie einschätzt und wie er heute das damalige Verhalten seiner Eltern bewertet.

Die fachliche Auswertung des AAI ist komplex und muss von geschulten Experten und Expertinnen vorgenommen werden, um wirklich abgesicherte Ergebnisse zu bekommen. Aber dennoch können Sie diese Fragen zur Selbstreflexion nutzen, um über Ihre Kindheitssituation angeleitet nachzudenken und eine Ahnung davon zu bekommen, wie das Bindungsklima in Ihrer Familie war.

Versuchen Sie, die Beziehung zu beschreiben, die Sie als kleines Kind zu Ihrer Mutter und zu Ihrem Vater hatten. Beginnen Sie mit Ihren frühesten Erinnerungen. Was hat Ihre Mutter/Ihr Vater mit Ihnen unternommen? Wer hat mit Ihnen gespielt? Wann waren Mutter und Vater zu Hause? Wie sahen die Wochenenden aus?

____

____

____

____

Versuchen Sie, fünf Eigenschaftswörter zu finden, welche die Beziehung zu Ihrer Mutter in Ihrer Kindheit möglichst treffend beschreiben. (Zum Beispiel »liebevoll«, »streng«, »gleichgültig« …)

____

____

____

____

Sind mit diesen Eigenschaften bestimmte Erinnerungen verbunden? Welche?

____

____

____

____

Beschreiben Sie nun in fünf Adjektiven Ihren Vater, wie Sie ihn als Kind erlebten:

____

____

____

____

Verbinden Sie mit diesen Eigenschaften Erinnerungen an bestimmte Erlebnisse mit dem Vater?

____

____

____

____

Fühlten Sie sich Ihrem Vater oder Ihrer Mutter näher? Woran lag das?

____

____

____

____

Wenn Sie die Beziehung zu Ihrer Mutter und zu Ihrem Vater vergleichen, wie unterscheiden sie sich voneinander?

____

____

____

____

Wenn Sie als Kind durcheinander oder beunruhigt waren oder sich nicht wohlgefühlt haben, was haben Sie dann getan? An wen haben Sie sich gewandt, wenn Sie Kummer hatten?

____

____

____

____

Wie war das, wenn Sie als Kind krank waren? Wer hat sich gekümmert?

Können Sie sich erinnern, wann Sie als Kind zum ersten Mal von Ihren Eltern getrennt waren? Wie kam es zu dieser Trennung? Wie alt waren Sie?

Haben Sie sich als kleines Kind jemals abgelehnt gefühlt? Welche Situation erinnern Sie da? Wie haben Sie die Ablehnung als Kind empfunden?

Haben Ihre Eltern Ihnen jemals mit etwas gedroht, vielleicht aus disziplinarischen Gründen oder einfach nur zum Spaß? Hat ein Elternteil gedroht, Sie zu verlassen, ins Heim zu stecken oder Ähnliches?

Haben Sie das Gefühl, dass Ihnen diese Erlebnisse heute als Erwachsener noch zu schaffen machen?

In welcher Weise, glauben Sie, haben die Erfahrungen mit Ihren Eltern Ihre Persönlichkeit als Erwachsener beeinflusst?

Haben Sie eine Erklärung dafür, warum sich Ihre Eltern Ihnen als Kind gegenüber so verhalten haben?

Gab es neben Ihren Eltern noch weitere Erwachsene, die Ihnen nahestanden, die Ihnen besonders wichtig waren?

Haben Sie als kleines Kind den Tod eines nahen Familienmitglieds erlebt? Welche Auswirkungen hatte das auf Sie?

____

____

____

____

Wenn Ihre Eltern noch leben: Wie ist Ihre Beziehung zu Ihren Eltern heute?

____

____

____

____

Nehmen Sie sich bitte ausreichend Zeit, um in Ruhe über diese Fragen nachzudenken. Nur so können Erinnerungen und Gefühle auftauchen. Es geht dabei nicht um »richtig« oder »falsch«, wichtig sind Ihre Empfindungen. Haben Sie positive Erinnerungen an Mutter und Vater? Welche Atmosphäre herrschte in Ihrer Familie? Gab es viel Spannungen und Konflikte, oder war ein Grundgefühl von gegenseitigem Wohlwollen zu spüren? Unter welchen Belastungen litten Sie in Ihrer Kindheit? Hatten Sie häufig Angst, und niemand beruhigte Sie? Welche Eigenschaften schreiben Sie Ihren Eltern zu, wem waren Sie näher?

Was sagen all diese Erinnerungen aus? Ganz allgemein gesagt: Wenn Sie positive Erinnerungen an Ihre Kindheit und das Verhalten Ihrer Eltern haben, wenn bei der Beantwortung der Fragen gute Gefühle von Geborgenheit, von Liebe und Sicherheit auftauchen, wenn Sie spüren, dass Sie als Kind in Ihrer Familie einen Halt fanden – dann können Sie wahrscheinlich davon ausgehen, dass Sie eine sichere Bindung entwickeln konnten. Ist das alles jedoch nicht oder eher nicht der Fall, dann erlebten Sie Ihre kindliche Situation als unsicher: Vielleicht waren Sie ein ängstliches Kind? Oder eines, das die Nähe der Erwachsenen eher vermied, sich früh selbstständig machte und den Erwachsenen zeigte »Ich brauche euch nicht!«?

Wenn Sie mögen, schauen Sie sich Fotos aus Ihrer Kindheit an. Wie wirkt das Kind, das Sie waren, heute auf Sie, den Erwachsenen? Fröhlich, still, ernst, übermütig? Wie positionieren sich die Erwachsenen auf diesen Fotos zum Kind? Wie nah, wie fern sind sie? Wer wendet sich wem zu? Mit wem sind Sie auf den Fotos am häufigsten zu sehen: Vater? Mutter? Oder allein? Wie wirkt das Kind auf den Fotos auf Sie? Fröhlich, angespannt, traurig? Natürlich sind Fotografien nur Momentaufnahmen, aber oftmals vermitteln sie eine Ahnung davon, wie Sie als Kind waren.

Wie gesagt: Eine aussagekräftige Auswertung der AAI-Fragen kann nur von Experten oder Expertinnen vorgenommen werden. Aber wenn Sie diese Fragen konzentriert für sich beantworten, kann dies ein erster Schritt auf dem Weg zur Entdeckung Ihres Bindungsstils sein.

Und wie ist es heute?

Während die Fragen des *Adult-Attachment-Interview* auf Ihre frühe Kindheitserfahrungen und das Familienklima abzielen, erfassen andere Fragebögen die Art und Weise, wie Sie heute in Ihren Beziehungen (vor allem intimen Partnerschaften) Bindung leben und zulassen.

Die folgenden Aussagen stammen aus verschiedenen Fragebögen, die in dem Handbuch *Attachment in Adulthood* von Mario Mikulincer und Phillip R. Shaver veröffentlicht sind und sowohl Ihren *allgemeinen* Bindungsstil erforschen als auch Ihr *Bindungsverhalten* in engen Beziehungen.

Die Statements sind in vier Teile gebündelt. Bitte lesen Sie die

Sätze aufmerksam durch und setzen Sie einen Haken vor Aussagen, denen Sie völlig oder zumindest weitgehend zustimmen können.

Teil 1

- ☐ *Ich verlasse mich lieber auf mich als auf andere.*
- ☐ *Leistung zu erbringen ist wichtiger als eine Beziehung aufzubauen.*
- ☐ *Wenn man sein Bestes gibt, ist das wichtiger, als mit anderen zusammen zu sein.*
- ☐ *Meine Beziehungen zu anderen sind im Allgemeinen oberflächlich.*
- ☐ *Es fällt mir schwer, anderen zu vertrauen.*
- ☐ *Andere Menschen haben ihre eigenen Probleme, deshalb belästige ich sie nicht mit meinen.*
- ☐ *Ich bin zu beschäftigt mit anderen Aktivitäten, mir bleibt keine Zeit für Beziehungen.*
- ☐ *Ich ziehe es vor, nicht von anderen abhängig zu sein.*
- ☐ *Es fällt mir schwer, anderen vollkommen zu vertrauen.*
- ☐ *Ich lasse einen anderen nicht so nah an mich heran, weil ich fürchte, verletzt zu werden.*

- ❑ *Ich werde nervös, wenn eine Beziehung zu eng wird.*
- ❑ *Über Trennungen komme ich in der Regel gut hinweg.*
- ❑ *Ich werde schnell ungeduldig, wenn mein Partner/meine Partnerin über seine/ihre Gefühle mit mir reden will.*
- ❑ *Bei kurzen Trennungen vermisse ich meinen Partner/meine Partnerin. Aber wenn er/sie dann wieder da ist, suche ich Abstand.*
- ❑ *Wenn ich in einer Beziehung bekomme, was ich mir ersehnt habe, fange ich an, mich zu langweilen.*
- ❑ *Ich fühle mich auch ohne enge Beziehung wohl.*
- ❑ *Ich bin mir meist selbst genug.*
- ❑ *Sobald ein Partner/eine Partnerin auf mehr Nähe drängt, erstarre ich innerlich.*
- ❑ *Ich vermute bei anderen Menschen oft Hintergedanken und vertraue ihnen nicht so leicht.*
- ❑ *Ich habe Schwierigkeiten, anderen gegenüber offen zu sein. Auch bei nahen Menschen fällt mir das schwer, weil ich fürchte, verletzt zu werden.*

Teil 2

- ☐ *Es ist für mich wichtig, dass andere mich mögen.*
- ☐ *Ich verzichte auf Dinge, wenn ich spüre, dass andere sie nicht mögen.*
- ☐ *Es fällt mir schwer, eigene Entscheidungen zu treffen, solange ich nicht weiß, was andere denken.*
- ☐ *Manchmal denke ich, ich bin nicht gut genug.*
- ☐ *Ich fürchte, dass andere sich nicht so viele Gedanken um mich machen, wie ich mir Gedanken um sie mache.*
- ☐ *Ich fürchte, mit anderen nicht wirklich mithalten zu können.*
- ☐ *Ich frage mich manchmal, warum andere Menschen mit mir zu tun haben wollen.*
- ☐ *Wenn ich in einer Beziehung bin, kreisen meine Gedanken fast ständig um den anderen und die Qualität der Partnerschaft.*
- ☐ *Ich fühle mich oft alleingelassen.*
- ☐ *Ich fürchte, dass ich nicht wirklich zu anderen Menschen passe.*
- ☐ *Ich fühle mich sicher, wenn ich mit anderen in Beziehung bin.*

- ☐ *Ich denke oft, dass mein Partner/meine Partnerin mich nicht wirklich liebt und mich verlassen könnte.*

- ☐ *Ich fühle mich in Beziehungen häufig wie ein kleines, hilfloses Kind.*

- ☐ *Ich denke manchmal, wenn mein Partner/meine Partnerin mich wirklich kennen würde, wäre er/sie nicht bei mir.*

- ☐ *Wenn ich jemanden neu kennenlerne, will ich oft sehr schnell Nägel mit Köpfen machen.*

- ☐ *Ich spüre sofort, wenn meinen Partner/meine Partnerin etwas bedrückt.*

- ☐ *Mein Selbstwertgefühl hängt davon ab, ob mein Partner/meine Partnerin mit mir einverstanden ist.*

- ☐ *Ich leide lieber im Stillen, bevor ich es riskiere, meine Wünsche zu äußern und als egoistisch zurückgewiesen zu werden.*

- ☐ *Ich klammere mich an Menschen, denen ich mich nahe fühle, weil ich fürchte, sobald ich nicht aufpasse, verlassen sie mich.*

Teil 3

- ☐ *Ich habe den Eindruck, dass andere zögern, mir so nahe zu kommen, wie ich es mir wünsche.*
- ☐ *Eine enge Beziehung ist sehr wichtig für mich.*
- ☐ *Es frustriert mich, wenn andere Menschen nicht verfügbar sind, wenn ich sie brauche.*
- ☐ *Andere enttäuschen mich oft.*
- ☐ *Ich fürchte, dass andere sich nicht so viele Gedanken um mich machen, wie ich mir Gedanken um sie mache.*
- ☐ *Ich fühle mich zu Menschen hingezogen, die Probleme haben.*
- ☐ *Oft wird mir von Partnern/Partnerinnen vorgeworfen, zu sehr zu klammern.*
- ☐ *Ich kann mir nicht vorstellen, allein zu sein.*
- ☐ *Wenn ich keine Beziehung habe, habe ich das Gefühl, gar nicht zu existieren.*
- ☐ *Ich möchte mit einer anderen Person vollkommen verschmelzen, aber dieser Wunsch verscheucht Menschen manchmal.*
- ☐ *Manchmal möchte ich meinem Partner/meiner Partnerin ganz nahe sein, doch im nächsten Moment stoße ich ihn oder sie zurück.*

- ☐ *Auseinandersetzungen sind oft eine Katastrophe für mich. Ich kann ein richtiges Drama veranstalten. Danach tut es mir dann sehr leid.*

- ☐ *Ich habe nie erlebt, dass sich jemand aufrichtig um mich gekümmert hat und es ihn interessierte, wie es mir ging.*

Teil 4

- ☐ *Alles in allem bin ich ein wertvoller Mensch.*

- ☐ *Ich bin leicht zu durchschauen.*

- ☐ *Ich vertraue darauf, dass andere Menschen da sind, wenn ich Hilfe brauche.*

- ☐ *Es fällt mir leicht, mit anderen in engen Kontakt zu kommen.*

- ☐ *Ich habe kein Problem damit, anderen zu vertrauen.*

- ☐ *Ich fühle mich sicher, wenn ich mit anderen in Beziehung bin.*

- ☐ *Wenn mich etwas beschäftigt, sind andere Menschen im Allgemeinen aufmerksam und besorgt.*

- ☐ *Ich vertraue darauf, dass andere Menschen mich mögen und respektieren.*

- ☐ *Es fällt mir leicht, liebevoll mit meinem Partner/meiner Partnerin umzugehen.*

- ☐ *Ich bin mit meinen Liebesbeziehungen meist zufrieden.*
- ☐ *Es tut mir gut, mit meinem Partner/meiner Partnerin über meine Gefühle, Sorgen und Gedanken zu sprechen.*
- ☐ *Wenn mein Partner/meine Partnerin mit jemand anderem flirtet, macht mir das schon was aus. Aber ich fürchte nicht gleich, der er/sie mich verlassen will.*
- ☐ *Ich weiß, was ich will und was ich nicht will – unabhängig von meinem Partner/meiner Partnerin.*
- ☐ *Ich möchte meinen Partner/meine Partnerin nicht verlieren. Aber wenn es zu einer Trennung käme, weiß ich, dass ich allein gut zurechtkäme.*
- ☐ *Es liegt nicht allein in meiner Verantwortung, meinen Partner/meine Partnerin glücklich zu machen.*
- ☐ *Ich wünsche mir emotional enge Beziehungen.*

Was Ihre Antworten über Ihren Bindungsstil verraten

Ähnlich wie bei Kleinkindern konnte die Forschung auch bei Erwachsenen vier Bindungstypen feststellen. Sie sind vergleichbar mit den kindlichen Stilen (siehe Exkurs), werden allerdings zum Teil anders benannt. Die Forschung unterscheidet bei Erwachsenen zwischen den Bindungsstilen *vermeidend, ängstlich, ambivalent* und *sicher.*

Jeder der vier Blöcke des Tests repräsentiert einen dieser vier Bindungsstile. Prüfen Sie nun, wie Ihre Zustimmungen zu den Aussagen verteilt sind. Sammeln sich viele in einem bestimmten

Teil? Wenn das der Fall ist, werden Sie Ihren Bindungsstil schnell feststellen können. Lassen sich Ihre Zustimmungen zu den einzelnen Statements nicht klar einem Teil zuordnen, dann konzentrieren Sie sich auf die Blöcke, in denen die meisten Zustimmungen zu finden sind. Möglicherweise haben Sie Anteile von zwei verschiedenen Bindungsstilen: Vielleicht waren Sie früher ängstlich gebunden, haben aber durch positive Lebensumstände an Sicherheit gewonnen, sodass jetzt Aussagen aus Teil 2 und Teil 4 für Sie stimmig erscheinen. Wenn das der Fall ist, wählen Sie den Bindungsstil, von dem Sie glauben, dass er heute auf Sie zutrifft.

Nun zur Auswertung:

Treffen viele Aussagen in **Teil 1** auf Sie zu, sind Sie vermutlich ein **Bindungsvermeider**. Sie gehören zu den Frauen und Männern, die ganz gut ohne engere Bindung auskommen und für die es am wichtigsten ist, unabhängig und autonom zu sein. Sie fühlen sich durchaus wohl ohne eine emotional nahe Beziehung. Wichtiger als Nähe ist Ihnen Ihre Unabhängigkeit und Selbstständigkeit

Konnten Sie sich in den Aussagen von **Teil 2** wiederfinden? Dann haben Sie wahrscheinlich einen **ängstlichen** Bindungsstil. Für Sie sind enge Bindungen sehr wichtig. Allerdings fehlt Ihnen das Vertrauen in die anderen. Sie fragen sich oft verunsichert: »Werde ich wirklich geliebt, kann ich anderen vertrauen?« Bei aller Sehnsucht nach Nähe schwingt immer die Angst mit, verletzt oder im Stich gelassen zu werden. Es verunsichert Sie heftig, sobald Sie merken, dass andere Ihre Bedürfnisse nach Nähe nicht so beantworten, wie Sie es erwarten. Und Sie haben oft das Gefühl, dass Sie in nahen Beziehungen die oder der Gebende sind und der Partner oder die Partnerin gern nimmt, aber nicht so viel gibt, wie Sie es sich wünschen.

Fanden Sie vor allem die Aussagen in **Teil 3** zutreffend? Dann haben Sie mit hoher Wahrscheinlichkeit einen **ambivalenten** Bindungsstil. Sie möchten anderen zwar sehr nahe sein, ohne enge Beziehung zu leben ist für Sie unvorstellbar. Allerdings finden Sie es schwierig, wenn ein anderer Mensch Ihnen zu nahe rückt. In Ihren Beziehungen wollen Sie Kontrolle haben. Denn auf keinen Fall darf eine Abhängigkeit vom Partner entstehen. Deshalb stoßen Sie, sobald es zu eng wird, die Person, die Sie lieben, immer wieder von sich weg. Sie spielen in Ihren Beziehungen häufig das anstrengende »Komm her, geh weg«-Spiel. Ehe der andere Sie enttäuscht oder gar verletzt, gehen lieber Sie selbst rechtzeitig auf Distanz.

Wenn Sie mehrheitlich den Statements in **Teil 4** zustimmen können, dann haben Sie vermutlich einen **sicheren** Bindungsstil. Das bedeutet: Es fällt Ihnen eher leicht, anderen gefühlsmäßig nahe zu sein, Sie haben kein Problem damit, sich auf andere einzulassen. Sie haben ein stabiles Selbstbewusstsein und fürchten nicht, dass andere Sie nicht akzeptieren könnten.

Wie groß ist die Angst, wie stark die Vermeidung?

Die Unterschiede zwischen dem sicheren Bindungsstil und den drei unsicheren Bindungsstilen liegen in der Ausprägung von zwei Aspekten: Wie stark wird Bindung vermieden? Und wie groß ist die Verlustangst? Wie die Bindungsforscherin Kim Bartholomew herausgearbeitet hat, lassen sich aus der Ausprägung dieser beiden Pole die jeweiligen Bindungsstile ableiten:

- Die Vermeider: Ein *starkes* Vermeidungsverhalten, gepaart mit *wenig* Verlustangst ist das Kennzeichen eines *vermeidenden* Bindungsstils.
- Die Ängstlichen: *Ängstlich* gebundene Menschen erleben in engen Beziehungen meist sehr *viel* Angst, zeigen aber *wenig* Vermeidungsverhalten.

- Die Ambivalenten: Bei ihnen ist beides stark ausgeprägt: die Vermeidung und die Angst – dies ist charakteristisch für den ambivalenten Bindungsstil.
- Die Sicheren: Wer einen *sicheren* Bindungsstil hat, zeigt in seinen Beziehungen *wenig* Vermeidung und auch *wenig* Angst.

Welches ist Ihr Bindungsstil?

Haben Sie schon eine Vermutung, wie viel Unsicherheit Ihre Beziehungen prägt? Steuert Angst Ihr Verhalten oder eher Vermeidung? Oder sind Sie sicher gebunden und kennen kaum Verunsicherung? In den folgenden Kapiteln werden die vier Bindungsstile genauer unter die Lupe genommen. Alle vier Bindungsstil-Kapitel untersuchen unter anderem Fragen wie diese: Wie entwickelt sich ein bestimmter Bindungsstil?

Welche Kindheitserlebnisse und -erfahrungen liegen ihm zugrunde?

Welchen Einfluss hat er auf intime Beziehungen und Freundschaften, welchen auf das Selbstwertgefühl?

Wie beeinflusst er den Wunsch nach Nähe beziehungsweise Distanz?

Welche Rolle spielt der Bindungsstil bei der Frage, wie offen oder wie verschlossen Sie anderen begegnen?

Sie können natürlich gleich zu dem Kapitel wechseln, in dem der Bindungsstil beschrieben ist, den Sie als den Ihren (oder den Ihres Partners, Ihrer Partnerin) vermuten. Grundsätzlich aber ist es hilfreich, auch die Beschreibungen der anderen Bindungsstile zu lesen. Auf diese Weise können Sie die Sicherheit Ihrer Einschätzung erhöhen.

4
Die Vermeider: bitte Abstand halten!

Enge Beziehungen? Nicht um jeden Preis. Menschen mit einem vermeidenden Bindungsstil verlassen sich lieber auf sich selbst als auf jemand anderen. Vielleicht bleiben sie ihr Leben lang Single. Selbst dann, wenn sie in einer Partnerschaft leben.

MATTHIAS

»Living apart together« – das ist das Partnerschaftsmodell von Matthias. Er mag sich nicht mit einer Partnerin die Wohnung teilen. Als vor über zehn Jahren seine Ehe scheiterte, legte er einen Schwur ab: »Nie wieder wollte ich mit einer Frau zusammenziehen.« Auch nicht mit Susanne. Seit vier Jahren haben sie eine Beziehung, aber der vorsichtigen Frage von Susanne – »Wollen wir nicht mal überlegen, ob wir zusammenziehen?« – weicht er bislang immer geschickt aus. Matthias will davon nicht nur nichts hören, er stellt es sich regelrecht »fürchterlich« vor: »Sie ist so pedantisch, ordentlich, das würde nie gut gehen. Wir würden uns ständig streiten.« Ein vorgeschobenes Argument? Wahrscheinlich. Denn da gibt es auch noch Monika und Barbara. Selten, aber regelmäßig trifft er eine dieser beiden Frauen, geht schick mit ihnen essen, führt »intensive Gespräche«, wie er sagt, und hin und wieder enden solche Abende mit Sex. Susanne darf davon natürlich nichts erfahren, er möchte die Beziehung nicht aufs Spiel setzen. »Ich bin wirklich sehr gern mit Susanne zusammen«, erzählt Matthias. »Wir haben so viele Gemeinsamkeiten. Wir lieben beide die Berge, gehen gern in die Spätvorstellung ins Kino und entdecken zusammen neue Weingüter. Wir haben viel Spaß miteinander. Aber irgendwann kommt der Punkt, an dem ich mich unwohl fühle. Immer dann, wenn Susanne mir zu nahe rückt, wenn sie anfängt, über unsere Beziehung zu reden, oder zu viel körperliche Nähe sucht.« Matthias reagiert schon »allergisch«, wenn sie beim Spaziergang seine Hand ergreift. Er macht dann dicht, zieht sich in sich zurück. Wenn Susanne dann fragt, »Was denkst du? Hast du was?«, kann er regelrecht sauer werden. »Ich will dann nur noch meine Ruhe.«

Eigentlich braucht er Monika und Barbara gar nicht, gibt Matthias zu. Eigentlich hat er in Susanne seine Traumfrau gefunden. »Allerdings ist sie nicht die erste, ich habe schon öfter meine Traumfrau gefunden«, sagt er selbstkritisch. Jedoch stellten alle diese Traumfrauen sich früher oder später immer als enttäuschend heraus. Es ist stets dasselbe Muster: Er wünscht sich eine selbstständige, unabhängige Partnerin. Doch wann immer er glaubt, er habe diese Frau gefunden, und die Beziehung anfängt, verbindlicher zu werden, wird er enttäuscht. »Plötzlich suchen sie alle die starke Schulter«, klagt Matthias. »Sie werden zu kleinen Mädchen, die keinen Schritt allein machen können.« Das frustriert ihn.

Matthias hätte vermutlich in dem Bindungstest die Statements von **Teil 1** angekreuzt. Er entwickelte in seiner Kindheit Beziehungsüberzeugungen, die bis heute dafür sorgen, dass er in Partnerschaften einen mehr oder weniger großen Sicherheitsabstand einhalten und sich ***vermeidend*** verhalten muss.

Wenn auch Sie sich in den Statements von **Teil 1** wiedererkannt haben, dann haben auch Sie vermutlich einen vermeidenden Bindungsstil und Aussagen zugestimmt wie:

Ich verlasse mich lieber auf mich als auf andere. Es fällt mir schwer, anderen zu vertrauen. Mir bleibt keine Zeit für Beziehungen. Ich lasse andere nicht so nah an mich heran. Es geht mir auch ohne enge Bindung gut. Ich möchte nicht von anderen abhängig sein. Und ich mag es auch nicht, wenn andere von mir abhängig sind.

Wie war die Kindheit?

»Bindungsvermeider« mussten mit großer Wahrscheinlichkeit von Beginn ihres Lebens an Erfahrungen machen, die keine Sicherheit vermittelten. Im Gegenteil: Wahrscheinlich erlebten sie als Kind ihre wichtigen Bindungspersonen als unsicher und unberechenbar. Manchmal rückten diese zu nahe und bedrängten sie regelrecht mit ihrer Liebe, dann wieder wurden sie abgewehrt oder ignoriert. Die Eltern muteten ihrem Kind emotionale Achterbahnfahrten zu. Wenn die Mutter oder der Vater auf dessen Bindungswünsche mal positiv, mal ablehnend reagieren, lernte das Kind, dass es sich auf keinen Fall auf die Erwachsenen verlassen kann. Die Liebe der Mutter oder des Vaters war keine sichere Bank, denn sie konnte von einem Moment auf den anderen in Gleichgültigkeit oder, schlimmer, Ablehnung umschlagen. Das Kind zog daraus seine Schlussfolgerungen: »Wenn ich jemanden brauche, ist keiner da. Ich muss allein zurechtkommen. Es hat keinen Sinn, wenn ich aufbegehre oder weine. Es interessiert niemanden. Meine Wünsche und Ängste brauche ich gar nicht erst zu zeigen, niemand interessiert sich dafür, keiner kümmert sich.« Als Konsequenz daraus versteckte das Kind seine innere Verfassung hinter einem »Pokerface«. Die Erwachsenen durften auf keinen Fall merken, wie es ihm geht. Diesen Triumph gönnte das Kind ihnen nicht. Deshalb lautete seine Devise: »Lass dir bloß nicht in die Karten schauen! Zeige dich nicht verletzlich, sonst wirst du verletzt. Halte lieber still, gib dich cool, dann bekommst du wenigstens keinen Ärger.« Diese Strategie half, beängstigende Gefühle unter Kontrolle zu halten.

Weil es sich sehr gut mit sich selbst beschäftigen konnte, wirkte das Kind selbstständig und unabhängig. Kinder mit diesem unsicheren Bindungsstil sind deshalb, wie der Kinderpsychiater Karl-Heinz Brisch feststellt, »bei vielen Eltern und Erziehern sehr beliebt, denn sie sind praktisch. Man kann sie problemlos in zwei Tagen in die Kita eingewöhnen, sie weinen nicht und machen keinen Stress«. In Wirklichkeit aber sind diese Kinder extrem gestresst, sie stehen, wie physiologische Untersuchungen zeigen, unter hoher, anhaltender Anspannung.

Das Pokerface, die scheinbare Gelassenheit und Emotionslosigkeit ist auch heute noch das »Markenzeichen« von vermeidend Gebundenen. Und sicher trifft auch auf die meisten zu, was die Entwicklungspsychologin Gabriele Gloger-Tippelt mithilfe des *Adult-Attachment-Interview* (AAI) – dem Experteninterview zur Erforschung von Bindungsstilen Erwachsener – über diesen Bindungstyp herausgefunden hat: »Vermeidende« verdrängen frühe schmerzliche Erfahrungen oder deuten sie auf eine Weise um, damit das, was das Kind gefühlt und erlitten hat, auf keinen Fall erneut auftauchen kann. Kränkende Erfahrungen werden bagatellisiert oder sogar als hilfreich für die eigene Entwicklung bewertet, wie Gloger-Tippelt feststellte:

So spielen »Vermeider« meist die Bedeutung der Kindheit herunter. Auf die Frage, ob frühe Erfahrungen einen Einfluss auf seine Persönlichkeit und sein Verhalten als Vater haben, meinte ein Befragter: »Ich glaube nicht, dass es eine sehr große Rolle gespielt hat, wie ich erzogen wurde.« Andere betonen, ihre Kindheit sei »ganz normal« gewesen, das Verhalten der Eltern »im

Großen und Ganzen eigentlich nicht schlecht«, obwohl sich aus anderen Äußerungen durchaus eine schwierige Kindheit erschließen lässt. Wie zum Beispiel aus dieser Aussage einer Frau über ihren Vater: Er sei zwar streng gewesen, aber er habe sie nicht geschlagen. Aber wenn er nur ein Wort sagte, dann »wusste ich gleich Bescheid, dann habe ich nicht mehr aufgemuckt«. Eine andere Befragte erzählte, dass ihre Mutter oft ausrastete. Aber das sei auch schnell wieder vorbei gewesen, und das sei was Schönes, »für Kinder sehr wichtig«.

Haben »Vermeider« Erinnerungen an schlimme Ereignisse in der Kindheit, deuten sie diese Erfahrungen um nach dem Motto: »Was mich nicht umbringt, macht mich hart.« Eine Befragte erzählt, welche Auswirkungen der plötzliche Tod ihres Vaters hatte, den sie in ihren späten Jugendjahren erleben musste. Diese Erfahrung habe sie abgehärtet, sie sei selbstständiger geworden und nicht mehr so »mimosenhaft«. Eine andere Befragte beschreibt recht kühl eine Situation, in der sie als Kind verletzt worden ist: »Da sind wir zum Arzt, ich habe dann was geklammert gekriegt, dann war es erledigt. Es war bei uns nie 'ne Aktion, da ist nie viel Aufhebens gemacht worden.«

Oft allerdings liegt bei vermeidenden Personen die Kindheit völlig im Nebel. Sie müssen bei der Frage nach der Kindheit dann passen: »Dazu fällt mir nichts ein.« Oder sie wehren aktiv ab, nach dem Motto: Irgendwann muss Schluss sein, man kann sich doch nicht sein Leben lang mit der Kindheit beschäftigen.

Es kommt aber auch vor, dass »Vermeider« ihre Eltern idealisieren. So hat eine Frau »überhaupt keine schlechten Erinnerungen« an die Kindheit, zu ihrer Mutter habe sie ein liebevolles, herzliches Verhältnis gehabt. Auf die Frage, ob sie »liebevoll« näher beschreiben kann, fällt ihr jedoch kein konkretes Beispiel ein.

Auch Matthias, befragt nach seinen Kindheitserinnerungen, bleibt zunächst Antworten schuldig. »Ich kann mich an kaum etwas erinnern. Meine Kindheit liegt im Nebel. Aber ich glaube, ich hatte eine ganz normale Kindheit. Mama, Papa, Oma, Tante, wir lebten ja alle im selben Haus.« Dass er zehn Jahre alt war, als seine Eltern sich nach langen Jahren heftigen Streits scheiden ließen, weiß er noch, misst dem aber keine so große Bedeutung bei. »Ja, die Auseinandersetzungen waren heftig, ich bin dann immer zur Oma gelaufen, da war es wenigstens ruhig.« Und auch, dass er mit vierzehn von der Mutter, die das Sorgerecht bekommen hatte, zum Vater wechselte, erzählt er ohne Gefühlsbeteiligung. Und es fällt ihm zunächst kein Grund ein, warum er lieber beim Vater wohnen wollte. »Es war, wie es war, das war schon in Ordnung. Es hat nicht funktioniert zwischen uns«, ist die dürre Antwort. Fast widerwillig erzählt er dann doch weiter. »Nach der Scheidung hat sich tagsüber meine Oma um mich gekümmert. Meine Mutter musste ja arbeiten. Am Abend holte sie mich dann bei der Oma ab. Ich wurde schon ein paar Stunden vorher nervös. Denn ich wusste nie, in welcher Laune sie aufschlug.« War die Mutter gut gelaunt, war Matthias sehr erleichtert, war sie schlecht drauf, konnte er ihr nichts recht machen. »Sie kritisierte dann meine Kleidung, meine Haltung, meine Frisur, mein Schweigen – einfach alles. Ich wollte mich damals oft einfach nur in Luft auflösen.« Matthias hatte viel Angst vor seiner Mutter. Aber er zeigte seine Gefühle nie. »Hätte sie gemerkt, wie viel Angst ich vor ihr habe, hätte ich erst recht was zu hören bekommen.«

Dann aber gab es immer wieder Situationen, in denen die Mutter stolz auf ihn war. »Sie ging gern in Lokale. Da nahm sie mich manchmal mit. Und wenn dann jemand sagte, ›Ach, haben Sie aber einen hübschen kleinen Sohn‹, hatte ich ein paar schöne Stunden mit ihr.« Die Mutter wollte bewundert

> werden, auch von ihm. Matthias erinnert sich nur ungern. »Wenn sie sich für einen Event zurechtmachte, fragte sie mich oft, ob ich sie schön finde. Manchmal stand sie in Unterwäsche vor mir und wollte von mir wissen, welches Kleid sie anziehen soll.« Für die Sorgen des Sohnes aber hatte sie kein Ohr. »Ich war nur wichtig als ihr Bewunderer und wenn sie mit mir angeben konnte«, sagt Matthias. In seinem Ton liegt Bitterkeit.

Matthias hat einen vermeidenden Bindungsstil entwickelt, weil er als Kind die Erfahrung machen musste, dass seine Mutter kein wirkliches Interesse an ihm zeigte. Sie war zunächst mit der Befreiung von ihrem ungeliebten Mann beschäftigt und dann mit ihrer »Selbstverwirklichung«, wie er heute erkennt. Wie viele Kinder in dieser Lage versuchte auch Matthias, durch äußerlich unauffälliges Verhalten das Wohlwollen der Mutter zu bekommen – oder sich wenigstens keine kritische Bemerkung oder Zurückweisung einzuhandeln. Er lernte, dass er am ehesten von der Mutter akzeptiert wurde, wenn er nichts forderte. Die »Nähe«, die ihm die Mutter manchmal gewährte, war eine vergiftete. Diese Nähe tat weh, denn sie hatte nichts mit ihm zu tun, sondernd diente nur der mütterlichen Bedürfnisbefriedigung.

Was rät das Beziehungsmodell?

»Vermeider« wie Matthias konnten als Kind keine guten Erfahrungen mit ihren Eltern oder anderen Erziehern machen. Sie spürten, dass sie Mutter oder Vater lästig waren oder nur dann beachtet wurden, wenn sie die Bedürfnisse der Erwachsenen erfüllten. Vertrauen konnten sie nicht entwickeln, weil die Erwachsenen alles andere als verlässlich waren. Ihr Beziehungsmodell rät den »Vermeidern« daher zur Vorsicht, sobald eine Beziehung nah wird: »Am besten, du rechnest *immer* mit Zurückweisung und gibst nicht zu viel von dir preis. Es ist nicht gut, wenn andere zu nahe kommen.« Das Beziehungsmodell beruft sich dabei auf die frühen Bindungserfahrungen und möchte unbedingt dafür sorgen, dass keine neuen Verletzungen entstehen. Diese Sorge ist aus Sicht des früh entstandenen Beziehungsmodells verständlich, doch sind seine Ratschläge heute nicht mehr zeitgemäß. Früher war es sinnvoll, Wünsche nach Nähe und Zuwendung zu unterdrücken und emotionale Abhängigkeit zu vermeiden. Selbstständigkeit und Unabhängigkeit erschienen nicht nur als erstrebenswert, sondern auch als überlebensnotwendig. Aus heutiger Erwachsenensicht aber hat dieses Modell ausgedient. Seine Ratschläge sind kontraproduktiv und führen in die Irre. Auf die Frage »Wie geht Beziehung?« liefert es falsche Antworten.

In der Beziehung: unabhängig bleiben, schweigen, keine Gefühle zeigen

Menschen mit diesem Bindungsstil zeigen ein starkes Vermeidungsverhalten, aber wenig Verlustangst. Das bedeutet, dass sie zwar Beziehungen eingehen, aber dort nicht wirklich ankommen. Sie bleiben auf Abstand, vermeiden Nähe, achten besorgt auf ihre Autonomie und Unabhängigkeit. Sie geben sich verschlossen und zugeknöpft, wenn es um ihre wahren Gefühle und Gedanken geht. Sie haben dafür gute Gründe, wie ihre Kindheitserfahrungen zeigen.

Typisch für diesen Bindungsstil sind folgende Verhaltensweisen:

Bindung schwächen, Autonomie stärken

Vermeidend gebundene Menschen *deaktivieren* in einer engen Beziehung mit hoher Wahrscheinlichkeit ihr Bindungssystem. Das bedeutet: Sie verdrängen unbewusst oder manchmal auch bewusst ihre Wünsche nach Geborgenheit und Intimität und unterbinden alles, was Nähe zum anderen herstellen könnte. Gleichzeitig *aktivieren* sie ihre Autonomiebestrebungen. Unter anderem ist das daran zu erkennen, dass »Vermeider« negative Rabattmarken über den Partner, die Partnerin sammeln, das heißt: Sie registrieren sehr genau, was sie stört und welche schlechten Eigenschaften der andere hat, achten aber selten auf die positiven Seiten des Partners oder der Partnerin. Das hat aus der Sicht des vermeidenden Bindungsmusters gute Gründe: Würden »Vermeidende« die positive, zugewandte, liebevolle Seite des anderen bewusst wahrnehmen, würde sie das unter Umständen aus dem Konzept bringen – sprich: Sie würden sich dem anderen nah fühlen, und das wäre gefährlich. Solange sie aber an ihm oder ihr »herummäkeln« und sich selbst immer wieder versichern, dass dieser Mann oder diese Frau nicht so toll ist, können vermeidend Gebundene den für ihre seelische Sicherheit notwendigen emotionalen Sicherheitsabstand einhalten.

Abstand schaffen

Das ist ein weiteres Merkmal eines vermeidenden Bindungsstil: Wenn der Partner, die Partnerin zu nahe kommt, greifen »Vermeidende« manchmal zu durchaus groben Mitteln, um wieder einen Sicherheitsabstand zum anderen herzustellen. Sie neigen dann dazu, den Partner, die Partnerin abzuwerten oder von oben herab zu behandeln.

Matthias kennt diesen Mechanismus. Besonders nach sehr schönen Momenten mit Susanne bricht er einen Streit vom Zaun. »Irgendwas passt mir dann nicht an ihr, ich fühle mich unter Druck und brauche ein Ventil.« Erzählt sie ihm von beruflichen Problemen, gibt er ihr gönnerhafte Ratschläge oder kritisiert sie als unfähig. Beklagt sie sich, sie habe in letzter Zeit zugenommen, meint er süffisant: »Ja, drei Kilo weniger wären nicht schlecht.« Äußert sie ihre Sorgen über ihre Mutter, schaltet er auf Durchzug und geht überhaupt nicht darauf ein. Matthias bemerkt zwar, dass er Susanne durch seine Bemerkungen verletzt, aber er bereut sie nicht wirklich. Denn wenn sich Susanne dann zurückzieht, geht es ihm besser als vorher. Er fühlt sich freier. Die bedrohliche Nähe ist gebannt. Manchmal kommt Matthias der Verdacht, dass er für eine Beziehung überhaupt nicht geschaffen ist und als Single möglicherweise glücklicher wäre.

Single bleiben

Auch das ist ein typisches Kennzeichen vermeidend Gebundener: Sie leben allein, manchmal sogar innerhalb ihrer Beziehung. Der Psychologe Franz-Josef Hehl befragte in seiner Studie vierzig Frauen, die Hälfte davon Singles, und stellte fest: Frauen, die keine Beziehung hatten, waren als Kind weniger eng in der Familie gebunden, von der Mutter erhielten sie weniger Zuwendung als die verheirateten Frauen. »Die Single-Tochter hat als Kind die Familie als wenig unterstützend erlebt«, so Hehl. Sie musste zu Hause um Beachtung und Anerkennung ringen. Ihr Selbstbewusstsein bekam sie nicht durch die Zuwendung der Eltern – es speiste sich aus ihren Leistungen. »Ihr Selbstbewusstsein ist daher weniger davon abhängig, ob sie von anderen gemocht werden, sondern davon, was sie sich selbst im Leben erarbeiten«, erklärt der Psychologe. Für ihn ist die Lebensform

»Single« Ausdruck eines Einzelkämpfertums. »Wenn ich mich nicht auf die Liebe meiner Eltern verlassen kann, muss ich mich auf mich selbst verlassen.« Wenn diese Menschen eine Beziehung eingehen, verhalten sie sich dennoch distanziert. Selbst, wenn sie in einer festen Beziehung leben, bleiben diese Menschen Singles. »In der Ehe gehen sie nach wie vor ihre eigenen Wege«, so Franz-Josef Hehl.

Verschlossenheit

Das ist ein wichtiges Merkmal von »Vermeidern«. Wenn es zu intim wird, fühlen sie sich unwohl, deshalb unterlassen sie alles, was anderen Menschen einen zu großen Einblick in ihr Leben gewähren könnte. Sie hassen es regelrecht, über persönliche Themen zu sprechen, und gehen sofort in Abwehrstellung, wenn die Partnerin oder der Partner sagt: »Ich muss mal mit dir über etwas reden.« Sie wollen nicht, dass sich der andere für sie zu sehr interessiert; schließlich interessieren auch sie sich nicht für die Gedanken und Gefühlen ihres Partners oder ihrer Partnerin. Allein die harmlose Frage, »Wie geht es dir heute?«, kommt ihnen selten über die Lippen. Geschweige denn ein tiefer gehendes Interesse an den Angelegenheiten des anderen. Fragen wie »Du warst doch heute beim Arzt, was hat er gesagt?« oder »Du wirkst niedergeschlagen, hast du ein Problem?« sind von einem »Vermeidenden« wohl kaum zu hören. Es könnte sich daraus ja ein Beziehungsgespräch ergeben.

Mit Sachthemen haben vermeidende Menschen jedoch kein Problem. Sie können lang und breit und bis zur Erschöpfung der Gesprächspartner über ihren Beruf, über Bayern München oder Borussia Dortmund, über den verrückten Trump oder den Niedergang der SPD reden. Solange sie das Gespräch über diese Themen am Laufen halten, kann schon nicht über Persönliches gesprochen werden!

Da ist es nur konsequent, dass »Vermeider« nur ungern Informationen über sich selbst preisgeben. Selbst wichtige Dinge und Entscheidungen behalten sie für sich und diskutieren nicht mit dem Partner, der Partnerin darüber. Sie sind überzeugt: Sie können ihre Unabhängigkeit nur schützen, wenn sie nicht allzu viel vom anderen wissen und wenn sie für den Partner, die Partnerin immer ein wenig fremd bleiben. Geht es ihnen nicht gut, meiden sie erst recht die direkte Kommunikation und ziehen sich lieber in ihr Zimmer zurück, als über ihre Probleme und Wünsche zu sprechen.

Es passt ins Bild, dass vermeidend Gebundene höchstwahrscheinlich wenig von Romantik halten. Der Satz »Ich liebe dich« kommt ihnen nur schwer über die Lippen, und auch mit liebevollen Komplimenten geizen sie in der Regel. Partner von »Vermeidenden« klagen oft darüber, dass diese keine Gefühle hätten und ein »Holzklotz« seien.

Frances, die Protagonistin in dem Roman Gespräche mit Freunden, *von Sally Rooney ist vermutlich eine vermeidend gebundene Frau. Sie, die Kühle, Rationale, verliebt sich heftig in den verheirateten Nick. Sie fühlt sich sehr von ihm angezogen, ihre Gedanken, ihr Sehnen kreisen um ihn. Dennoch bleibt sie auf Abstand. »Ich dachte über alles nach, was ich Nick nie von mir erzählt hatte, und dadurch ging es mir besser, als umgäbe mich meine Verschwiegenheit wie eine Grenzschicht, die meinen Körper beschützte. Ich war eine vollkommen autonome und unabhängige Person mit einem Innenleben, das noch nie jemand berührt oder wahrgenommen hatte.« Frances, die Tochter eines gewalttätigen Alkoholikers, hat gelernt, Nähe zu meiden.*

Liebe bedeutet: etwas leisten

Dieses Merkmal des vermeidenden Bindungsstils ist ein besonders trauriges. Denn es wird von Partnern mit einem anderen Bindungsstil nicht verstanden, und deshalb gehen vermeidend Gebundene häufig leer aus, wenn sie auf diese Art Liebe und Zuwendung suchen. In ihrer Kindheit haben vermeidend gebundene Menschen gelernt, dass sie Anerkennung – oder zumindest Duldung – erfahren, wenn sie anderen nicht zur Last fallen und sich mit sich selbst beschäftigen. Deshalb geht es ihnen auch heute noch am besten, wenn sie Dinge erledigen können. Entweder stürzen sie sich in berufliche Aufgaben oder kümmern sich verlässlich um alles, was in Haus und Garten anfällt. Wenn sie ihrer Partnerin, ihrem Partner etwas Gutes tun wollen, dann räumen sie lieber die Garage auf, reparieren Dinge, mähen den Rasen – nur um sich nicht über Persönliches unterhalten oder einfach untätig Seite an Seite auf dem Sofa sitzen und einen Film anschauen zu müssen. »Vermeider« sind zufrieden, wenn sie für ihren »Arbeitseinsatz« ein ehrliches Lob bekommen oder wenigstens ein »Dankeschön«. Das ist genug emotionale Nähe für sie. Schließlich haben sie als Kind Bescheidenheit gelernt, was ihre emotionalen Bedürfnisse angeht.

Trennung? Kein Problem!

Auch das ist typisch für »Vermeidende«: Sie kommen – scheinbar – ganz gut mit Trennungen zurecht, gleichgültig, ob es sich um kurzfristige oder endgültige Trennungen handelt. Schließlich sind sie ja geübt darin, sich vor zu intensiven Gefühlen zu schützen und sich hinter einer Maske der Unberührbarkeit zu verbergen. Natürlich sind sie wie jeder andere Mensch auch traurig und erschüttert, aber nach außen hin wirken sie unbeteiligt und gelassen. Dann schützt sie ihr Pokerface vor neugierigen Blicken und Nachfragen.

Der Psychologe David Howe beschreibt ein typisches Beispiel eines vermeidend gebundenen Mannes, der sich nach dem Ende einer fünfjährigen Beziehung so äußert: »Ja nun, sie hat mich am Ende tatsächlich verlassen. Um ehrlich zu sein, wurde sie zum Schluss ziemlich hysterisch, und ich denke, dass es wohl so das Beste war. Ich habe dadurch wieder mehr Raum für mich gewonnen und konnte bei der Arbeit einiges aufholen. Daher hat sich alles zum Guten gewandt. Ich bin eigentlich nicht der Typ, der sich so etwas zu Herzen nimmt.«

Soziale Kompetenz

Gute Beziehungen zu anderen sind im Leben von »Vermeidenden« selten vorhanden. Sie haben viele, eher oberflächliche Bekanntschaften, vermeiden aber enge Kontakte zu Freunden oder Kollegen. Weil sie ein starkes Bedürfnis nach Unabhängigkeit haben, wirken sie auf andere wahrscheinlich selbstbezogen und manchmal sogar arrogant. Das entmutigt Menschen, die eigentlich an ihnen interessiert wären, näheren Kontakt wünschen oder sogar eine Freundschaft. Denn sie spüren schnell, dass der »Vermeidende« nicht sehr interessiert ist: Er öffnet sich nicht, erzählt nicht viel von sich und interessiert sich nur oberflächlich für die andere Person. Weil vermeidend Gebundene nicht bereit sind, andere wirklich in ihr Leben zu lassen, verlaufen vielversprechende Kontakte oft im Sande. Falls doch eine Freundschaft zustande kommt, sind »Vermeidende« äußerst kritisch. Bei der kleinsten Enttäuschung oder Irritation geben sie die Beziehung lieber auf, als sich mit dem anderen Menschen auseinanderzusetzen.

Auch als Kollege oder Kollegin bleiben Menschen mit vermeidendem Bindungsstil lieber auf Abstand. Sie sind keine

Teamplayer. Meetings mögen sie gar nicht. Am wohlsten fühlen sie sich, wenn sie allein und ungestört arbeiten können. Zu viele Absprachen machen sie nervös, es kommt dann leicht zu Konflikten. Wenn jemand einen anderen Vorschlag hat oder anderer Meinung ist als sie, können sie sehr ungehalten werden und den Kollegen, die Kollegin barsch zurechtweisen. Im Stillen denken »Vermeidende«, dass sie klüger, effizienter und erfolgreicher sind als die anderen. Sie entscheiden daher gern Dinge im Alleingang. Dass das zu Ärger führen kann, liegt auf der Hand. Sicher ist das der Grund, warum vermeidend Gebundene mit ihrer Arbeit öfter unzufrieden sind.

In Kürze: Der vermeidende Bindungsstil

Wenn Sie eine »vermeidende« Frau oder ein »vermeidender« Mann sind, dann erkennen Sie sich wahrscheinlich in Merkmalen wie den folgenden wieder:

- Schon als Kind haben Sie beschlossen: »Ich komme allein zurecht.«
- Gehen Sie eine engere Beziehung ein, rechnen Sie nicht damit, dass Ihre Bedürfnisse zählen. Sie passen sehr auf, dass andere Sie nicht ausnutzen und für ihre Zwecke einspannen.
- Selbstständigkeit und Unabhängigkeit haben für Sie einen hohen Stellenwert – einen viel höheren als innige Bindung und Nähe.
- Da Sie als Kind erfahren haben, dass Sie am ehesten dann akzeptiert werden, wenn Sie Leistung bringen und von anderen keine emotionalen Zuwendungen erwarten, wollen Sie sich auch heute mit Leistungen und konkreten »Diensten« die Aufmerksamkeit und Anerkennung anderer verdienen.

- Es fällt Ihnen schwer, richtig gute Freunde oder Freundinnen zu finden. Sie reden sich ein, dass Sie andere nicht brauchen und an engen Kontakten nicht wirklich interessiert sind.
- Sie vermeiden es, Feedback einzuholen – aus Angst vor Zurückweisung oder Kritik.
- Sie deaktivieren Ihr Bindungssystem und verdrängen Ihre Wünsche nach Nähe und Zugehörigkeit. Typisch für die »Deaktivierung« sind diese Verhaltensweisen: Grundsätzlich neigen Sie dazu, Unangenehmes entweder nicht zur Kenntnis zu nehmen oder es wegzuschieben. Und wenn Sie es wahrnehmen, wollen Sie nicht darüber reden. Falls andere Probleme oder Schwierigkeiten haben, geben Sie sich nach außen hin »cool«. Ihr Motto: »Was mich nicht umbringt, macht mich stärker.«

  Sie verstecken Ihre Gefühle vor sich selbst, auf jeden Fall vor dem Partner, der Partnerin. Sie verhalten sich so distanziert, dass Sie auf den anderen kühl und desinteressiert wirken. Dazu passt, dass Sie sich über emotionale Bedürfnisse des Partners, der Partnerin »erheben« und wie ein Elternteil zum Kind reden: »Wenn du dich erst mal beruhigt hast, wirst du sehen, dass ich recht habe. Denk erst mal nach, bevor du dich aufregst.« Der so Behandelte kann gar nicht anders, als sich dumm und bedürftig vorzukommen.

  Sie sagen oft, »Ich brauche Zeit für mich«, um Abstand zum Partner zu schaffen. Wenn Sie in Not sind, bitten Sie nicht um Hilfe, sondern versuchen, Ihre Probleme mit sich allein auszumachen.

5
Die Ängstlichen: Liebe muss man sich verdienen

Beziehungen nicht sind einfach. Liebe fällt einem nicht in den Schoß. Menschen mit einem ängstlichen Bindungsstil tun alles dafür, damit ein geliebter Mensch bleibt. Dennoch lässt sie das quälende Gefühl nicht los, dass sie über kurz oder lang allein dastehen werden.

HANNELORE

Seit vor drei Jahren ihre Ehe gescheitert ist, sucht Hannelore nach einem neuen Partner. Sie hat ein Profil bei einer Online-Partnervermittlung eingerichtet und kann sich über mangelndes Interesse nicht beklagen. Interessante und durchaus passende Männer melden sich bei ihr, immer wieder verabredet sie sich zu ersten Treffen. Und diese laufen fast immer nach demselben Muster ab. Hannelore zeigt sich sehr interessiert am anderen, möchte viel von ihm wissen, gibt aber auch selbst viel von sich preis. Sie erzählt bereitwillig von ihrem Leben, von früheren Beziehungen, von ihren Erfahrungen mit bisherigen Dates, von ihren Ängsten und Sorgen, von ihren Schwächen und Unzulänglichkeiten, von den Problemen mit ihren zwei erwachsenen Töchtern. Auf diese Weise hofft sie, möglichst schnell Nähe und Vertrauen herzustellen. Ob der andere sich ebenso öffnet, darauf achtet sie in dieser Phase gar nicht.

Hannelore sucht nicht nur emotionale Nähe, sondern auch körperliche. Oftmals drängt sie sich dem noch Unbekannten geradezu auf, und wenn dieser nur leichten Druck ausübt, geht sie auch mit ihm ins Bett. Ob ihr der Mann wirklich gut gefällt, fragt sie sich meist nicht. Bislang ist noch keiner dieser Männer auf Dauer geblieben. Manche distanzieren sich schon nach wenigen Treffen oder sagen ihr offen, dass sie nicht ernsthaft interessiert sind. Für Hannelore bricht dann regelmäßig eine Welt zusammen, sie verliert jeglichen Mut, will sich nur noch verkriechen. Bis zum nächsten Versuch. Der wiederum mit der Hoffnung verbunden ist, endlich auf den Richtigen zu stoßen.

Es ist offensichtlich: Hannelore steht sich mit ihrem Wunsch nach Nähe selbst im Weg. Weil sie sich und dem Partner keine Zeit lässt, weil sie den anderen zu offensiv von sich selbst überzeugen will, erreicht sie oftmals genau das, wovor sie sich fürchtet: Der andere geht auf Abstand. Hätte Hannelore den Test in Kapitel 3 gemacht, hätte sie wahrscheinlich den Aussagen in Teil 2 zugestimmt. Denn Hannelore hat einen *ängstlichen* Bindungsstil entwickelt.

Kamen auch Ihnen die Aussagen in Teil 2 des Bindungstests vertraut vor, und konnten Sie den meisten davon zustimmen? Dann haben auch Sie vermutlich diesen Bindungsstil und fanden im Bindungstest Aussagen wie diese zutreffend: *»Für mich ist wichtig, dass andere mich mögen. Manchmal denke ich, ich bin nicht gut genug. Ich fühle mich in Beziehungen manchmal wie ein kleines, hilfloses Kind. Mein Selbstwertgefühl hängt davon ab, ob mein Partner, meine Partnerin mit mir einverstanden ist.«*

Wie war die Kindheit?

»Ängstliche« haben eine kindliche Grunderfahrung mit vermeidend gebundenen Menschen gemeinsam: Wie diese konnten sie sich in ihrer Kindheit wahrscheinlich auf die Eltern nicht bedingungslos verlassen. Mal waren diese zugewandt, dann wieder desinteressiert. Mal waren sie verwöhnend, dann wieder unverständlich streng. Die Eltern waren nicht in der Lage, die Bedürfnisse ihres Kindes zu erkennen und dessen Bindungssignale richtig zu deuten. Wenn das Kind auf den Arm genommen werden wollte, bekam es vielleicht seinen Willen, aber schon nach wenigen Minuten wurde es wieder abgesetzt, ohne darauf zu achten, wie es ihm geht. Das Kind wusste nicht, woran es war: Mal wurde es mit Aufmerksamkeit überschüttet, mal links liegen gelassen.

Wie gesagt, diese Erfahrung hat ein ängstlich gebundener Mensch mit vermeidend gebundenen gemeinsam. Allerdings gibt es einen wichtigen Unterschied: Während vermeidend Gebundene in der Kindheit ihre Bindungswünsche *deaktivierten* und so taten, als ob die fehlende Zuwendung und Verlässlichkeit der Erwachsenen sie nicht weiter tangiert, reagierten »Ängstliche« genau umgekehrt: Die Erfahrung »Ich kann mich auf nichts verlassen« führte bei ihnen zu einem extrem *aktiven* Bindungsverhalten. Das heißt: Sie versuchten mit allen Mitteln, die nötige Zuwendung zu bekommen. Weil sie ständig fürchten mussten, nicht gehört oder gar vergessen zu werden, neigten diese Kinder zu Übertreibungen: Wenn sie hinfielen, weinten sie lauter als notwendig. Sie zeigten sich hilfloser, als sie es wirklich waren. Aus kleinen Ängsten machten sie große Ängste, aus einem kleinen Hunger einen großen Hunger, aus einer kleinen Verunsicherung tiefe Verzweiflung. Kurz: Ängstlich Gebundene kämpften als Kind verzweifelt um Aufmerksamkeit. Auf diese Weise hofften sie, wenigstens irgendeine Reaktion von ihren so unzuverlässigen Bindungspersonen zu bekommen und die beunruhigende emotionale Distanz zu ihnen zu verringern. Ruhe kehrte oft erst ein, wenn Mutter oder Vater endlich verstanden, was sie wollten, oder wenn sie erschöpft vom Weinen, Schreien und Toben aufgaben.

Hannelore erinnert sich, dass sie als Kind das Gefühl hatte, unsichtbar zu sein. Die Eltern schienen durch sie hindurchzusehen. Ein Ereignis beschäftigt sie noch heute: »Direkt vor unserem Haus ist ein Hund überfahren worden. Ich war etwa fünf Jahre alt und hatte gesehen, wie das Auto nicht mehr rechtzeitig bremsen konnte. Ich war völlig außer mir und lief zur Mutter, um Hilfe zu holen. Sie telefonierte gerade und reagierte zunächst gar nicht auf mich, obwohl ich heftig weinte. Ich zog sie am Arm, sie stieß mich weg. Erst als ich mich auf den Boden warf, wurde sie aufmerksam. Später tat es ihr wohl leid, und sie machte mir ein Rosinenbrot mit Erdbeermarmelade. Das aß ich für mein Leben gern.« Solche Situationen, erzählt Hannelore, waren typisch. »Manchmal war ich überzeugt, dass meine Mutter mich sehr liebte. Doch dann war sie plötzlich kühl und abweisend. Ich kam damit nicht zurecht.«

Was rät das Beziehungsmodell?

»Ängstliche« erlebten als Kind, dass sie von den Erwachsenen nicht viel Aufmerksamkeit erwarten durften. Dies führte zu Überzeugungen wie: »Ich zähle nicht. Ich darf nichts wollen. Ich bin uninteressant. Auch wenn es mal besser läuft, darf ich nicht unvorsichtig werden. Im nächsten Moment kann schon alles anders sein.« Ihr Beziehungsmodell geht deshalb davon aus, dass andere Menschen unberechenbar, desinteressiert und unzuverlässig sind. Die Ratschläge, die dieses Modell aus dieser Erfahrung ableitet, sind allerdings widersprüchlich. Es sagt einerseits »Kämpfe für deine Interessen«, was dazu führt, dass »Ängstliche« Bindungsbedürfnisse übertreiben; andererseits entmutigt es sie: »Das Kämpfen wird nicht viel nutzen.«

Mit dieser anstrengenden Haltung sind »Ängstliche« in der Kindheit den Eltern begegnet – mit dieser Haltung begegnen sie heute den Menschen, die ihnen wichtig sind. Auf der einen Seite spüren sie ein großes Bedürfnis nach Nähe und Zugehörigkeit, auf der anderen Seite haben sie große Angst vor erneuter Verletzung. Unsicherheit und Verlustangst sind die ständigen Begleiter von Menschen mit einem ängstlichen Bindungsstil.

In der Beziehung: immer nett, immer hilfsbereit, immer im Alarmzustand

Der Psychologe David Howe beschreibt ängstlich gebundene Menschen so: Diese hätten »ständig das Gefühl, dass man ihnen Liebe und Zuneigung vorenthält. Sie behaupten, niemals genug Aufmerksamkeit oder Anerkennung zu erhalten. Das Leben scheint ungerecht zu sein und ihnen Dinge vorzuenthalten. Das grundlegende, unterschwellige Bedürfnis danach, geliebt und gemocht zu werden, wird ständig von der quälenden Angst untergraben, dass das Selbst wertlos und uninteressant ist und kaum von anderen wahrgenommen wird. Getrieben von dieser Angst, besteht die einzige Möglichkeit, beachtet zu werden, darin, die Welt zu einer Reaktion zu zwingen.«

Das ist keine sehr freundliche Beschreibung. Es klingt so, als seien Menschen mit diesem Bindungsstil sehr anspruchsvoll, vereinnahmend, nie zufrieden, unersättlich und hätten ein schwaches Selbstwertgefühl, das ständig um Anerkennung bettelt. Diese Sichtweise wird einem ängstlich gebundenen Menschen nicht gerecht. Die innere Not, in der sich »Ängstliche« oft befinden, ist extrem belastend. Die typischen Merkmale dieses anstrengenden Bindungsstils sind: hoher Stress, ständige Beziehungsarbeit, übertriebene Nettigkeit, zu große Hilfsbereitschaft.

Beziehung ist Arbeit

Frauen und Männer mit diesem Bindungsstil sind fast rund um die Uhr mit *Beziehungsarbeit* beschäftigt, und das bedeutet: Sie müssen dafür sorgen, dass der andere sich geliebt fühlt und auf keinen Fall auf die Idee kommt, ihnen den Rücken zu kehren. Wie früher als Kind bemühen sich »Ängstliche« auch heute als Erwachsene mit großem Aufwand um die Aufmerksamkeit und Zuwendung des Partners, der Partnerin. Schließlich sind in ihrem früh entstandenen Beziehungsmodell Überzeugungen verankert wie »Ich muss um Liebe kämpfen«, »Ich bin nur liebenswert, wenn ich mich um die Beziehung kümmere«, »Sicher wird mich der andere bei nächster Gelegenheit verlassen«. Sie fürchten zutiefst, dass der Mensch, den sie lieben und brauchen, nicht verlässlich verfügbar ist. Auf keinen Fall dürfen sie sich ruhig zurücklehnen, sondern müssen damit rechnen, dass sich die Situation jederzeit zum Schlechteren verändern kann.

Immer wachsam

Entsprechend hoch ist der *Stresslevel.* »Ängstliche« stehen im Grunde ständig unter Strom. Hoch achtsam und sensibel beobachten sie den anderen und suchen nach Beweisen für dessen Liebe. Doch die Beweise reichen nie aus. Sie hören schnell die »Flöhe husten«: Jede Regung, jede Stimmungsschwankung des anderen kann sie verunsichern und ins Grübeln stürzen: »Habe ich was falsch gemacht, war ich zu unaufmerksam, hat er oder sie sich über mich geärgert?« Ist der Partner schweigsam oder mürrisch, suchen ängstlich Gebundene den Grund bei sich. Kommt der Partner später als erwartet, dann dürfen sie auf keinen Fall entspannt denken, »Ach, es war wohl viel Arbeit im Büro«, sondern müssen die Warnung ihres Beziehungsmodells befolgen, die da lautet: »Du musst alles Mögliche bedenken: Ist die nette Kollegin für die Verspätung verantwortlich? Oder hatte er einen Unfall?« Ist der andere dann endlich zu Hause, findet er den »Ängstlichen« aufgewühlt und überaus besorgt vor. Dessen Bindungssystem ist zwar hochaktiv, allerdings sendet es keine eindeutigen Signale. Niemals würde er oder sie es wagen, dem Partner, der Partnerin zu sagen: »Ich hatte so viel Angst, weil du nicht pünktlich da warst. Ich habe dich schon im Krankenhaus gesehen oder im Bett mit deiner Kollegin.« Stattdessen verpacken »Ängstliche« ihre wahren Gefühle in übertriebene Zuwendung, aber auch in Vorwürfe und Forderungen.

Menschen mit ängstlichem Bindungsstil machen sich nicht nur viele Sorgen um den Partner oder die Partnerin, sie machen sich auch ständig Sorgen um die Beziehung. Wird sie halten? Kommt es zur Trennung? Nur in seltenen Momenten fühlen sie sich in der Beziehung sicher. Meist sind sie in Alarmbereitschaft, denn sie sind überzeugt: »Ich bin austauschbar.« Deshalb rechnen sie damit, dass der Partner oder die Partnerin früher oder später gravierende Mängel an ihnen feststellen und sich von ihnen abwenden wird.

Sei nett!

Diese Situation kostet Kraft und ist nur schwer auszuhalten. »Ängstliche« suchen deshalb nach Wegen, um wenigstens ein wenig Sicherheit zu bekommen. Meist wählen sie dann einen vertrauten Weg: *Nettigkeit*. Das heißt: Sie versuchen, dem anderen seine Wünsche von den Augen abzulesen und zu erfüllen. Sie unterstützen, wo sie können, sind immer da, wenn sie glauben, gebraucht zu werden. Sie richten sich bereitwillig nach der Meinung des anderen und stellen eigene Bedürfnisse zurück. Das geht so weit, dass ängstlich Gebundene den Partner oder die Partnerin für intelligenter, attraktiver, besser halten als sich selbst. Zwangsläufig sind dann Selbstzweifel ein ständiger Begleiter. Diese können nur gemindert werden, wenn die »Ängstlichen« von dem scheinbar so viel wichtigeren Partner die gewünschte Zuwendung und Bestätigung bekommen. Ihre Selbstachtung steht und fällt mit der Anerkennung oder Zurückweisung des anderen.

Für ihre Nettigkeit zahlen Menschen mit diesem Bindungsstil einen hohen Preis. Nicht nur, dass die Verlustangst nicht wirklich verschwindet, sie verzichten vor allem auf ihre Autonomie und Selbstständigkeit. Wenn sie sich bereitwillig den Wünschen des anderen anpassen, bleibt das Eigene auf der Strecke. Ihre Unabhängigkeit ist ihnen weniger wichtig als emotionale Nähe. Und sie achten auch zu wenig auf ihre eigenen Grenzen, wenn es darum geht, Nähe herzustellen.

Zu viel, zu schnell

Auch das ist ein typisches Merkmal ängstlich Gebundener. Sie neigen dazu, viel zu früh Nähe zu anderen herzustellen und allzu bereitwillig private Dinge preiszugeben. »Ängstliche« erkennen oft nicht, ob der Partner wirklich an ihren »Offenbarungen« interessiert ist. Für sie gilt: »zu viel zu schnell«. Sie wollen schnell mit der anderen Person verschmelzen, um ihre Ängste zu mildern und schnell Ähnlichkeit herzustellen, wo noch gar nicht klar ist, ob da überhaupt eine ist und ob diese Nähe gut für sie ist. Sie wollen die Sympathie anderer gewinnen und lassen sich und dem Gegenüber dafür nicht ausreichend Zeit. Damit erreichen »Ängstliche« zwar eine momentane Sicherheit, die aber oft die Situation, in der sie entsteht, nicht überdauert. Nachhaltig sicher fühlen sie sich nicht. Die Angst bleibt, dass der andere das Interesse verlieren und sich abwenden könnte. Das bedeutet für ängstlich Gebundene, dass sie nicht nachlassen dürfen in ihren Bemühungen um den Partner oder die Partnerin, dass sie das Wohlwollen des anderen und seine Aufmerksamkeit mit unermüdlichem Einsatz Tag für Tag neu erringen müssen. Dazu passt, dass Personen mit diesem Bindungsstil oftmals auch zu schnell in sexuelle Kontakte einwilligen. Ein »Nein« erlauben sie sich auch hier nicht. Denn dann könnte der andere sich enttäuscht von ihnen abwenden. Wenn sie aber für seine sexuellen Wünsche immer offen sind, bannen sie diese Gefahr und binden den anderen wenigstens kurzfristig an sich.

Neben Nettigkeit und Anpassung gibt es noch einen weiteren Weg, mit dem ein ängstlicher Mensch seine Beziehungssorgen in Schach halten kann: das *Helfersyndrom.* »Ängstliche« fühlen sich von Menschen angezogen, denen sie helfen, die sie »retten« können. Das Helfersyndrom hat vor allem dann eine Chance, wenn ängstlich Gebundene auf Partnersuche sind. Dann kann es sein, dass sie sich vor allem von Männern oder Frauen angezogen fühlen, die so wirken, als bräuchten sie Hilfe. Frisch Geschiedene, erst kurze Zeit trockene Alkoholiker oder durch heftige psychische Krisen gebeutelte Männer oder Frauen gehören zu ihrem »Beuteschema«. Ihr überaktives Bindungssystem fühlt sich mit solchen Menschen wohl. Denn sie können und dürfen sich sorgen und kümmern. Die gewünschte und geduldete Unterstützung und die Dankbarkeit der »Hilfsbedürftigen« gibt ihnen Sicherheit: So schnell wird sich der oder die Gerettete nicht abwenden.

Wenn die Retterstrategie nicht greift, weil es niemanden zu retten gibt, präsentieren »Ängstliche« sich häufig dem anderen selbst als schwach. Sie geben sich hilflos, bedürftig oder gar »dumm«, damit der Partner beziehungsweise die Partnerin sich ihnen zuwendet und sich um sie kümmert. Und wenn etwas schiefgeht, übernehmen sie bereitwillig die Verantwortung, auch wenn diese nicht bei ihnen liegt.

Hannelore erinnert sich an einen Urlaub mit einem Mann, mit dem sie im vergangenen Sommer ein paar Monate zusammen war. Das Hotel hatten beide gemeinsam ausgewählt. Doch als sie dann vor Ort waren, gefiel Hannelores Freund das Hotel überhaupt nicht. Er hatte ständig etwas daran auszusetzen. Obwohl sie nicht allein dafür verantwortlich war, konnte Hannelore nicht aufhören, sich zu entschuldigen. Sie nahm die Schuld auf sich, bot an, die gesamten Kosten zu übernehmen oder ihn durch Einladungen in tolle Restaurants am Urlaubsort zu entschädigen.

»Ängstliche«, wie Hannelore, dürfen ihre Enttäuschung über den Partner nicht wahrhaben. Deshalb übernehmen sie auch da Verantwortung, wo sie keine haben. Typisch für ängstlich gebundene Menschen ist auch, dass sie häufig »Entschuldigung« sagen, obwohl dies in der konkreten Kommunikation nicht nötig wäre oder sogar unsinnig ist.

Soziale Kompetenz

Die Merkmale dieses Bindungsstils machen sich natürlich nicht nur in Partnerschaften bemerkbar; auch andere Beziehungen werden davon beeinflusst. Zum Beispiel Freundschaften: Auch hier neigen »Ängstliche« oft zu allzu nettem Verhalten und stellen ihre eigenen Bedürfnisse hintan. Denn Freunde bedeuten ihnen viel. Deshalb sind sie bereit, eine Menge Zeit und Energie für diese zu investieren. Sie sind da, wenn andere sie brauchen, sie können gut zuhören, stehen mit Rat und Tat bei Problemen zur Seite. Wenn eine gute Freundin oder ein guter Freund etwas von ihnen braucht, lassen sie unter Umständen alles stehen und liegen. Wenn die Freundin Liebeskummer hat, stellen »Ängstliche« ihre Couch zur Verfügung, auch für längere Zeit. Und sie hören sich mit Engelsgeduld deren traurige Beziehungsgeschichte wieder und wieder an. Es ist ein großes Geschenk, einen ängstlich Gebundenen als Freund oder Freundin zu haben.

Allerdings gibt es ein großes Aber: Hat der Freund einmal keine Zeit, hat er etwas Wichtigeres vor, kümmert sich die Freundin auf einer Abendeinladung nicht genug um den »Ängstlichen«, dann kann eine einzige Situation für ihn Anlass sein, sich zurückzuziehen. Unter Umständen lassen Menschen mit diesem Bindungsstil sogar Freundschaftsbeziehungen »auslaufen«, weil sie glauben, dass sie für den Freund oder die Freundin keinen Wert haben.

Auch am Arbeitsplatz fallen ängstlich gebundene Personen durch Nettigkeit und Hilfsbereitschaft auf. Um Zuwendung und Anerkennung zu bekommen, sagen »Ängstliche« nicht Nein, wenn sie um Unterstützung gebeten werden. Da kann ihr eigenes Arbeitsvolumen noch so groß sein. Ein ängstlicher Bindungsstil sorgt dafür, dass sie sich von ihrer eigenen Arbeit abhalten lassen. Typisch für »Ängstliche« ist auch, dass sie große Sorge haben, einen Fehler zu machen oder sich nicht richtig zu verhalten. Ehe sie eine Mail abschicken, prüfen sie mehrfach, ob auch wirklich alles in Ordnung ist, und eine ganz harmlose Beschwerde eines Kunden nehmen sie so persönlich, dass sie in der Nacht wach liegen und überlegen, was sie falsch gemacht haben. Sie grübeln, warum die Chefin heute so kurz angebunden war, ob sie selbst die letzte Mail an diese freundlich genug formuliert haben und warum die Lieblingskollegin heute nicht mit ihnen in die Mittagspause gegangen ist. »Ängstliche« sind manchmal so beschäftigt mit zwischenmenschlichen Sorgen, dass sie sich nur schwer auf die Arbeit konzentrieren können. Wie Bindungsstudien zeigen, sind Arbeitnehmerinnen und Arbeitnehmer, die ihre Arbeit perfekt erledigen wollen und dadurch oft enorm viele Überstunden ansammeln, häufig ängstlich gebunden.

In Kürze: Der ängstliche Bindungsstil

Wenn Sie diesen Bindungsstil entwickelten, haben Sie in der Kindheit erfahren »So, wie ich bin, liebt man mich nicht«. Deshalb zeigten Sie schon als Kind und zeigen auch heute Verhaltensweisen, von denen Sie glauben, dass diese bei den Menschen, von denen Sie sich abhängig fühlen, gut ankommen. Sie waren ein braves Kind und sind jetzt eine angepasste, nette erwachsene Frau oder ein angepasster, netter Mann. Sie spüren, was andere von Ihnen erwarten, und erfüllen deren Bedürfnisse bereitwillig. Weil Ihr »wahres Selbst« in der Kindheit nicht gesehen und akzeptiert wurde, entwickelten Sie ein »falsches Selbst«, wie der Psychoanalytiker Donald W. Winnicott es nennt. Dieses »falsche Selbst« ist im ständigen Einsatz für die Beziehung:

- Als ängstlicher Mensch können Sie sich ein Leben ohne enge Beziehung nicht vorstellen. Weil Sie emotional so sehr darauf angewiesen sind, leben Sie in permanenter Angst, der Partner, die Partnerin könnte sich abwenden oder die Beziehung nicht so wichtig nehmen.
- Sie neigen dazu, sich schnell und heftig zu verlieben. Auf diese Weise wollen Sie die für Sie so notwendige Sicherheit herstellen. Möglicherweise steckt dahinter die Hoffnung: Wenn ich verliebt bin, dann kann der andere mich nicht so schnell verlassen.
- In Stresssituationen verhalten Sie sich kindlich und hilflos, um Zuwendung zu bekommen. Das gilt nicht nur für Liebesbeziehungen. Auch am Arbeitsplatz und in Freundschaften können schwierige Momente Sie in die Kindrolle katapultieren.
- In Freundschaften wie in Paarbeziehungen geben Sie viel. Aber Sie erwarten auch viel vom anderen. Oftmals

wünschen Sie sich mehr Nähe und Zuwendung vom Partner oder von Freunden, als diese zu geben bereit sind. Sie zweifeln sofort grundsätzlich an sich, wenn der andere ihnen das Ausmaß an Nähe verweigert, das Sie brauchen.

- Sie möchten mit Ihrem Partner, Ihrer Partnerin am liebsten ständig über Gefühle und die Beziehung sprechen. Auf diese Weise hoffen Sie, die Beziehung zu festigen und den Partner an sich zu binden und damit wenigstens etwas Sicherheit zu bekommen.
- Sie zweifeln schnell, ob der andere Sie wirklich liebt. Er ist so ein toller Mensch, so attraktiv und begehrt, warum sollte dieser Mensch ausgerechnet mit Ihnen zusammen sein wollen?
- Ihr Bindungssystem ist hyperaktiv. Das bedeutet, dass Sie vor allem in Stresssituationen intensive Bindungssignale senden und Gefühle und Ereignisse übertreiben, um die Aufmerksamkeit des anderen zu bekommen.

6
Die Ambivalenten: Komm her, geh weg!

»Ich würde dich gern lieben. Aber da ich davon ausgehe, dass du mich enttäuschen und irgendwann verlassen wirst, wehre ich mich gegen die Liebe und gegen dich.« Menschen mit ambivalentem Bindungsstil sind oft in einem Gefühlschaos gefangen und verhalten sich manchmal so, als sei der andere ihr Feind.

ELENA

Als Elena sich in Mario verliebte, hatte sie sofort das Gefühl, ihn schon ewig zu kennen. Sie fand ihn äußerst attraktiv, bewunderte ihn für seinen beruflichen Erfolg und seine Tatkraft. »Ich fühlte mich extrem von ihm angezogen, und als ich dann merkte, dass er sich tatsächlich in mich verliebt hatte, gab mir das einen enormen Schub. Ich hatte auf einmal sehr viel Energie, setzte Pläne in die Tat um, fühlte mich mutig und selbstbewusst. Gleichzeitig hatte ich immer Angst, dass er irgendwann merkt, dass er sich nur irrtümlich in mich verliebt hat. Ich fürchtete, dass er dann sieht, wie klein und unbedeutend ich bin.«
Diese Angst führt dazu, dass Elena sich oftmals sehr widersprüchlich verhält. Manchmal klammert sie sich an Mario und will ihm alles recht machen. Dann ändert sich ihr Verhal-

ten plötzlich, und sie stößt Mario regelrecht von sich weg. Er hat dann das Gefühl, dass er ihr gleichgültig ist, ja, manchmal glaubt er, dass sie ihn regelrecht hasst. Ihre Kälte und Ablehnung sind für ihn nur schwer zu ertragen. Weil er Elena so sehr liebt, gelang ihm immer wieder die Versöhnung. Doch in letzter Zeit werden Elenas Ausfälle immer schlimmer, immer verletzender. Sie tobt, wenn er nicht pünktlich nach Hause kommt, ist extrem eifersüchtig auf seine Kollegen, die er nach der Arbeit auf ein Bier trifft, und am heftigsten reagiert sie, wenn er mal ein Wochenende mit Freunden zum Bergsteigen möchte. Sie könne schließlich aus beruflichen Gründen nicht einfach weg, da habe er die Pflicht, bei ihr zu bleiben – das ist ihre Forderung.

Der Radius von Mario wird immer kleiner, seine Verzweiflung über die Situation immer größer. Er fragt sich in solchen Momenten, ob er Elena wirklich noch heiraten will und ob sie emotional in der Lage ist, Mutter zu werden. Immer häufiger eskalieren die Auseinandersetzungen. Mal läuft Mario weg, mal setzt ihn Elena vor die Tür. »Verschwinde, verschwinde, und lass dich nie mehr blicken«, schreit sie ihm dann hinterher. Nur um ihm dann hinterherzulaufen und ihn anzuflehen, wieder nach Hause zu kommen. Elena schämt sich in ruhigen Zeiten für ihr Verhalten. »Ich sage dann so schreckliche Dinge, die mir hinterher leidtun. Und ich fühle mich elend und wertlos.«

Vermutlich hätte Elena wohl den Aussagen im Teil 3 des Bindungstests zugestimmt. Das bedeutet: Sie hat einen extrem *ambivalenten* Bindungsstil.

Fanden auch Sie Aussagen in Teil 3 weitgehend stimmig? Dann heißt das natürlich nicht, dass Sie sich so verhalten wie Elena. Aber mit hoher Wahrscheinlichkeit sind auch Ihre Beziehungen konfliktreich, und Sie haben im Test Aussagen zugestimmt wie: *Es ist mir unangenehm, anderen nahezukommen. Ich wünsche mir emotional enge Beziehungen, finde es aber schwierig, anderen völlig zu vertrauen und auf sie angewiesen zu sein.*

Wenn Sie ambivalent gebunden sind, wünschen und suchen Sie emotionale Nähe. Das ist der Unterschied zum »Vermeider«, der Nähe erst gar nicht zulässt. Bekommen Sie die Nähe und Zuwendung, die Sie sich wünschen, steigt in Ihnen aber schnell die Angst vor Vereinnahmung und Verletzung auf. Sie rechnen fest damit, dass der andere es nicht ehrlich mit Ihnen meint, weshalb Sie ihn sich am besten vom Leibe halten sollten. Diese Ambivalenz hat oft heftige Konflikte zur Folge, die nicht selten in Trennungsandrohungen oder tatsächlichen Trennungen enden. Ihre Beziehungen sind turbulent und extrem anstrengend. Aber sie sind auch leidenschaftlich.

Wie war die Kindheit?

Als kleines Kind ist jeder Mensch darauf angewiesen, dass die Eltern ihm dabei helfen, seine Gefühle zu regulieren: Angstzustände sollten mit Liebe beruhigt, Hunger rechtzeitig gestillt und Wutanfällen Grenzen gesetzt werden. Ist die Beziehung zu den Eltern stabil und sicher, geschieht diese Gefühlsregulierung automatisch. Sie funktioniert aber nicht, wenn die Eltern ihre eigenen Gefühle und Bedürfnisse nicht im Griff haben und diese ungefiltert beim Kind ankommen. Wenn sich Mutter oder Vater feindselig und unberechenbar verhalten oder hilflos und verwirrt wirken, kann ein Kind das Verhalten der Erwachsenen nicht verstehen und einordnen. Verunsichert sucht es dann nach Orientierung und Klarheit, die es aber bei den Erwachsenen nicht findet.

»Ambivalente« wuchsen häufig in Familien auf, in denen Konflikte und Gewalt an der Tagesordnung waren, vielleicht wurden sie geschlagen, emotional vernachlässigt oder sogar seelisch und körperlich missbraucht. Oder sie mussten schon früh erwachsen werden, weil die Eltern mit ihren Aufgaben überfordert waren und ihr eigenes Leben nicht auf die Reihe brachten. Möglicherweise war ein Elternteil drogen- oder alkoholabhängig, litt unter einer psychischen Krankheit wie zum Beispiel Depression oder war durch eine chronische körperliche Erkrankung eingeschränkt. Das familiäre Klima ließ keine Leichtigkeit und Unbeschwertheit zu. Ambivalent Gebundene wussten oft nicht, was die nächste Stunde an bösen Überraschungen oder Aufgaben für sie bereithält. Immer auf der Hut, immer unter Anspannung, konnten sie nicht Kind sein. Sie wurden um ihre Kindheit betrogen, denn die Rollen kehrten sich um. Statt verwöhnt und versorgt zu werden, sorgte das Kind für die Mutter oder den Vater. Es musste Funktionen übernehmen, für die es viel zu jung und unerfahren war.

Elenas Mutter war Alkoholikerin, ihr Vater extrem cholerisch. Er schlug seine Tochter zwar nicht, aber bei seinen Wutanfällen gingen regelmäßig Gegenstände zu Bruch. Schutz fand Elena manchmal bei der Mutter – vorausgesetzt, sie war nüchtern. Aber das waren seltene Momente. Denn die Mutter hatte ebenfalls Angst vor ihrem Mann und war bemüht, Eskalationen zu vermeiden. Das bedeutete, dass sie Elena oft im Stich ließ. Erst wenn der Vater eingeschlafen war oder die Wohnung verließ, wagte sie es, ihr Kind zu trösten. Dann war sie plötzlich ganz nah. Aber diese Nähe war nicht verlässlich und half Elena wenig. Sie wusste, beim nächsten Mal war sie wieder auf sich allein gestellt. Dennoch hing sie verzweifelt an der Mutter, sie hatte ja sonst niemanden. Um die Aufmerksamkeit der Mutter wenigstens manchmal auf sich zu lenken, musste sie dramatisch werden. Zum Beispiel verweigerte sie im Kindergarten den Kontakt zu Erzieherinnen und den anderen Kindern, weinte stundenlang und beruhigte sich erst wieder, wenn die Mutter sie abholte. Später in der Grundschule wurde sie aufsässig. Wenn ihr ein anderes Kind »schräg« kam, rastete sie aus, tobte, schlug um sich. Die Mutter wurde oft in die Schule zitiert – eine Aufforderung, der sie jedoch wegen ihres Alkoholproblems häufig nicht Folge leisten konnte. Elena war ein »auffälliges« Kind. Doch ihre Mutter konnte ihr aufgrund ihrer eigenen Probleme nicht helfen. Heute weiß Elena, dass die Eltern immer wieder kurz vor der Scheidung standen und ihre Mutter regelmäßig trank, wenn der Vater zu seiner Geliebten ging. Als Kind verstand sie den emotionalen Aufruhr der Mutter natürlich nicht. Was sie verstand: »Ich bin nicht wichtig. Um mich geht es hier nicht.«

Achtsam und hochsensibel

Wenn Eltern oder andere wichtige Bezugspersonen sich inkonsistent und verunsichernd verhalten, muss ein Kind ständig auf der Hut sein. Was passiert als Nächstes? Es entwickelt lange Antennen, um rechtzeitig zu registrieren, wenn Gefahr droht. Auf keinen Fall darf es unvorbereitet von Stimmungsschwankungen oder von tätlichen Angriffen überrascht werden. Deshalb scannt dieses Kind seine Umwelt sehr genau: Was wird Mutter als Nächstes tun? In welcher Laune ist Vater, wenn er nach Hause kommt?

Auf diese Weise versuchen ambivalent gebundene Kinder, nicht nur den gefährlichen Situationen aus dem Weg zu gehen, sie wollen auch die guten Momente nicht verpassen. Denn natürlich wünschen auch sie sich, wie jedes Kind, Liebe und Schutz. Sie brauchen die Mutter, den Vater, Sie sind auf die Eltern angewiesen. Wenigstens ab und zu müssen sie versuchen, etwas liebevolle Nähe zu bekommen. Das bedeutet, dass sie sich der Person zuwenden müssen, von der sie nicht wirklich etwas erwarten können. Das bringt diese Kinder in eine äußerst schwierige Situation. Eigentlich spüren sie mit allen Sinnen, dass Mutter oder Vater keinen sicheren Ort bieten, gleichzeitig aber zieht es sie in deren Nähe, weil Einsamkeit und Isolation nicht auszuhalten sind. Wider besseres Wissen hoffen sie auf wenigstens kleine Bindungsgeschenke. Damit die auf sich selbst bezogenen Erwachsenen sie überhaupt wahrnehmen, müssen sie sich etwas einfallen lassen: Ambivalente Kinder zeigen ihre Gefühle entweder auf extreme, unkontrollierte Weise, verhalten sich aggressiv und äußerst auffällig. Oder sie verfallen ins Gegenteil – in die Erstarrung. Das passiert vor allem in extremen Stresssituationen. Manchmal stehen diese Kinder eine gefühlte Ewigkeit lang unbeweglich in ihrem Zimmer und reagieren auf nichts und niemanden.

Was rät das Beziehungsmodell?

Wenn Eltern nicht in der Lage sind, ihre Elternrolle einzunehmen, gewinnt das Kind Überzeugungen, die kein gutes, vertrauenerweckendes Bild von Beziehungen zeichnen. Sie nehmen die wichtigen Menschen in ihrer Umgebung als beängstigend, irritierend, gewalttätig, misshandelnd und vernachlässigend wahr. Entsprechend misstrauisch und vorsichtig begegnen sie ihnen. Dieser äußerst kritische Blick auf die anderen formt ein Beziehungsmodell, das dafür sorgt, dass »Ambivalente« in Beziehungen im Alarmmodus sind. Wie schon als Kind, fällt es ihnen auch heute schwer, mit widerstreitenden Emotionen angemessen umzugehen. Sie wissen nicht, welchem Gefühl sie vertrauen dürfen: Fühlt sich eine Situation gut an, tauchen sofort Zweifel auf und mit dem Zweifel kommt auch die Wut, weil sie nicht vertrauen können. Sobald ein anderer Mensch ihnen wichtig wird, bombardiert das Beziehungsmodell sie mit Warnungen: »Pass auf, auch diese Person ist unberechenbar, du darf ihr auf keinen Fall vertrauen. Sie wird dir wehtun, dich verletzen und verraten.« »Ambivalente« sind dann verwirrt und hin- und hergerissen zwischen dem Wunsch nach Nähe und der vorauseilenden Wut über den erwarteten »Verrat«. Dieses Wechselbad der Gefühle ist extrem anstrengend – für die ambivalente Person, aber auch für ihren Partner, ihre Partnerin. Leidenschaftliche Konflikte sind unausweichlich.

In der Beziehung: leidenschaftlich, hilflos, wütend

Die Unfähigkeit, Emotionen angemessen zu zeigen und auch zu regulieren, setzt sich meist bis ins Erwachsenenalter fort. Das ist vor allem dann der Fall, wenn die traumatischen Erlebnisse der Kindheit nicht verarbeitet werden konnten (zum Beispiel in einer Therapie). In Situationen, die an frühere bedrohliche Ereignisse erinnern, kann es dann zu extremen Gefühlszuständen kommen, die »Ambivalente« zutiefst verunsichern und vor allem in Paarbeziehungen oft eine Zerreißprobe darstellen.

Menschen mit diesem Bindungsstil kennen das quälende Gefühl der Hilflosigkeit, das sie in Beziehungen oft überfällt. Sie lieben den Partner, die Partnerin, doch gleichzeitig können sie ihm oder ihr nicht vertrauen: Ausgerechnet den wichtigsten Menschen in ihren Leben halten sie für unzuverlässig, für lieblos, für wenig vertrauenswürdig. Hin- und hergerissen zwischen Annäherungswunsch und Abwehr, verfallen sie dann in ein quälendes »Komm her, geh weg«-Verhalten: Mal sind sie positiv und zugewandt, im nächsten Moment aufgeregt, ängstlich und verzweifelt. In diesem aufgewühlten Zustand können »Ambivalente« sich nicht selbst beruhigen. Sie leben ihre Gefühle aus, es gelingt ihnen nicht, ihre Wut, ihren Ärger, ihre Ängste im Zaum zu halten. Das Misstrauen beherrscht und verwirrt sie, sie können nicht mehr klar denken. Entspannung und Entlastung kann ihnen paradoxerweise nur der Mensch geben, der diese heftigen Gefühle ausgelöst hat. Ambivalent Gebundene hoffen dann, dass der andere reagiert, und zwar so, wie sie es sich wünschen: zugewandt, liebevoll, verständnisvoll. Wenn er das tut, ist er der beste Partner aller Zeiten. Unglücklicherweise verhält er sich meist »falsch«.

Weil der Partner in der Regel die Zielscheibe der Angriffe ist, kann er sich nicht einfühlsam verhalten. Er muss sich wehren. Deshalb ist er nicht in der Lage zu erkennen, dass hinter dem Gefühlssturm des »Ambivalenten« der Wunsch nach Zuwendung steckt, sondern gießt noch zusätzlich Öl ins Feuer, indem er nun seinerseits Vorwürfe macht, den anderen verurteilt oder droht, ihn zu verlassen. Natürlich wird der ambivalente Partner dann nur noch verzweifelter, weil das Verhalten des Partners seine schlimmsten Befürchtungen bestätigt: »Er/sie liebt mich nicht, ich bin nicht wichtig.« Die Situation wird für ihn dann immer bedrohlicher, der dadurch entstehende Stress setzt seine Impulskontrolle außer Kraft, seine Gefühle überschwemmen ihn: Ambivalent gebundene Menschen geraten in solchen Situationen außer sich, empfinden abgrundtiefen Hass auf den anderen und verspüren mitunter eine grenzenlose Angst. In einem solchen Zustand greifen sie den Partner mit extrem lauter, schriller Stimme verbal an oder attackieren ihn körperlich. Sie weinen, schreien, toben, werfen mit Gegenständen, laufen aus der Wohnung oder gehen in die nächste Kneipe und lassen sich volllaufen. Wie ein Orkan hinterlassen »Ambivalente« in sich und im anderen eine Spur der Verwüstung.

Elena kennt solche »Ausraster«, wie sie selbst ihre Gefühlsausbrüche nennt. Sie erzählt ein typisches Beispiel aus der jüngsten Zeit: »Ich war sehr eingespannt mit meiner Arbeit, wir hatten in der Firma einige Baustellen, und ich musste auch am Wochenende arbeiten. Mario wollte mal wieder mit Freunden wandern. Ich müsse ja arbeiten, da könne er doch seine Freizeit genießen, meinte er. Da bin ich durchgedreht. Ich wollte, dass er zu Hause bleibt und auf mich wartet. Wenn ich keine Freizeit haben kann, dann soll er auch keinen Spaß haben. Am liebsten hätte ich ihn eingesperrt. Ich weiß, das ist schlimm, aber ich fühlte das in dem Moment so. Der Streit ist eskaliert, ich habe getobt, ihn mit den Fäusten attackiert. Er hat zurückgeschrien, meine Lieblingsvase an die Wand geschmissen. Daraufhin habe ich seine Kleider aus dem Schrank gerissen und mich zum wiederholten Mal von ihm getrennt. Er floh dann zu einem Freund und hat sich erst am nächsten Tag gemeldet. Es war schrecklich.«

Die Gefühle, die ambivalent gebundene Menschen wie Elena überfluten, sind für diese und für die betroffenen Partner oder Partnerinnen nur sehr schwer auszuhalten. Die Psychotherapeutinnen Leslie S. Greenberg und Rhonda N. Goldman sprechen in diesem Zusammenhang von »maladaptiven Emotionen«. Dies sind »altbekannte, negative Gefühle, die sich immer wieder bemerkbar machen. Meist rühren sie von Traumata aus der Vergangenheit her, von den Wunden unbefriedigter Bedürfnisse in der Kindheit oder von unerledigten Themen mit wichtigen Bezugspersonen«. Bei diesen Emotionen, so Greenberg und Goldman, handelt es sich »um das Grundgefühl von Einsamkeit, Verlassenheit, Scham, Wertlosigkeit, explosiver, zerstörender Wut oder um das immer wieder hochkommende Gefühl angstbesetzter Unzulänglichkeit, das zu verzweifeltem Klammern an eine andere Person führt. Solche Gefühle verändern sich nicht, auch wenn der Partner versucht, sie zu lindern, wenn andere Umstände eintreten oder indem sie ausgedrückt werden. Im Gegenteil: Die Menschen haben das Gefühl, in einer Sackgasse zu sitzen, überrollt zu werden und emotional außer Kontrolle zu geraten.«

Wohin mit den Gefühlen?

Es liegt nahe, das Verhalten ambivalenter Menschen als unreif und überzogen zu verurteilen. Und sicher verurteilen sie sich oft auch selbst. Doch damit tun sie sich unrecht. Denn wie gezeigt, hat ihr Verhalten Gründe. »Ambivalente« hatten in der Kindheit kein regulierendes Gegenüber, im Gegenteil: Das Verhalten der Erwachsenen machte ihnen Angst und stürzte sie in große Verwirrung. Sie waren mit unverständlichen Vorgängen konfrontiert, ihr Stresssystem konnte sich niemals richtig beruhigen. So wie als Kind wissen sie auch heute in manchen Situationen nicht, wohin mit ihren Gefühlen. Diese schlimmen frühen Erfahrungen beeinflussen ambivalent Gebundene immer noch – speziell in Liebesbeziehungen, die ähnlich nah und wichtig sind wie die Eltern-Kind-Beziehung, sorgen sie unter Umständen für heftige Störungen.

Vor allem in belastenden Situationen können »Ambivalente« die auf sie einstürmenden Gefühle nicht ordnen und oft auch nicht verstehen. Die Verwirrung, die sie angesichts des unverständlichen Verhaltens ihrer Eltern empfanden, wird dann erneut ausgelöst, wenn der Partner oder die Partnerin etwas tut, was sie in irgendeiner Weise an die traumatischen Erfahrungen ihrer Kindheit erinnert. Sei es, dass der andere unzuverlässig ist, dass sie ihn bei einer Lüge ertappen (mag sie noch so unbedeutend sein), dass er geistesabwesend ist und nicht gleich auf sie reagiert oder dass er seine eigenen Wünsche wichtiger nimmt als ihre Bedürfnisse – plötzlich taucht unkontrollierbare Wut auf, bodenlose Angst oder ein verzweifeltes Einsamkeitsgefühl. Je nach Situation schlagen Menschen mit diesem Bindungsstil dann um sich oder erstarren innerlich, handeln für den anderen völlig unverständlich und sind mit Argumenten nicht mehr erreichbar. Weil ihr Selbstvertrauen nicht sehr groß ist, erleben sie sich als hilflos und ohnmächtig, sie glauben nicht an ihre Selbstwirksamkeit. Das heißt, sie sind überzeugt, dass sie auf die für sie so unerträgliche Situation und vor allem auf den Menschen an ihrer Seite keinerlei Einfluss haben. Ein Glaube, der ihr Gefühlschaos nur noch vergrößert.

Eine Bemerkung Marios, unbedacht geäußert, löste bei Elena so ein Gefühlschaos aus. Es ging um die Frage, ob man manchmal die eigenen Wünsche wichtiger nehmen muss als die Wünsche des Partners oder der Partnerin. Mario meinte: »Natürlich. Manche Wünsche darf man nicht dem Willen des anderen unterordnen. Wenn ich zum Beispiel an einer beruflichen Weiterbildung teilnehmen möchte, weil ich mir dadurch einen Karrierevorteil erhoffe, dann reicht es nicht, dass du das nicht willst. Du musst schon einen wichtigen Grund haben, um mich davon abzubringen.« Diese Bemerkung zündete wie eine Bombe. Elena geriet außer sich. Sie warf Mario vor, ein Egoist zu sein und über Leichen zu gehen für seine Interessen. Eine vernünftige Diskussion war nicht möglich. Elena wurde von der Angst überschwemmt, nicht wichtig genug zu sein und von Mario bei der nächsten Gelegenheit im Stich gelassen zu werden. Noch Tage später konfrontierte Elena ihren Partner wütend mit seiner Äußerung.

Wäre Elena in der Lage, ihr Verhalten in einen Zusammenhang mit ihrer Kindheitssituation zu bringen, könnte sie ihr irritierendes Verhalten in Beziehungen besser verstehen. Dann würde sie erkennen, dass sie widersprüchliche Bedürfnisse in sich spürt:

Sie hat einen starken Wunsch nach Nähe, nach Intimität, nach einem Menschen, der für sie da ist und sie liebt. Gleichzeitig aber fürchtet sie sich vor Enttäuschungen, die ihre Eltern ihr zugefügt haben, und den Ängsten, die sie als Kind deswegen ausgestanden hat. Diese Erinnerungen wecken ihren Selbstschutzreflex: Obwohl Elena sich sehr nach Mario sehnt, stößt sie ihn von sich, denn er verdient es nicht, dass sie ihm glaubt. Mario weiß natürlich nicht, was mit Elena in solchen Momenten los ist, und reagiert mit Angst, Empörung, Wut – womit er Elenas Ambivalenzen verstärkt: »Wenn Mario sich so aufführt, kann er mich gar nicht lieben.«

Ein literarisches Beispiel für eine typische »Ambivalente« findet sich in dem Roman *Joanna* der Autorin Lisa St Aubin de Teran. Sie schildert darin das Leben ihrer Titelheldin über viele Jahrzehnte hinweg und zeigt, wie aus einem traumatisierten Kind eine in ihre Beziehungen tief verstrickte erwachsene Frau wird.

Joannas Mutter war gewalttätig und unberechenbar. Sie konnte »härter zuschlagen als jede Nonne«, heißt es an einer Stelle. Und weiter: »Wenn Mutter ›eigensinnig‹ wurde, kam der erste Angriff jedes Mal überraschend. Sobald sich ihr Unterkiefer auf bestimmte Weise verschob, wusste ich, dass unweigerlich ein Tobsuchtsanfall folgte. Häufig hätte ich noch nach oben laufen und mich im Badezimmer einschließen oder in den Garten rennen können, aber ich blieb, wo ich war, und wartete. Dann war der erste Schlag anders als sonst, und ich fühlte mich betrogen, war enttäuscht, weil es keine Sicherheit gab, nicht einmal in ihrer Gewalttätigkeit ...« Die Mutter schlug oft so fest zu, dass Joanna Platzwunden erlitt und genäht werden musste. Als sie einmal im Krankenhaus gefragt wird, »Was ist passiert?«, schützt sie die Mutter und lügt: »Ich bin die Treppe hinuntergefallen.«

Erwachsen geworden, zeigt Joanna in ihren Beziehungen das für ambivalent gebundene Menschen typische »Komm her, geh weg«-Verhalten:

»... wenn jemand an meine Tür kam und sagte, dass er mich liebe, musste er diese Liebe beweisen, wie sehr ich ihn auch selbst lieben mochte. Bestanden sie die üblichen drei Prüfungen – den Drachen töten, den magischen Stein finden und dergleichen –, konnte ich mich doch nie zur Ruhe setzen und glücklich und in Frieden leben. Ich konnte einfach nicht glauben, dass jemand mich liebte. Also fuhr ich fort, sie mit nutzlosen und oft unmöglichen Forderungen zu plagen, vertrieb mit meinen Launen jeden guten Willen, bis einer von uns es nicht länger ertragen konnte. Das ist überzogen, aber es war doch ein Muster, das ich deutlich verfolgen konnte. Ich spürte, wie ich es tat. Etwas erzwingen. Meine Vorhersagen wahr machen. Ich glaubte immer, dass niemand mich liebe – dass ich im Grunde unwürdig sei und meine Schönheit ein Mythos. Dann, jedes Mal nach monate-, manchmal jahrelangem Guerillakrieg, nach Hinterhalt und Fallenstellen, konnte ich mir sagen: ›Na bitte, ich wusste, dass er mich nicht wirklich liebt!‹«

Das »Komm her, geh weg«-Muster verstört nicht nur den Partner oder die Partnerin, sondern ist auch für den ambivalenten Menschen eine extreme seelische Belastung. Joanna nimmt Tabletten »um die Fehler zu vergessen, die nun nicht mehr zu beheben sind«, und geht manchmal durch die nächtliche Stadt und fragt sich: »Warum bin ich so allein? Was mach ich mit meinem Leben, und was habe ich getan?« Elena geht es nach einem »Ausraster« ähnlich: »Ich schäme mich, ich zweifle an meinem Verstand, ich habe Angst, Mario zu verlieren und alles kaputt zu machen.«

Der Annäherungs-Vermeidungs-Konflikt

Wenn »Ambivalente« befürchten, der Partner (oder ein wichtiger anderer Mensch) könnte sich von ihnen abwenden, versuchen sie alles, um die Situation zum Besseren zu wenden. Sie machen sich klein, nehmen alle Schuld für einen Konflikt oder ein Missverständnis auf sich, flehen um Zuwendung. Doch dieses Verhalten kann sehr schnell ins Gegenteil kippen: Dann gehen sie zum Angriff über. Vor allem, wenn sich der Partner oder die Partnerin mehr Unabhängigkeit und Autonomie wünscht, ein neues Hobby hat oder neue Freunde, löst das große Ängste aus und kann dazu führen, dass sie »aus Angst vor dem Tod Selbstmord begehen«. Das heißt: Fürchtet ein ambivalent Gebundener, dass der wichtige Partner, die Partnerin ihn verlassen könnte, greift er ausgerechnet den Menschen an, den er liebt und braucht. Er wirft ihm schlimme Beschimpfungen an den Kopf und scheut auch vor Handgreiflichkeiten nicht zurück. Er vermittelt dem Partner den Eindruck, dass er für ihn »unten durch« ist. Solange der andere sich nicht in den »Ambivalenten« einfühlen kann, lassen ihn die Vorwürfe, Gefühlsausbrüche und Beleidigungen oft völlig verstört zurück. Die Gefahr besteht, dass der »Ambivalente« wirklich erreicht, wovor er sich so sehr fürchtet: Der Partner sieht keinen Ausweg mehr und trennt sich. Ambivalent gebundene Menschen sind in einem Teufelskreis gefangen:

- Das Bedürfnis nach Nähe löst Angst vor Nähe aus.
- Die Angst vor Nähe löst die Flucht vor Nähe aus.
- Ist der Abstand wiederhergestellt, taucht der Wunsch nach Nähe wieder auf.

Dieser Teufelskreis sorgt oft für dramatische Szenen: Auf heftige Auseinandersetzungen und Beschimpfungen, die unter die Gürtellinie gehen, auf körperliche Angriffe und Trennungsandrohungen folgen leidenschaftliche Versöhnungsszenen und Liebesbeteuerungen. Denen dann oftmals schon nach kurzer Zeit erneute Streits und gegenseitige Attacken folgen.

Wenn zwei Ambivalente sich lieben

Ganz besonders schwierig wird die Situation, wenn beide Partner einen ambivalenten Bindungsstil haben. Dann leiden beide unter ihrer eingeschränkten Impulskontrolle, Ärger und Wut kochen bei beiden dann extrem schnell hoch. Sie können sich nicht beherrschen und stacheln sich gegenseitig zu immer extremeren Ausbrüchen an. »Wenn diese kampfbereiten Paare einmal mit einem Streit angefangen haben, sind sie nicht aufzuhalten, bis sie damit fertig sind«, schreiben die Psychotherapeuten Maria Solomon und Stan Taktin. Typisch für solche Streitpaare mit ambivalentem Bindungsstil ist auch, so die beiden Therapeuten, dass »sie gleichermaßen für erbitterten Streit wie für leidenschaftlichen Sex bereit (sind) und manchmal rasch zwischen beiden hin- und herwechseln«.

Die Psychologin und Psychotherapeutin Kirsten von Sydow spricht von »pervers-robuster« Sexualität, die ambivalente Paare auszeichne. Obwohl auch sie betont, dass diese Paare in einem ständigen chronischen Stresszustand sind, sollte ihrer Meinung nach »nicht übersehen werden, dass solche Beziehungen für Menschen mit Bindungstraumatisierungen gleichzeitig oft auch eine wesentliche Glücksquelle darstellen. Die hohen ›Beziehungskosten‹ erscheinen den Betroffenen aufgrund entsprechender Kindheitsprägungen oftmals über lange Zeit normal und gar nicht ungewöhnlich.«

Auch St Aubin de Teráns Romanfigur Joanna kennt diese extreme Anziehungskraft:

»Die letzten Worte, die ich vor zwei Tagen zu meinem sich ver-

abschiedenden Geliebten gesagt hatte, waren: ›Raus hier, und ich hoffe, ich sehe dich nie wieder, nie!‹ Sie waren eher geschrien als gesprochen, und er war gegangen, nicht zum ersten Mal. Ich war über das Ergebnis unseres Streits nicht übermäßig besorgt. Ich hatte schon Schlimmeres gesagt, und er auch, und wir fanden dennoch wieder zusammen wie Eisenspäne und Magnet. Beide waren wir hilflos einer Anziehungskraft ausgeliefert, die wir nicht kontrollieren konnten.«

Gefährliche Fassade

Ambivalent gebundene Menschen agieren ihre Gefühle natürlich nicht immer und überall aus. Auch wenn es ihnen schwerfällt, sie angemessen zu regulieren, versuchen sie oft, sie unter Kontrolle zu bekommen. Meist tun sie das, indem sie eine Fassade aufbauen. Vor allem außerhalb der Beziehung, am Arbeitsplatz oder Freunden gegenüber, verbergen sie aufkommende Impulse oder schwierige Gefühle. Allerdings hat das unter Umständen einen hohen Preis. Die Selbstbeherrschung kostet viel Kraft und Energie, und die unterdrückten Gefühle suchen nach einem Ventil. Häufig wenden »Ambivalente« dann diese »verbotenen« Gefühle gegen sich selbst. Sie trinken oder essen zu viel, treiben exzessiv Sport oder zappen bis spät in die Nacht durchs Fernsehprogramm, um sich abzulenken. All das kann harmlos sein. Doch wenn es zum Verhaltensmuster wird, kann diese Gefühlsvermeidung die seelische und körperliche Gesundheit gefährden.

In Kürze: Der ambivalente Bindungsstil

Dieser Bindungsstil gehört zu den schwierigsten und verweist auf extrem belastende, verwirrende, oft auch traumatische Kindheitserfahrungen. Wenn Sie diesen Bindungsstil bei sich erkannt haben, dann treffen vermutlich diese Merkmale auf Sie zu:

- Sie haben mit hoher Wahrscheinlichkeit in der Kindheit belastende Erfahrungen machen müssen, die unverarbeitet geblieben sind und in Stresssituationen Ihre gegenwärtigen Beziehungen beeinflussen.
- Oftmals haben Sie keine klare Erinnerung an Ihre Kindheit. Möglicherweise sind Sie noch voller Ärger und Wut über Ihre Eltern oder einen Elternteil, möglicherweise verschwinden die frühen Jahre in einem Nebel, oder Sie erinnern sich an scheinbar unbedeutende Details oder Situationen, die nichts mit Ihnen zu tun haben. Wie zum Beispiel: »Mein Vater hat so toll im Kirchenchor gesungen.« »Meine Mutter war ein guter Mensch, sie hat Bettlern immer etwas gegeben.«
- Sie fürchten zu große Nähe und Intimität. Gleichzeitig haben Sie aber Angst, verlassen zu werden. Ihre großen Verlustängste führen dazu, dass Sie Trennungssituationen geradezu provozieren.
- Sie inszenieren das Drama. Sie hassen den geliebten Menschen in einem Moment abgrundtief, nur um ihn im nächsten Moment um Verzeihung anzuflehen und in seinen oder ihren Armen wieder Sicherheit zurückzuerobern.
- Sie machen selbst Schreckliches durch, weil die Gefühle, die Sie überfluten, Ihnen selbst Angst machen und Sie Ihr Verhalten nicht verstehen können.

7
Die Sicheren: keine Angst vor Nähe

»Wie schön, dass es jemanden gibt, dem ich nah sein und auf den ich mich verlassen kann!« Das ist das Motto von Menschen mit einem sicheren Bindungsstil. Selbstzweifel und Misstrauen? Unnötig!

DER KLEINE FORSCHER

»Eines Tages zündete ich die Garage an, weil ich mit Chemikalien experimentierte. Beide Eltern hatten gesagt, dass ich das draußen auf keinen Fall tun sollte, und nach den Feuerwehrmännern waren meine Eltern die Nächsten, die auftauchten, und der Chemiekasten war unglücklicherweise das Hauptbeweisstück. Ich habe die Tracht Prügel meines Lebens erwartet. Aber sogar als alles noch qualmte, vergaßen meine Eltern, mich zu verprügeln. Also, meine Mutter hat später gesagt, dass sie auf jeden Fall hofft, dass ich in der Zukunft mehr auf sie höre. Aber mein Vater rannte einfach auf mich zu, nahm mich hoch und umarmte mich ganz fest, und das so stürmisch, dass meine Füße in der Luft baumelten. Später hatte er dann so ein Zwinkern in den Augen, wenn er erwähnte: ›Damals hatten wir eine kleine spontane Explosion in der Garage.‹«

In dieser schönen Geschichte, erzählt von der Bindungsforscherin Mary Main, erinnert sich ein erwachsener Mann an ein wichtiges Ereignis seiner Kindheit. Und immer noch scheint er erstaunt und berührt vom Verhalten seiner Eltern zu sein. Dass seine damalige Forscherneugier von den Eltern wertgeschätzt und nicht bestraft wurde, hat ihm Sicherheit fürs Leben gegeben. Denn er spürte, dass er den Eltern wichtiger war als alles andere. Das Verhalten seiner Eltern, vor allem das seines Vaters, zeigte ihm, dass er auf Verständnis und Wohlwollen hoffen konnte, selbst dann, wenn er einen Fehler gemacht hatte.

Diese Eltern konnten ihrem experimentierfreudigen Jungen auf eine Art begegnen, die eine wichtige Voraussetzung für die Entwicklung einer sicheren Bindung ist: Sie verhielten sich ihrem Jungen gegenüber wohlwollend und liebevoll. Sie spürten genau, was ihr Sohn nach dem großen Schreck brauchte: Beruhigung und Zuwendung. Hätten sie mit Unverständnis reagiert, hätten sie den Jungen streng bestraft, wäre nicht nur sein Schock vergrößert worden, er wäre auch durch heftige Schuld- und Schamgefühle extrem verunsichert worden. Und hätte vielleicht sogar das Interesse am Experimentieren verloren.

Hätte dieser Mann den Bindungstest machen können, dann hätte er höchstwahrscheinlich vor allem den Statements in Teil 4 zugestimmt. Das bedeutet: Er gehört zu den »Sicheren«. Das gilt auch für Sie, wenn Sie sich mehrheitlich in den Aussagen in Teil 4 des Tests wiederfinden. Dann halten Sie Aussagen für zutreffend wie diese: *Mir fällt es leicht, anderen gefühlsmäßig nahezukommen. Ich fühle mich wohl dabei, wenn ich mich auf andere verlassen kann und wenn sich andere auf mich verlassen. Ich mache mir keine Sorgen über das Alleinsein oder darüber, dass andere mich nicht akzeptieren könnten.*

Wie war die Kindheit?

Sichere Bindung ist ein Schutzfaktor. Kinder, die sich in ihrem Leben grundsätzlich sicher fühlen, besitzen ein seelisches Bungeeband, das ihnen auch in schwierigen Situationen verlässlichen Halt gibt. Sie wissen, sie können immer mit Wohlwollen und Unterstützung rechnen – selbst dann, wenn sie beinahe die Garage abgefackelt haben. Diese ideale Kindheitssituation stärkt den Rücken für das weitere Leben. Zahlreiche Studien bestätigen: Wer schon als Kleinkind sicher gebunden war, bleibt auch im weiteren Verlauf des Lebens ein »Sicherer«. Im Vergleich zu unsicher gebundenen Kindern sind sicher gebundene empathischer, begegnen anderen Menschen offener, lernen besser, können sich besser konzentrieren, und es fällt ihnen in jedem Lebensalter leichter, Freundschaften zu schließen.

Völlig frei von Problemen ist natürlich auch die Kindheit sicherer Menschen nicht. Es ist ein wichtiges Kennzeichen dieses Bindungsstils, dass sicher Gebundene ihre frühen Jahre nicht idealisieren und nicht verdrängen, was belastend oder schwierig war.

Was rät das Beziehungsmodell?

Weil »Sichere« sich von Anfang an bedingungslos geliebt fühlten, konnten sie Vertrauen in sich und andere entwickeln. Durch das zugewandte, liebevolle Verhalten von Mutter und Vater gewannen sie die Überzeugung, ein wertvoller Mensch zu sein. Sie lernten, dass andere verlässlich sind und sie nicht im Stich lassen, wenn sie in Not geraten oder Ärger machen. Diese Grundsicherheit ermöglichte es ihnen als Kind (und ermöglicht es ihnen bis heute), Beziehungen ohne Vorbehalte und Zweifel einzugehen.

Eine sichere Bindung ist ein großes Geschenk. Mit diesem

Bindungsmuster ist ein Mensch deutlich bindungs- und beziehungsfähiger als jemand mit einem unsicheren Bindungsstil. Wer zu den »Sicheren« gehört, kann die so wichtigen Fragen »Werde ich geliebt? Bin ich für andere wichtig, akzeptieren sie mich so, wie ich bin? Respektieren sie mich? Stehen sie bedingungslos an meiner Seite?« positiv beantworten. Denn er hat die Beziehung zu den Eltern und anderen wichtigen Erwachsenen in seiner Kindheit als überwiegend positiv erlebt. Sein Beziehungsmodell ermöglicht es ihm, anderen offen und vertrauensvoll zu begegnen.

In der Beziehung: Nähe, Offenheit, Vertrauen und Empathie

Sicher gebundene Menschen gehen im wahrsten Sinn des Wortes mit anderen Menschen eine Bindung ein. Ihre Beziehungen zu Liebespartnern, aber auch zu engen Freunden, sind gekennzeichnet durch Nähe, Offenheit, Vertrauen, Einfühlung und soziale Kompetenz.

Nähe ist kein Problem

Ihre positive, vertrauensvolle Einstellung anderen Menschen gegenüber erleichtert es »Sicheren«, enge Beziehungen einzugehen. Sie schlüpfen gern und ohne Bedenken unter die Fittiche eines geliebten Menschen, sie fürchten dabei nicht um ihre Unabhängigkeit. Im Gegenteil: Sie halten diese Abhängigkeit für normal und unerlässlich, um eine erfüllende, vertrauensvolle Partnerschaft leben zu können. Abhängigkeit ist für sicher gebundene Menschen eine Voraussetzung, um sich mutig und neugierig in der Welt bewegen zu können. Sie betrachten den Partner, die Partnerin als sichere Basis, von der aus sie die Herausforderungen des Alltags gut annehmen und bewältigen können. Die Beziehung gibt ihnen den notwendigen Schutz, um die Maske ablegen zu können, die wir alle »draußen« im Leben tragen müssen.

Offenheit

Das ist ein weiteres wichtiges Merkmal des sicheren Bindungsstils. Ein sicher gebundener Mensch kann mit dem Partner über alles offen und ohne angezogene Handbremse sprechen: über die eigenen Gefühle, über vermeintliche Fehler und Niederlagen, über Kränkungen und Sorgen. Er fürchtet nicht, dass der andere seine Offenheit missbrauchen könnte. Umgekehrt erwartet er diese Offenheit auch vom Partner oder der Partnerin. Die Fähigkeit zur Selbstoffenbarung gilt als zentral für zufriedene, ausgeglichene Beziehungen.

Vertrauen

»Sichere« sind in der Regel vertrauensvoll. Sie neigen nicht zu Zweifeln oder Selbstzweifeln. Sie grübeln nicht ständig über die Beschaffenheit ihrer Beziehung nach, machen sich keine großen Gedanken darüber, ob alles in Ordnung ist. Ebenso wenig haben sie Angst, sie könnten verlassen werden. Sie vertrauen darauf, dass die Geborgenheit, die sie mit dem Partner, der Partnerin erleben, verlässlich ist und beim nächsten Konflikt nicht gleich infrage steht. Kommt es zu Turbulenzen in der Beziehung, zweifeln »Sichere« nicht grundsätzlich an der Partnerschaft oder an der Liebe des anderen. Natürlich kommt es auch in ihren Beziehungen manchmal zu heftigen Meinungsverschiedenheiten, die sie und ihren Partner kurzfristig entzweien. Dennoch verlieren sie nicht den Glauben an die prinzipielle Stabilität der Beziehung.

Einfühlungsfähigkeit

Sicher gebundene Menschen haben ein stabiles Grundvertrauen in sich und den anderen. Und sie verfügen noch über eine weitere Fähigkeit, die für das Gelingen von Beziehungen ebenfalls von großer Bedeutung ist: Sie können »mentalisieren«. Das heißt: Sie besitzen *Einfühlungsfähigkeit* und können die Perspektive ihres Gegenübers einnehmen: Was denkt und fühlt der andere, was sagt er »zwischen den Zeilen«? Welche Gefühle stecken hinter einer kritischen Äußerung, einem Vorwurf oder einer scheinbar vernünftigen Forderung? Weil »Sichere« in der Lage sind, sich in die Gefühls- und Gedankenwelt des Partners, der Partnerin einzufühlen, weil sie nachvollziehen können, warum der andere so und nicht anders handelt, können sie einfühlsam und nachsichtig reagieren.

Soziale Kompetenz

Sicher Gebundene besitzen zudem die Fähigkeit, gut mit anderen auszukommen. Das erleichtert es ihnen, Freundschaften zu schließen. Diese sind in der Regel stabil und eng. Auch mit ihren Freunden und Freundinnen können »Sichere« über alles reden, und sie wissen, dass sie selbst um zwei Uhr morgens Hilfe und Unterstützung finden werden. Menschen mit sicherem Bindungsstil liegt viel an einem kontinuierlichen Austausch. Sie gehören nicht zu jenen Menschen, die sagen »Obwohl wir nur einmal im Jahr Kontakt haben, verstehen wir uns immer gut.« Das ist nicht ihre Vorstellung von Freundschaft. »Sichere« brauchen regelmäßigen Kontakt, häufige Gespräche, wollen auf dem Laufenden sein, was ihre Freunde und Freundinnen betrifft. Kommt es zu Konflikten, kehren sie diese nicht unter den Teppich, sondern suchen das vertrauensvolle Gespräch mit Freund oder Freundin.

Übrigens: Auch im Job erleichtert ein sicherer Bindungsstil das Leben. Die Bindungsforscher Mario Mikulincer und Phillip R. Shaver zeichnen ein durchweg positives Bild von sicher gebundenen Menschen und ihrem Verhältnis zur Arbeit. Danach haben diese eine positivere Einstellung zur Arbeit und weniger arbeitsbedingte Probleme. Sie sind grundsätzlich zufrieden mit ihrer Arbeit, und der Beruf beeinflusst ihr Privatleben und ihre Beziehungen weniger, als es bei anderen der Fall ist. Die Work-Life-Balance stimmt.

Sicherheit und Bindungsglück

Eine spannende Langzeitstudie belegt, wie wichtig eine frühe sichere Umwelt für das spätere Lebens- und Liebesglück von Menschen ist. Die Forschergruppe um den Psychologen Jeffry A. Simpson begleitete über mehrere Jahrzehnte hinweg eine Gruppe von zweihundert Personen von ihrer Geburt bis ins Erwachsenenalter. Das Hauptergebnis: Es besteht ein klarer Zusammenhang zwischen früheren Bindungserfahrungen und späterem Beziehungserfolg. Im Detail konnte die Forschergruppe belegen, dass sicher gebundene Kinder später befriedigendere Partnerschaften hatten. Vor allem die Intensität von Konflikten und die Fähigkeit, diese angemessen zu regulieren, zeichnet die Gruppe der »Sicheren« aus.

Das Beispiel des sicheren Bindungsstils zeigt also, wie wichtig es ist, dass ein Kind in den frühen Jahren seines Lebens wahrgenommen und bedingungslos geliebt wird. Bieten die Eltern dem Kind eine Halt gebende, sichere Basis und fördern sie gleichzeitig seine Selbstständigkeit und seine Kompetenzen, schaffen sie die Grundlage für Bindungs- und Beziehungsfähigkeit. Später, als Erwachsene, bewegen sich die in Sicherheit aufgewachsenen Kinder »in einer Welt, die von echter Gegenseitigkeit bestimmt ist, in einem psychischen Zweipersonensystem, in dem das Wohlergehen beider Partner stets an oberster Stelle steht«, stellen die Bindungsexperten Marion Solomon und Stan Tatkin fest. Eine sichere Bindung ist also nicht nur für den »Sicheren« ein großes Glück, sondern auch für seinen Partner oder seine Partnerin. Denn für Menschen mit einem unsicheren Bindungsstil kann die Verbindung mit einem »Sicheren« eine enorme Entwicklungschance bieten. »Ängstliche« können mit seiner Hilfe mutiger werden, »Vermeidende« sich mehr öffnen, »Ambivalente« sich beruhigen.

Leider suchen sich sicher gebundene Menschen meist einen ebenfalls »Sicheren« als Partner, doch hin und wieder kommt es vor, dass ein unsicher gebundener Mensch sich in einen sicher gebundenen verliebt – und umgekehrt.

Bei Johanna und Ella war das der Fall.

Johanna wirbt lange um Ella. Sie weiß, dass sie mit dieser Frau durchs Leben gehen möchte. Sie weiß, dass sie Ella liebt. Obwohl Ella oft spröde und oftmals auch vermeidend ist, bringt das Johanna nicht aus dem Konzept, auch wenn sie manche Verhaltensweisen von Ella anstrengend findet. »Ihre Eifersuchtsanfälle, ihre überraschenden Alleingänge, ihr zickiges Verhalten irritieren mich schon. Aber ich glaube, sie will mich prüfen: Bleibe ich auch dann bei ihr, wenn sie nicht einfach ist?« Johanna zweifelt nicht an Ellas Gefühlen ihr gegenüber, sie weiß, dass sie es ernst mit ihr meint. Und sie spürt instinktiv, was die andere braucht: Sicherheit. Johanna kann sich gut einfühlen in Ella, hat Verständnis für ihre Bedürfnisse und steht ihr emotional zur Seite. Und sie versucht, ihr Vertrauen zu stärken.

Johanna hat einen sicheren Bindungsstil. In ihrer Kindheit erlebte sie viel Geborgenheit und Sicherheit. Mit Freude erinnert sie sich an ihre Kindheit in Bayern und an die Gaststätte ihrer Eltern. »Meine Mutter erzählt mir, dass mein Kinderwagen im Gastraum stand und sie daher immer in meiner Nähe sein konnte. Wenn ich weinte, war sie gleich da, und wenn nicht sie, dann mein Vater. Und wenn er auch gerade keine Zeit hatte, kümmerte sich ein Gast um mich. Ich war nie allein. Als ich dann laufen konnte, war ich der Mittelpunkt der Wirtschaft. Ich kann nicht sagen, dass ich verwöhnt wurde, aber ich hatte immer das Gefühl, dass ich wichtig bin. Einmal bin ich im Hof hingefallen und habe mir schlimme Schürfwunden zugezogen. Mein Vater wollte gerade wegfahren, und ich weiß noch, dass er alles stehen und liegen ließ, um mich zu verarzten.«

Auch wenn Johanna ihre Kindheit sehr positiv schildert, gab es doch einen großen Stolperstein. Als sie fünf Jahre alt war, wurde ihr Bruder geboren. Ihr Idyll bekam einen Riss. Johanna war auf einmal nicht mehr der alleinige Mittelpunkt, sie fühlte sich zurückgesetzt und war heftig eifersüchtig. Johanna hätte das Baby am Anfang »umbringen können«, wie sie zugibt. Über die Eltern sagt Johanna heute: »Sie haben ganz sicher nicht alles richtig gemacht, aber ich hatte als Kind trotzdem nie das Gefühl, dass sie gegen mich gewesen wären. Die Basis hat gestimmt.«

Die Sicherheit und Stabilität, die Johanna in ihrer Kindheit durch die sichere Bindung an die Eltern entwickeln konnte, kommt ihr heute in ihrer Beziehung mit Ella, die einen *ambivalenten* Bindungsstil hat, zugute. Wenn diese nach einer Abendeinladung mal wieder eifersüchtig am Rad dreht, weil Johanna ihrer Meinung nach zu viel und zu intensiv mit der gemeinsamen Freundin Petra geplaudert hat, wenn sie Ella nicht mit Freundinnen übers Wochenende wegfahren lassen will, dann ist Johanna in der Lage, Ellas Verhalten als das zu interpretieren, was es ist: Ausdruck von tiefer Verunsicherung. Statt empört und vorwurfsvoll zu reagieren, kann sie sich einfühlen und weiß, was Ella sich wünscht: Beruhigung und Sicherheit. »Ella soll wissen, dass ich sie akzeptiere, auch wenn sie sich komisch verhält.«

In Kürze: Der sichere Bindungsstil

Wenn Sie einen sicheren Bindungsstil haben, gingen Sie wahrscheinlich als Kind gern in den Kindergarten und später ohne Ängste in die Schule. Die gute, sichere Bindung an wenigstens eine wichtige Person Ihrer ersten drei Lebensjahre hat Ihnen zu einer psychischen Sicherheit und zu einem grundlegend positiven Bild von sich selbst und von anderen verholfen. Als Kind fühlten Sie sich geliebt, Sie konnten Ihre eigenen Wünsche und Bedürfnisse klar und deutlich zeigen und wurden nicht eingeschüchtert und verunsichert. Heute gehen Sie davon aus, dass die Welt und andere Menschen im Prinzip schon in Ordnung sind, dass sich Vertrauen lohnt. Enge Bindungen zu anderen sind Ihnen wichtig. Sie können es gut ertragen, von wichtigen Bezugspersonen abhängig zu sein, weil sie ein ausreichendes Maß an Unabhängigkeit und Autonomie besitzen.

Die Merkmale Ihres Bindungsstils:

- Sie lernten schon früh: »Ich kann mich auf andere verlassen.«
- Sie haben klare Erinnerungen an Ihre Kindheit und können sie objektiv beschreiben. Ihre Kindheit ist positiv und unbeschwert gewesen, aber Sie idealisieren sie nicht. Wenn es schwierige, belastende Erlebnisse gab, wenn Vater oder Mutter Probleme hatten oder Fehler machten, dann wissen Sie das. Trotz aller Einschränkungen fühlten Sie sich immer geliebt.

- Sie mögen es, anderen nahe zu sein.
- Sie machen sich nicht ständig Gedanken darüber, ob Ihr Partner, Ihre Partnerin sie wirklich liebt und bei Ihnen bleibt.
- Sie reden offen über sich und Ihre Gefühle. Sie lassen Ihren Partner, Ihre Partnerin »hinter die Kulissen« schauen und erwarten auch vom anderen diese Offenheit.
- Sie haben kein Problem damit, »Beziehungsgespräche« zu führen. Im Gegenteil: Sie halten den regelmäßigen Austausch für unbedingt notwendig.
- Sie fühlen sich emotional vom anderen abhängig, aber das bereitet Ihnen keine Sorgen.
- Sie sind empathisch, können sich in die Gefühle und Stimmungen des anderen hineinversetzen. Umgekehrt kennen Sie Ihre Stimmungen und wissen, wie diese Stimmungen andere beeinflussen können.
- Sie besitzen ein stabiles Selbstwertgefühl. Ihre positiven Erfahrungen in der Kindheit sind die Voraussetzung dafür, dass Sie sich nicht übermäßig mit Selbstkritik quälen und Ihr Selbstwertgefühl auch angesichts von Misserfolgen oder Schwächen nicht grundsätzlich infrage stellen. Sie vertrauen darauf, dass andere Menschen Ihnen auch dann gewogen bleiben, wenn Sie mal nicht so gut drauf sind, Fehler machen oder Niederlagen verkraften müssen.
- Sie sind interessiert an engen Freundschaften und tun viel dafür, um sie zu erhalten.

8
Wer mit wem? – Die Verfolger-Vermeider-Beziehung

Wer findet wen anziehend? Gehen wir mit dem Menschen eine Partnerschaft ein, der am besten zu unserem Bindungsstil passt? Oder verlieben wir uns eher »unpassend«? Schaut man sich die häufigste Paarkonstellation an, dann ist Letzteres der Fall. So scheint es zumindest.

EIN EHEPAAR BEIM FRÜHSTÜCK

Das Paar sitzt am Sonntagmorgen beim Frühstück. Der Tisch ist liebevoll von ihr gedeckt, für sie ist dieses Wochenendritual wichtig. Er ist schon mit der Wochenzeitung an den Tisch gekommen und vertieft sich nach ein paar belanglosen Worten in die Lektüre. Sie ist zunächst überrascht, dann verärgert. Eigentlich hatte sie sich auf die Unterhaltung mit ihm gefreut. Sie sieht ihn ja die ganze Woche über kaum. Doch einen Konflikt will sie jetzt auch nicht riskieren. Also wartet sie ab. Er liest konzentriert, scheint sie gar nicht mehr zu bemerken. Nun wagt sie doch eine Bemerkung: »Heute ist schönes Wetter, wir könnten eine kleine Radtour machen.« Er reagiert einsilbig: »Mmm, schaun wir mal.« Nach einer Weile startet sie einen neuen Versuch: »Die Marmelade ist selbst gemacht, von Anna, sie hat Johannisbeeren und Himbeeren im Garten.« Keine Antwort. Sie hat das Gefühl, dass die Zeitung wie eine dicke Wand ist, an der ihre Worte abprallen. Ihr Stresspegel steigt, sie merkt, dass sie vor Anspannung die Schultern hochzieht. Das tut sie immer, wenn sie sich unwohl fühlt. Und sie überlegt, ob sie ihn heute Morgen vor dem Frühstück verärgert hat. Hat sie was Falsches gesagt, hat sie ihn nicht genug beachtet, hätte er vielleicht Sex gewollt, und sie hat es nicht bemerkt? Oder hat sie ihn verletzt, als sie erwähnte, dass er in der Nacht wieder geschnarcht hat? Sie wird immer nervöser und weiß nicht, wie sie mit ihm in Kontakt kommen kann. Soll sie ihn berühren, soll sie ihn direkt fragen, ob er schlecht geschlafen hat? Wie ein kleines Kind sitzt sie am Esstisch und wartet darauf, bemerkt zu werden. Ihr Mann jedoch spürt nichts von ihren inneren Kämpfen, er fühlt sich wohl mit seiner Zeitung. Als er dann nach einer gefühlten Ewigkeit die Zeitung zur Seite legt und seine Frau fragt, »Wollen wir eine Runde joggen?«, ist auf einen Schlag für sie die Welt wieder in Ordnung.

Was ist hier los? Warum quält sich die Ehefrau so in dieser Situation? Warum haut sie nicht mit der Faust auf den Tisch oder verlässt den Raum und sorgt selbst gut für sich, wenn es schon ihr Mann nicht tut? Warum verschanzt dieser sich hinter seiner Zeitung oder hat scheinbar überhaupt kein Sensorium für die emotionale Situation seiner Frau?

Das Verhalten der beiden ist mit ihren unterschiedlichen Bindungsstilen zu erklären. In dieser Partnerschaft haben sich ein vermeidender Mann und eine ängstliche Frau gefunden. Diese Konstellation wird in der Bindungsliteratur als »Verfolger-Vermeider-Paar« beschrieben: Der ängstliche Teil verfolgt den vermeidend Gebundenen mit seinem Wunsch nach Nähe (diesen muss er nicht unbedingt laut äußern, wie das Beispiel am Frühstückstisch zeigt), der vermeidende Partner zieht sich zurück – ins Schweigen, in die Arbeit, hinter die Zeitung. Das veranlasst den Ängstlichen nicht, wie man vermuten könnte, seine Hoffnung aufzugeben oder die Situation zu seinen Gunsten zu verändern; vielmehr verleitet ihn das Rückzugsverhalten des anderen dazu, noch intensiver auf die Erfüllung seiner Bedürfnisse zu hoffen. Er fährt sein Bindungssystem hoch. Wie die Ehefrau am Frühstückstisch, die vorsichtig versucht, durch Bemerkungen und Fragen die Aufmerksamkeit ihres Mannes von der Zeitung weg auf sich zu lenken. Erst wenn er endlich reagiert, fällt die Anspannung von ihr ab.

Dieser Verfolger-Vermeider-Teufelskreis ist enorm anstrengend – vor allem für den ängstlichen Teil. Dennoch gilt diese Bindungsstil-Kombination als die häufigste, wie Christian Roesler, Professor für Psychologie und Psychotherapeut, schreibt. »Bei diesem Kombinationstyp ähneln sich die Partner offenbar im Grad ihrer Bindungsunsicherheit, bewältigen diese aber mit gegensätzlichen Strategien. Diese Paare haben offenbar die meisten Konflikte, weshalb sie sich auch am häufigsten in der Paartherapie vorstellen, was aber nicht bedeuten muss, dass diese Paarbeziehungen weniger stabil sind als andere.« Im Gegenteil: Die Verfolger-Vermeider-Verbindung ist häufig dauerhaft und stabil.

Der Verfolger: Wenn ich leide, muss es Liebe sein

Falls Sie im Bindungstest festgestellt haben, dass Sie einen ängstlichen Bindungsstil entwickelt haben, dann wäre für Sie eigentlich ein sicher gebundener Mann, eine sicher gebundene Frau die beste Wahl. Sie bräuchten einen Menschen an Ihrer Seite, der Ihr Bedürfnis nach Nähe, nach Sicherheit versteht und nicht abwehrt und der durch sein konsequent positives und zugewandtes Verhalten Ihre Selbstzweifel zerstreut und Sie davon überzeugt, dass Sie ein liebenswerter Mensch sind. Die Partnerschaft mit einem sicher Gebundenen könnte Ihr Selbstwertgefühl stärken und Ihr in der Kindheit entstandenes Beziehungsmodell (»Ich muss mich anstrengen, dass der andere mich bemerkt und mich nicht bei der nächsten Gelegenheit im Stich lässt«) abschwächen. Zudem hätten Sie mit einem solchen Menschen an Ihrer Seite eine realistische Chance, selbst ein wenig sicherer zu werden. Denn ein sicher gebundener Partner hat eine wunderbare Fähigkeit: Er kann Sie beruhigen. Sie müssen sich nicht anstrengen, um Aufmerksamkeit und Zuwendung zu bekommen. Ein solcher Partner könnte es auch gut aushalten, wenn Sie mal ängstlich und anklammernd sind und ganz besonders viele Liebesbeweise von ihm einfordern.

Vielleicht hatten Sie Glück und sind mit einer sicher gebundenen Person zusammen. Aber vermutlich ist das nicht der Fall. Stattdessen haben Sie mit hoher Wahrscheinlichkeit einen »Vermeider« an Ihrer Seite – einen, der dem Ehemann am Frühstückstisch ähnelt. Sie geraten als ängstliche Person eher an Partner und Partnerinnen mit diesem Bindungsstil, weil Sie einen sicher Gebundenen, so Sie ihm überhaupt begegnen, nicht wirklich wahrnehmen oder schnell abwerten: »zu blass«, »zu wenig spannend«, »zu anspruchslos«. Mit einem sicher Gebundenen gibt es wenig Ängste, kaum Spannungen und selten Liebesleid. Dieser Mensch ist zugewandt, liebevoll und ansprechbar. Um ihn müssen Sie nicht kämpfen. Und das fühlt sich für Sie nicht richtig an. Sie sind es seit Ihrer Kindheit anders gewohnt.

Ein sicher gebundener Mensch ist Ihnen unvertraut. Das ist ein Grund, warum eine Verbindung mit diesem Bindungstyp für Sie eher unwahrscheinlich ist. Hinzu kommt noch, dass das Partnerwahlschema sicher gebundener Menschen einem anderen Prinzip folgt: Sie gehen Beziehungen meist nach dem Motto »Gleich und Gleich gesellt sich gern«, ein, »während unsicher gebundene Personen überwiegend das komplementäre Motto ›Gegensätze ziehen sich an‹ realisieren«, wie Christan Roesler schreibt.

Die Suche nach Liebesbeweisen

Die Ehefrau am Frühstückstisch verbindet Liebe mit Anspannung, Aufregung, Stress. Für sie ist die Szene am Morgen eine Art Beziehungskrimi. Ihre Sinne sind angespannt, ihre Gedanken purzeln, sie steht unter Hochspannung. Diese lässt erst dann nach, wenn der Mann seine Zeitung beiseitelegt und sie endlich wahrnimmt. Das Gefühl, das sich dann bei ihr einstellt, ist tatsächlich vergleichbar mit dem positiven Ende eines spannenden Krimis. Alles ist gut, sie kann durchatmen.

Die ängstliche Frau sagt nicht, »Wird aber auch Zeit, dass du mich bemerkst«, sie wirft dem Partner die Zeitungslektüre und seine fehlende Aufmerksamkeit nicht vor, sondern geht dankbar ein auf seine Frage: »Wollen wir joggen gehen?« Sie ist erleichtert, dass er sie endlich sieht und sich ihr zuwendet. Ihr aktiviertes Bindungssystem, das typisch ist für ihren Bindungsstil, darf sich beruhigen. Seine Zuwendung ist viel wert. Sehr viel mehr, als wenn er sie ihr gleich freundlich geschenkt hätte. Sie hat sie sich erkämpft. Die Mühe hat sich gelohnt.

Diese Ehefrau hat, wie alle ängstlich Gebundenen, in ihrer Kindheit gelernt, dass sie um Liebe und Zuwendung kämpfen, dass sie sich, um wahrgenommen zu werden, mächtig ins Zeug legen muss. Erst wenn sie den anderen mit großer Anstrengung davon überzeugen kann, dass er sich ihr zuwendet, glaubt sie ihm, dass er es auch wirklich ernst meint. Bekäme sie Liebe und Bestätigung auf dem silbernen Tablett serviert, also ohne Kampf, ohne Ängste, ohne Verunsicherung, dann wäre das für sie nicht so viel wert. Weil sie die Erfahrung, selbstverständlich liebenswert zu sein, in ihrer Kindheit nicht machen konnte, muss sie wie damals auch heute immer noch Beweise der Liebe sammeln. Gelingt dieser Kraftakt (»Endlich hört er auf, die Zeitung zu lesen, ich bin ihm also doch wichtig!«), fühlt sie sich geliebt. Bis zum nächsten Mal. Dann geht die Beweisführung wieder von vorn los.

Sicher kennen auch Sie solche schwierigen und anstrengenden Situationen. Als ängstlicher Mensch sind Sie vermutlich auch mit einem »Vermeider« oder einer »Vermeiderin« zusammen. Ein sicher gebundener Partner könnte Ihnen das Leben leichter machen. Doch, wie gesagt, die Wahrscheinlichkeit ist eher gering, dass Sie sich in einen solchen Menschen verlieben. Denn wenn die Eltern Ihnen in der Kindheit nicht verlässlich Zuwendung gaben, wenn Sie emotional viel entbehren mussten, dann finden Sie Männer oder Frauen interessant, die wenig Gefühl zeigen, »cool« oder sogar ablehnend wirken. Sie glauben: Erst wenn Liebe schwierig ist, ist es wahre Liebe.

Der Vermeider: Bin wirklich ich gemeint?

Welchen Grund aber hat der vermeidende Partner, sich in einen ängstlichen zu verlieben? Auch er könnte sich das Beziehungsleben mit einem sicher gebundenen Menschen deutlich leichter machen. Was hat er davon, wenn er eine ängstliche Person an seiner Seite hat? Sehr viel!

Erinnern wir uns: Menschen mit einem vermeidenden Bindungsstil stießen als Kind in ihrer engeren Umwelt auf wenig Interesse. Ihre Bedürfnisse, ihre Bindungswünsche wurden nicht beantwortet, sie mussten allein mit ihren Sorgen, Ängsten und Gedanken fertigwerden. Die Erfahrung, dass sie auf niemanden zählen, niemandem vertrauen konnten, hat dazu geführt, dass sie ihre wahren Gefühle hinter einer gespielten »Coolness« verbargen. Sie glaubten: »Wenn ich nicht auffalle, vor allem nicht negativ, wenn ich nichts für mich verlange, nicht zur Last falle, dann bekomme ich vielleicht doch ein wenig Aufmerksamkeit und Zuwendung.« Auf diese Weise lernten diese Kinder, sich möglichst unsichtbar zu machen und sich mit sich selbst zu beschäftigen. Und sie *ver*lernten, ihre Bedürfnisse und Gefühle wahrzunehmen und sie anderen zu zeigen. Die Hoffnung aber bleibt, dass die nahen anderen Menschen ihre Selbstkontrolle und »Bescheidenheit« wertschätzen und ihnen »von selbst« Interesse entgegenbringen. Wählen sie dann als Erwachsener einen ängstlichen Partner, besteht eine große Chance, dass sich ihre Hoffnung erfüllt. Denn da Menschen mit diesem Bindungsstil nicht viel für sich selbst fordern, weil sie abwarten und stillhalten können und positiv reagieren, wenn der andere sich auf sie zubewegt, müssen »Vermeider« ihren früh erworbenen Schutzpanzer nicht ablegen. Der Nachteil ist allerdings, dass sie weiterhin in diesem Schutzpanzer gefangen bleiben, solange sie ihren Bindungsstil nicht kennen und nicht verändern.

Max und Maria – ein typisches Verfolger-Vermeider-Paar

Die Liebesgeschichte von Maria und Max wurde zu Beginn schon vorgestellt. Die beiden sind ein gutes Beispiel für die Verfolger-Vermeider-Konstellation. Warum hat sich Maria ausgerechnet in Max verliebt? Weshalb hat Max in Maria die Frau seines Lebens gesehen? Was haben die beiden sich von dieser Liebesbeziehung versprochen?

Max ist Einzelkind. Er war ein absolutes Wunschkind. Von Anfang an drehte sich alles nur um ihn. Jedenfalls galt das für die Mutter. Er war von klein auf deren Lebensmittelpunkt gewesen, wurde von ihr verwöhnt. Er kann sich nicht erinnern, jemals allein gewesen zu sein. Mutter war immer an seiner Seite. Doch als er fünf Jahre alt war, trennten sich die Eltern. Max erinnert sich heute noch mit unangenehmen Gefühlen an diese Zeit. Jedes zweite Wochenende kümmerte der Vater sich um ihn. Kam er von diesen Wochenenden zur Mutter zurück, überschüttete sie ihn mit Zärtlichkeiten, Süßigkeiten und Zuwendung. »Meine Mutter spürte nicht, dass ich mich erst wieder auf die veränderte Situation einstellen musste und dafür Zeit benötigte. Aber weil sie vermutete, dass ich dem Vater nachtrauerte, wollte sie mit aller Macht meine Aufmerksamkeit auf sich lenken.« Er empfand die Zuwendung der Mutter als extrem unangenehm und bedrängend.

Je älter Max wurde, umso belastender wurde die mütterliche »Liebe«. Sie brachte ihn zur Schule und holte ihn ab, sie ging mit, wenn er mit anderen Jungs Fußball spielte, sie kam ohne Ankündigung in sein Zimmer. Sie setzte sich dann zu ihm ans Bett und besprach mit ihm alle ihre Probleme. Sie klagte über den Vater, über ihre Einsamkeit und ihre Angst, dass das Geld nicht reichen könnte. Auch das gemeinsame Essen wurde zunehmend zum Zwangsritual: Wann immer die Mutter ihren Sohn brauchte, stellte sie Essen auf den Tisch. Die Folge war, dass Max immer pummeliger und in der Schule zum gehänselten Außenseiter wurde. Erst als er zum Studium in eine andere Stadt zog, konnte er sich aus der allzu großen Enge etwas befreien. Zunächst rief die Mutter ihn täglich an, irgendwann gelang es ihm, diese Anrufe auf den Sonntag zu beschränken. Als die Mutter vor fünf Jahren starb, war er natürlich unendlich traurig, aber in die Trauer mischte sich auch

Erleichterung. Endlich war er frei, endlich konnte er sein eigenes Leben führen.

Und Maria? Auch ihre Eltern ließen sich scheiden. Da war sie vier Jahre alt. Sie blieb bei der Mutter, der Vater zog in eine andere Stadt. Fortan sah sie ihn nur noch unregelmäßig. Hin und wieder besuchte er sie, später, als sie zur Schule ging, durfte sie ihn in den Ferien manchmal sehen. Sie liebte den Vater sehr. Er sah gut aus, war liebevoll und verwöhnend. Er war ihr Held. Ein Held, der jedoch für sie nicht verlässlich da war. Die seltenen Treffen waren intensiv, dazwischen aber hörte sie wenig von ihm. In der Pubertät wurde sie depressiv. Wäre ihre Klassenlehrerin nicht auf sie aufmerksam geworden und hätte diese sie nicht an eine Beratungsstelle verwiesen, sie weiß nicht, wie und ob sie diese schlimme Zeit überstanden hätte. Nach Beendigung der Therapie und der Schule ging sie zum Studieren in eine andere Stadt. Wenn sie arbeitete und viel leistete, ging es ihr gut. Sobald sie zur Ruhe kam, spürte sie eine seltsame Einsamkeit. Als sie Max begegnete, war dieses Gefühl wie weggeblasen. Sie erlebte sich so selbstsicher und ausgeglichen wie nie zuvor in ihrem Leben.

Maria wusste sofort: Das ist der Mann fürs Leben! Ihr gefiel seine ruhige Art, sein Aussehen, aber vor allem vermerkte sie sofort positiv: Dieser Mann kann zuhören! Er fragte nach, war empathisch und stellte sich selbst nicht in den Mittelpunkt.

Auch Max verliebt sich spontan in die attraktive Studentin. Noch nie hatte er eine so selbstständige und selbstsichere junge Frau getroffen. Maria imponierte ihm. ›Die hat ihr Leben im Griff‹, dachte er erfreut. Schnell wurden die beiden ein Paar und waren von da an unzertrennlich. Als sie eine gemütliche Dachwohnung fanden, war für beide das Glück perfekt: Nicht mehr allein durchs Leben gehen müssen, endlich mit jemandem leben, der verlässlich ist!

Nach dem Studium fanden beide relativ schnell einen Job. Ihr Zusammenleben änderte sich. Sie hatten weniger Zeit füreinander. Meist sahen sie sich nur noch beim kurzen Frühstück und am Abend nach der Arbeit. Mit der Zeit blieb Max immer länger im Büro, weil ihn sein Job sehr forderte und er Karrierechancen nutzen wollte. Maria reagierte zunächst verständnisvoll, dann aber wurde das abendliche Warten auf Max für sie immer mehr zur Belastung.

Wenn Max nun nach Hause kam, begegnete sie ihm nicht mehr mit Mitgefühl, sondern mit Vorwürfen. Regelmäßig kam es zu Konflikten, die damit endeten, dass er sich in sein Arbeitszimmer zurückzog und sie weinend vor dem Fernseher allein blieb. Max ist das Verhalten von Maria unverständlich. Warum ist sie so anklammernd und vorwurfsvoll? Sie war doch bislang so unabhängig gewesen? Er fühlt sich eingeengt, kontrolliert, ausgebremst.

Das unausgesprochene Versprechen

Bei der ersten Begegnung signalisierte Maria ein Versprechen: »Ich bin unabhängig. Ich weiß, was ich will. Du brauchst dich nicht um mich zu kümmern.« Dieses Versprechen gefiel Max, denn eine Partnerin, die an ihm hing wie eine Klette, wollte er auf keinen Fall. Maria hörte von Max ebenfalls ein verlockendes Versprechen: Ihre Sehnsucht nach einem Zuhause, nach einem Menschen, der nur für sie da ist, der sie erlöst von ihrem Leistungszwang und ihren Verlustängsten – all das schien endlich mit diesem Mann erfüllbar zu werden.

Natürlich wurden diese Versprechen nicht ausgesprochen. Es waren ihre Kinderseelen, die bereits bei der ersten Begegnung die große Hoffnung schöpften, dass ihr Defizit an unerfüllter bedingungsloser Liebe endlich verringert werden könnte. Bewusst war den beiden dies alles selbstverständlich nicht. Aber unbewusst lenkten ihre Erwartungen in der Folge ihr Verhalten. Max, der ein vermeidend gebundenes Kind gewesen war, hatte Maria, ein ängstlich gebundenes Kind, gefunden. Das Beziehungsmodell von Max legt großen Wert auf Unabhängigkeit und Autonomie. Die erste Begegnung mit Maria vermittelte ihm den Eindruck, dass eine so selbstständige Frau ihm nicht zu nahe kommen wird. Sie wird es ihm ermöglichen, einen emotionalen Sicherheitsabstand einzuhalten. Auf keinen Fall wollte er eine Frau »wie Mutter«.

Marias Beziehungsmodell dagegen möchte dafür sorgen, dass sie endlich einen »sicheren Hafen« findet und nicht mehr allein und sich selbst überfordernd durchs Leben »segeln« muss. Endlich soll mal jemand für sie da sein. Gleichzeitig aber gibt es in diesem Modell auch eine skeptische Stimme, die sie davor warnt, anderen zu sehr zu vertrauen.

Doch die jeweiligen Hoffnungen wurden nicht erfüllt. Im Gegenteil: Marias ängstlicher Bindungsstil lässt sie zur Verfolgerin von Max werden. Der aber geht immer mehr in die Vermeidung. Der vermeidende Max mag es nicht, wenn es zu nah und zu intim wird; er lässt Nähe nur bedingt zu, spricht wenig über sich und schon gar nicht über seine Gefühle, weiß oft nicht, wie er auf Marias Gefühlsausbrüche reagieren soll. Damit verhält er sich konträr zu Marias Bedürfnissen. Sie braucht aufgrund ihrer Kindheitserfahrungen viel Sicherheit und Beruhigung, Nähe und Intimität. Sie will sich Max öffnen, will ihm von ihren Sorgen und Freuden erzählen, sie braucht Beweise, dass er sie liebt. Stattdessen entzieht er sich, wird »pampig« oder manchmal sogar aggressiv und herabsetzend. Das wiederum enttäuscht und verunsichert Maria, sie muss dann ihr Bindungssystem »hochfahren« und durch Protestverhalten auf sich aufmerksam machen.

Das Verfolger-Vermeider-Spiel ist bei diesem Paar in vollem Gang. Beide laufen Gefahr, emotional in dieser Beziehung zu verhungern. Der vermeidende Max ist nicht bereit, die Bedürfnisse seiner Partnerin zu bemerken, geschweige denn, sie zu befriedigen. Solange Maria ihn in Ruhe lässt, befindet er sich, oberflächlich gesehen, in einem komfortablen »psychischen Einpersonensystem«, wie die Therapeuten Maria Solomon und Stan Taktin die Situation eines Menschen mit diesem Bindungsstil beschreiben. Dieser Mensch wirkt so, »als wäre er allein in seinem Zimmer und ganz mit seinen Spielsachen beschäftigt, ohne zu registrieren, dass da noch jemand ist«. Doch so komfortabel, wie es von außen aussehen mag, ist die Situation für Distanzierte wie Max keineswegs. Es ist eine durch schmerzhafte frühe Erfahrungen erzwungene Distanz, die nur scheinbar Sicherheit vermittelt.

Ebenso quälend ist die Situation für die Verfolger. Partner und Partnerinnen von vermeidenden Personen fühlen sich oft, als würden sie am ausgestreckten Arm des anderen emotional verhungern. Die Folge dieser sowohl für den Verfolger als auch für den Vermeider extrem anstrengenden Situation: Konflikte sind an der Tagesordnung.

Der Wunsch des Verfolgers: Bitte beachte mich!

Wenn Sie einen ängstlichen Bindungsstil haben und Ihr Partner oder Ihre Partnerin einen vermeidenden Stil, dann können Sie sich wahrscheinlich in Maria hineinversetzen. Vermutlich geraten auch Sie immer wieder in Situationen, in denen Sie unbedingt die Aufmerksamkeit des Partners brauchen und alles tun, um sich bemerkbar zu machen. Allerdings sagen Sie nicht direkt, was Sie sich wünschen. Das wäre viel zu gefährlich, denn der andere könnte Sie abweisen und damit verletzen. Deshalb verschleiern Sie Ihre wahren Wünsche und präsentieren sie als Vorwurf, der scheinbar sachlich auf Missstände hinweist. Wenn Sie in einer Verfolger-Vermeider-Beziehung leben und Sie die

Rolle des Verfolgers haben, kommen Ihnen möglicherweise diese Sätze bekannt vor:

»Du bist nie zu Hause. Die Arbeit steht auf Platz eins deiner Prioritätenliste. Dann kommt lange nichts, und irgendwo auf Platz fünf komme dann ich. Du hast gar keine Zeit mehr für mich. Wenn ich mit dir reden will, passt es gerade nicht. Und wenn wir dann reden, hörst du nicht richtig zu und bist mit den Gedanken ganz woanders. Für mich interessierst du dich gar nicht. Wann hast du mich je etwas über meine Arbeit oder über meine Mutter gefragt? Ich kann mich nicht erinnern! Wenn ich krank bin, dann schickst du mich zum Arzt, aber du kümmerst dich nicht um mich. Ich muss immer funktionieren, aber wehe, ich falle mal aus. Ich frage mich, warum wir überhaupt zusammen sind. Ich fühle mich so allein neben dir.«

Erkennen Sie sich wieder? Greifen auch Sie zu Vorwürfen und Anklagen, weil es Ihnen schwerfällt, dem anderen auf direkte Weise die eigenen Bedürfnisse nach Nähe und Zuwendung deutlich zu machen? Möchten Sie dem Partner, der Partnerin nicht etwas ganz anderes mitteilen? Eigentlich möchten Sie doch sagen: »Ich wünsche mir so sehr, dass wir beide mehr Zeit miteinander verbringen können. Denn ich vermisse dich. Ich fühle mich oft allein und verlassen und brauche deinen Rat oder deinen Trost. Mir ist elend, wenn wir tagelang nicht miteinander sprechen, und mir wird noch elender, wenn ich denke, dass du mit mir nichts mehr zu tun haben willst.«

Verstecken Sie Ihre wahren Bedürfnisse jedoch hinter Vorwürfen oder Klagen, dann ist das ein Anzeichen dafür, dass Ihr Bindungssystem *hyperaktiviert* ist. Als Kind versuchten Sie, die Erwachsenen auf sich aufmerksam zu machen, wenn Sie Angst hatten und sich allein fühlten. Heute verhalten Sie sich ähnlich, wenn Sie unsicher sind und den Kontakt zum anderen verloren haben. Dann wollen Sie durch übertriebene Bindungssignale den Partner, die Partnerin dazu bringen, aufmerksamer, liebevoller, zugewandter zu sein. Sie betonen dann zum Beispiel körperliche oder seelische Symptome, brechen einen Streit vom Zaun oder versuchen, die räumliche Distanz zu verringern. Hyperaktive Strategien sind verständlich. Doch sie führen selten zum Ziel. Stattdessen haben sie negative Auswirkungen auf Ihr Selbstbild, denn Sie fühlen sich in solchen Situationen hilflos und verletzlich. Die Gefahr, auf Unverständnis zu stoßen, ist groß, der Partner wird durch das anklammernde und vorwurfsvolle Verhalten noch mehr in den Rückzug getrieben, die Unzufriedenheit erhöht sich auf beiden Seiten.

Verfolgen Sie den Partner mit Angriffen, dann geht es Ihnen vermutlich fast immer um Nähe: Sie protestieren gegen die emotionale Kluft zwischen Ihnen, Sie wollen mehr vom anderen und nicht weniger. Doch der »Verfolgte« hört anderes aus Ihrem Mund und rettet sich in die »Vermeidung«. Würde er Ihre wahren Bedürfnisse hören, dann wäre er sicher zugänglicher; Vorwürfe jedoch treiben ihn in die Flucht. Auf Vorwürfe kann er nicht mit Verständnis und Zuwendung, sondern nur mit Gegenvorwürfen reagieren.

Der Wunsch des Vermeiders: Lass mich in Ruhe!

Wie der ängstliche Verfolger sagt auch der Vermeider nicht, wie es ihm wirklich geht, auch er wagt es nicht, seine Gefühle in Worte zu fassen. Er fühlt sich in die Ecke gedrängt und versucht verzweifelt, sich vor den Emotionen des anderen zu schützen. Deshalb reagiert er auf die Vorwürfe des Ängstlichen mit Gegenvorwürfen:

»Ich kann dir nichts recht machen. Was ich auch tue, es ist nie genug. Ständig nörgelst du an mir herum. Ich bin nicht richtig, ich habe den Eindruck, ich müsste mich grundlegend ändern. Ich glaube, du brauchst einen anderen Partner, Wenn ich mich mal mit Freunden treffe, machst du gleich ein Theater. Am liebsten würdest du mich einsperren. Ich bin doch nicht für dein Leben verantwortlich. Werde endlich mal erwachsen. Ich bin doch nicht dein Praktikant, den du rumkommandieren kannst. Wenn du nicht so emotional wärst, würdest du sehen, was ich alles für dich tue oder worum ich mich kümmere.«

Meist enden solche Vorwurfsspiralen in heftigen Konflikten, die sich nach typischem Muster immer wiederholen und zu regelrechten Pingpongspielen werden: Auf einen Vorwurf folgt prompt ein Gegenvorwurf, auf den dann wieder ein Vorwurf folgt und so weiter und so weiter. Während der ängstliche Partner sein Bindungssystem immer mehr *aktiviert* und sich kaum noch beruhigen kann, *deaktiviert* der vermeidend Gebundene sein Bindungssystem: Er zieht sich immer mehr zurück, sagt gar nichts mehr oder geht ganz aus dem Kontakt und ergreift die Flucht. Max zum Beispiel packt dann sein Rennrad und ist stundenlang unterwegs. Oder er verschanzt sich in seinem Arbeitszimmer und lässt Kontaktversuche von Maria ins Leere laufen.

Deine Gefühle gefallen mir – eigentlich

Der Vermeider verhält sich allerdings nicht immer distanziert. Manchmal kann er Nähe zulassen und auf die Bedürfnisse des anderen eingehen. So ist beispielsweise Maria glücklich, wenn sie und Max übers Wochenende wegfahren.

»Dann ist Max zugewandt, ich muss ihn mit niemandem teilen. Auf langen Spaziergängen oder beim Abendessen können wir endlich miteinander reden. Und auch unser Sex ist toll, wenn wir zu zweit unterwegs sind«, schwärmt Maria. »Am liebsten würde ich mit Max nur noch unterwegs sein, denn sobald wir wieder zu Hause sind, kriecht er wieder in sein Schneckenhaus. Dann bin ich nicht mehr auf Platz eins, sondern die Arbeit.« Und dann macht sich schnell in ihr das Gefühl breit, verlassen und ganz allein zu sein.

Auch Max genießt die Ausflüge mit Maria. Allerdings, so sagt er, wird es ihm dann auch schnell zu viel. Zu viel Nähe, zu viel Zweisamkeit. »Sie klebt dann richtig an mir, ich bin keine Sekunde allein. Ständig will sie meine Hand halten und lässt oft gar nicht mehr los. Ziehe ich mich zurück, ist sie gleich alarmiert und will wissen, was mit mir los ist, ob sie was falsch gemacht hat. Mir wird das dann zu eng. Und ich bin wirklich froh, wenn ich zu Hause wieder mehr Abstand zu Maria habe.«

Diese Erfahrung ist typisch für die Verfolger-Vermeider-Konstellation. Lässt der vermeidende Partner den ängstlichen an sich heran, geht es diesem gut. Er genießt die Nähe, sein hyperaktives Bindungssystem kann sich endlich mal ausruhen. Nicht selten reagieren ängstlich Gebundene euphorisch auf die entspannte Situation. Wie Maria, die Max am liebsten nicht mehr von der Seite weicht, wenn sie ihm endlich mal nahe sein darf. Der Vermeider sehnt sich auch nach Nähe, kann diese aber nur bedingt und kurzfristig zulassen. Und zieht sich sofort zurück, wenn der Verfolger zu anklammernd und besitzergreifend agiert.

Menschen wie Max geraten ins Schleudern, wenn der ängstlich gebundene Partner zu emotional wird und zu nahe kommt. Dabei ist es gleichgültig, ob es sich um positive Gefühle handelt wie Freude, Zärtlichkeit oder Liebe oder ob der Ängstliche Trost braucht, seinen Kummer über Misserfolge mitteilen oder gar über Beziehungsprobleme reden will. Der vermeidend Gebundene muss diese Emotionen abwehren, weil die Gefahr groß ist, dass er seine eigenen Gefühle, die er seit früher Kindheit »unter dem Deckel hält«, nicht mehr kontrollieren kann. Wenn Maria allzu freudig die Nähe zu Max genießt, wird er an seine eigenen, jahrzehntelang unterdrückten Gefühle erinnert – und das macht ihm Angst. Er rückt dann von Maria ab, um nur ja nicht die Kontrolle zu verlieren und sich verletzlich zu zeigen.

Die Hoffnung auf Reparatur: Mit dir könnte es mir besser gehen!

Wenn Sie in einer Verfolger-Vermeider-Beziehung leben, spüren Sie sicher viel Unzufriedenheit und leiden unter den immer wieder auftauchenden Konflikten, die sich oft nur an Kleinigkeiten entzünden. Und zwar gleichgültig, ob Sie der ängstliche oder der vermeidende Teil sind. Sicher fragen Sie sich als ängstlicher Partner oft verzweifelt: Warum muss mein Mann, meine Frau mich so auf Abstand halten, warum ist er oder sie so distanziert, kühl, vermeidend? Wenn er/sie mich doch angeblich liebt, warum wehrt er/sie sich so gegen meine Zärtlichkeiten, meine Annährungsversuche?

Und auch als »Vermeider« werden Sie sich die Frage nach dem Warum stellen: Warum ist der andere so unselbstständig, so bedürftig, so kritisch, so nörgelig, so kindisch? Da weder Sie noch Ihr Partner oder Ihre Partnerin in der Regel etwas von den jeweiligen Bindungsstilen wissen und auch keinen Zugang zu frühen Bindungserfahrungen haben, bekommen Sie keine sinnvollen Antworten auf Ihre Fragen, die Sie in der Beziehung weiterbringen könnten. Zugleich aber spüren Sie auch, dass die Beziehung sehr stabil ist. Für Sie und Ihren Partner, Ihre Partnerin gilt: Besser mit dir als ohne dich! Und diese Einstellung ist durchaus berechtigt. Wir verlieben uns in einen Menschen, wenn er zu unserer Bindungsgeschichte passt und wenn die Überzeugungen und Erwartungen, die in der Kindheit entstanden sind, sich gegenseitig ergänzen.

Als ängstlich gebundene Person erwarten Sie, dass Sie sich um Zuwendung bemühen und Liebe verdienen müssen. Das funktioniert am besten mit einem vermeidenden Partner. Ihr vermeidender Partner dagegen ist überzeugt, dass er in einer Beziehung nur überleben kann, wenn er sich vor Nähe und Gefühlen schützt, so wenig möglich von sich preisgibt und Ihnen nicht zeigt, wie es ihm geht. In dieser Beziehungskonstellation erleben Sie beide sehr viel Vertrautes. Gleichzeitig aber hoffen Sie beide auch, dass in der Partnerschaft Neues entstehen kann und die frühen Defizite gemildert werden können.

In einer Verfolger-Vermeider-Verbindung »nutzen die Betroffenen ihre Partner jeweils als Hilfe bei der eigenen Affektregulation«, schreibt die Psychologin Kirsten von Sydow. »Der vermeidende Partner erfährt durch sein ambivalentes Gegenüber genau das, was er selbst nicht erleben kann: heftige, intensive, positive Gefühle. Und der Ambivalente spürt durch seinen vermeidenden Partner das, was ihm selbst nicht gelingt: die Kontrolle und Begrenzung eigener Gefühle.« Auf diese Weise können sich diese beiden Bindungsstile »erfreulich ergänzen«, meint die Psychologin.

So bietet der ängstliche Partner dem vermeidenden viel Sicherheit. Dieser kann sich nur deshalb so unabhängig fühlen, weil er seine emotionalen Bedürfnisse nach Nähe und Zugehörigkeit delegieren kann. Wenn der andere sich schwach und anhänglich zeigt, gibt es in ihm eine Seite, die das durchaus genießt. Denn ebendiese Zuwendung hat er in seiner Kindheit vermisst. Umgekehrt profitiert auch der Verfolger. Die Momente, in denen sich der Vermeider offen und zugänglich zeigt, sind ein entscheidender Unterschied zu dem, was der Verfolger in seiner Kindheit erlebt hat. Diese Momente machen ihm Mut. Die Bindungsexpertin Maria Solomon glaubt sogar, dass sich Menschen in der Verfolger-Vermeider-Verbindung treffen, weil hier eine realistische Hoffnung auf »Reparatur« der jeweiligen Bindungsdefizite besteht: »Vielleicht wird dieser potenzielle Partner, der mich an jemand Wichtigen aus meinem frühen Leben erinnert, meine Bedürfnisse verstehen, mich lieben, mich fürsorglich behandeln, meine Wunden pflegen, die heilende Beziehung sein, die ich brauche.«

Die Hoffnung auf »Reparatur« von Kindheitswunden macht Verfolger-Vermeider-Beziehungen oftmals erstaunlich stabil. Zwar denken Betroffene immer wieder darüber nach, die Beziehung zu verlassen, sich »das alles« nichts mehr gefallen zu lassen, doch nur selten werden solche Gedanken auch in die Tat umgesetzt.

Max zum Beispiel sitzt oft in seinem Arbeitszimmer und würde Maria am liebsten nur noch aus dem Weg gehen. Er fantasiert dann nicht selten von einem Leben ohne Maria, ohne ihre ständige Kritik, ohne Einschränkungen. Und auch Maria kennt solche Gedanken. Sie hat es dann satt, Max nachzulaufen, um seine Zuwendung und sein Interesse zu kämpfen. Irgendwo da draußen muss doch ein Mann sein, der ihre Bedürfnisse freiwillig und gern erfüllt. Doch zu Ende denken die beiden ihre alternativen Szenarien nicht. Die Angst vor dem Verlust des anderen ist viel zu groß. Und die durchaus begründete Hoffnung, dass genau mit diesem Partner, genau mit dieser Partnerin die eigene Kindheitswunde heilen kann, hält sie zusammen.

Dennoch ist nicht zu leugnen, dass diese Paarkonstellation extrem anstrengend ist. Das ist vor allem dann der Fall, wenn die Verfolger-Vermeider-Beziehung eine extreme Form annimmt. Von ihr handelt das nächste Kapitel.

9
Narziss und Echo – die narzisstische Liebe

Die beiden passen eigentlich ganz gut zueinander. Der eine will bewundert werden, die andere ist bereit, zu bewundern. Narziss und Echo versuchen, einander Halt zu geben. Kann das gut gehen? Durchaus.

JOE UND ULRIKE

Joe, der eigentlich Josef heißt, diesen Namen aber gar nicht mag, geht es beruflich nicht gut. Als Immobilienmakler hat er bislang gut verdient. Er und seine Frau Ulrike haben viel erlebt in den letzten Jahren. Sie haben sich eine Eigentumswohnung im besten Viertel der Stadt gekauft, haben tolle Urlaube gemacht und vor zwei Jahren Zwillinge bekommen. Das Glück schien perfekt. Aber nun dies: eine berufliche Flaute, und Joe ist nicht mehr er selbst. Er ist unzufrieden, nichts kann ihn aufheitern, auch die Kinder nicht. Ulrike hat ihm schon immer alles Lästige vom Hals gehalten, aber nun wirft er ihr vor, dass sie sich nicht genug um ihn kümmere. Sie streiten immer häufiger und immer heftiger. »Du lebst doch wie eine Made im Speck, was wärst du denn, wenn ich nicht so viel verdienen würde.« Dieser Vorwurf traf Ulrike so tief, dass sie mit den Kindern zu ihren Eltern zog. Für Joe war dieser Schritt ein Desaster. Er rief sie ständig an, flehte sie an,

zurückzukommen. Er könne ohne sie nicht leben. Ulrike aber war nicht so schnell bereit, klein beizugeben. Im Gegenteil: Sie machte ihm am Telefon heftige Vorwürfe: Er sei gefühlskalt, würde sie nie fragen, wie es ihr gehe, habe kein Herz, sei nur an sich interessiert, könne nur über seinen Job und seine Erfolge oder den nächstgrößeren Wagen sprechen, aber niemals über die Beziehung. Sie würde emotional neben ihm verhungern und habe keine Kraft mehr. »Ungeheuerlich«, findet Joe ihr Verhalten und versteht die Welt nicht mehr. Er bietet ihr doch ein tolles Leben. Auslandsreisen, Städtetrips, teure Geschenke, eine durchgestylte Wohnung im In-Viertel der Stadt ... was will diese Frau denn mehr? Wenn sie sich nicht fängt und einsieht, dass sie einen Fehler gemacht hat, wird er wohl nicht bei ihr bleiben können.
Joe ist sich keiner Schuld bewusst. Im Gegenteil: Schuld hat Ulrike. Sie hat sich so verändert. Sie liebt ihn wohl nicht mehr, seit er beruflich nicht mehr so erfolgreich ist.

Was ist mit diesem Paar los? Sind die beruflichen Probleme von Joe wirklich der Grund für ihr Zerwürfnis. Wohl kaum.

Joe und Ulrike sind ein narzisstisches Paar. In ihnen begegnet uns erneut die im vorigen Kapitel beschriebene Verfolger-Vermeider-Konstellation – allerdings in verschärfter Form. Die Kombination »ängstlicher Bindungsstil und vermeidender Bindungsstil« kann, wenn diese beiden Bindungsstile sehr ausgeprägt sind, zu einer narzisstischen Beziehungskonstellation werden. In dieser hofft der ängstliche Teil, vom Glanz und Erfolg des vermeidenden Partners zu profitieren und dadurch stärker und selbstbewusster werden zu können. Ausgeprägte Verschmelzungsfantasien sind mit diesem Wunsch verbunden.

Der andere, der vermeidende Partner wird zwar durch diesen extremen Nähewunsch des Anklammernden noch mehr in den Rückzug getrieben und muss deshalb auch seine Anstrengungen erhöhen, um ihn sich vom Leibe zu halten. Aber er genießt gleichzeitig auch die Bewunderung und die Anpassungsfähigkeit des abhängigen Partners. In einer extremen Verfolger-Vermeider-Verbindung haben sich Narziss und Echo ineinander verliebt – und das hat für beide nicht nur negative Folgen.

Die Legende von Narziss und Echo

Narziss ist das Ergebnis einer Vergewaltigung. Der Flussgott Kephissos hatte der Wassernymphe Leiriope Gewalt angetan und sie geschwängert. Der Junge wuchs zu einem wunderschönen Mann heran, der von Männern wie Frauen umworben wurde, aber hartherzig und selbstbezogen keinen näher an sich heranließ. Im Gegenteil: Einem hartnäckigen Verehrer gab er ein Schwert, damit dieser sich von seinem Liebeskummer selbst befreien konnte. Doch ehe dieser das Schwert gegen sich selbst richtete, flehte er die Götter an, seinen Tod zu rächen. Die Götter erhörten ihn und belegten Narziss mit einem Fluch: Er wurde verurteilt, niemanden lieben zu können, außer sich selbst.

Auch die schöne Nymphe Echo verliebte sich unsterblich in Narziss. Echo hatte den Ärger der Göttin Hera auf sich gezogen und wurde von dieser bestraft: Sie konnte keine eigenen Sätze bilden und musste zwanghaft nachplappern, was andere sagten. Mit dem Verlust ihrer Sprechfähigkeit verlor Echo auch ihr Selbstwertgefühl. Sie wurde selbstunsicher und scheu.

Eines Tages sah sie Narziss, verliebte sich sofort in ihn. In ihr keimte die Hoffnung, dass dieser schöne und von allen bewunderte Mann ihr Selbstsicherheit und Vertrauen zurückgegeben könnte, an seiner Seite könnte sie wieder erstarken. Sein Licht würde auf sie abstrahlen. Verliebt lauerte Echo dem Objekt ihrer Begierde bei einem Waldspaziergang auf. Zunächst versteckte sie sich hinter Bäumen, aber als Narziss ihre Schritte hörte und rief, »Ist jemand hier?«, musste sie Laut geben. »Hier, hier«, plapperte sie nach, gab sich aber noch nicht zu erkennen. Narziss fragte noch einmal, und wieder bekam er nur die Antwort »Hier, hier«. Als er immer hartnäckiger fragte und immer neugieriger wurde, gab Echo ihre Deckung auf und wagte es, sich ihm zu zeigen. Doch Narziss, dazu verurteilt, nicht lieben zu können, verlor schlagartig das Interesse und wies Echo ab. Diese war daraufhin zutiefst gekränkt und zog sich in eine Höhle zurück, die sie nie mehr verließ. Aus unerfüllter Liebe zu Narziss trat sie in den Hungerstreik, und irgendwann war nichts mehr von ihr übrig als ihre nachplappernde Stimme. Dieses »Echo« hören wir bis heute in den Bergen, wenn wir laut rufen oder singen.

Narziss: die – meist – männliche Seite des Narzissmus

Die New Yorker Psychotherapeutin Elinor Greenberg beschreibt in einem Interview im *ZEIT-Magazin* einen Narzissmustyp, den sie vor allem beim männlichen Geschlecht verortet. Sie nennt ihn »exhibitionistisch« und charakterisiert ihn folgendermaßen: »Stellen wir uns vor, Sie hätten ein Date mit einem Mann. Er ist sehr gut angezogen, macht Ihnen Komplimente, lädt Sie in Ihr Lieblingsrestaurant ein. Sie beide unterhalten sich, und Sie bemerken, dass er viel über sich redet und Sie kaum etwas fragt, was Sie zunächst darauf schieben, dass er nervös ist. Als Sie an einen eher kleinen Tisch gesetzt werden, wird er sichtbar ärgerlich. Sie versuchen, die Situation mit einem Scherz zu entschärfen, aber Ihr Date scheint das als Kritik aufzufassen und fängt an zu schmollen. Als Sie seinen Weingeschmack loben, hebt sich seine Laune wieder, und er hält einen spontanen Vortrag über die Wahl des richtigen Weins. Sie sagen nichts, obwohl Sie sich selbst ziemlich gut auskennen. Am Ende des Abends sind Sie erschöpft und bemerken, dass Sie die ganze Zeit damit verbracht haben, ihn bei Laune zu halten.«

So manche Frau wird bei dieser Beschreibung zustimmend nicken. Viele kennen diesen Typus Mann, der nur um sich selbst kreist. Auch in den zahlreichen Veröffentlichungen zum Thema wird Narzissmus häufig als ein männliches Phänomen beschrieben und den betroffenen Männern häufig die »Täterrolle« und ihren Partnerinnen die »Opferrolle« zugewiesen. So manche Frau schlussfolgert deshalb nach der Lektüre von einschlägigen Büchern oder Zeitschriftenartikeln: »Finger weg von narzisstischen Männern!« Doch so einfach ist das nicht. Zwei Fakten kommen in den Veröffentlichungen über Narzissmus meist zu kurz:

1. Narzissmus ist keine »böse« Charaktereigenschaft, sondern ein extrem ausgeprägter vermeidender Bindungsstil, der in manchen Fällen in eine Bindungsstörung übergeht. Die Ursache liegt, wie bei allen Bindungsstilen, in der Kindheit.
2. Die Partner oder Partnerinnen eines Narzissten haben häufig ebenfalls narzisstische Züge. Sie sind kein Opfer des Narzissten, sondern versuchen, ihr eigenes Bindungsproblem mit seiner Hilfe zu lösen.

Niemand wird als Narzisst geboren

In vielen Veröffentlichungen zum Thema wird eine Zunahme des Narzissmus festgestellt und als Ursache dafür unter anderem »die Gesellschaft« verantwortlich gemacht, die narzisstisches Verhalten geradezu fördere und auch noch belohne. Sicher spielt das gesellschaftliche Umfeld eine Rolle. Es ist nicht von der Hand zu weisen, dass unsere Gesellschaft durch ihre extreme Wettbewerbsorientierung übertriebene Ellenbogenmentalität und egoistisches Durchsetzungsvermögen fördert. Heute ist die gekonnte Selbstinszenierung mindestens ebenso wichtig, wenn nicht sogar manchmal wichtiger, wie die fachliche Leistung. Und auch die sozialen Medien mit Instagram, Facebook und Co. bieten eine geeignete Plattform für ichbezogene Selbstdarstellungen. All das mag von Bedeutung sein – aber die Hauptursache für eine narzisstische Entwicklung liegt an einer anderen Stelle: in der frühen Kindheit und dem dort entstandenen Bindungsstil.

»Ich wurde Narzisst, weil ich nie richtig gelernt habe, zu lieben oder Liebe anzunehmen. Ich musste mir in der Kindheit schon einen Schutz zulegen«, beschreibt der 45-jährige Johannes in der Wochenzeitung *DIE ZEIT* seine frühen Jahre. »Von meiner Mutter erfuhr ich, dass sie versucht hatte, mich abzutreiben, dass ich ein so hässliches Baby gewesen sei und leider kein Mädchen. Ich bin in dem Gefühl aufgewachsen, ungewollt und ungenügend zu sein – eine kalte und traumatische Kindheit.« Johannes hat sich mit seinem Weg in den Narzissmus in Seminaren und Therapien auseinandergesetzt und blickt daher, anders als die Mehrheit der Betroffenen, informiert und selbstkritisch auf sein Verhalten und Erleben. »Aus der Angst vor Verletzung resultierte meine Art, Menschen zu begegnen. Ich überhöhte mich, um die eigene Minderwertigkeit zu kompensieren. Ich verletzte andere, bevor sie mich verletzen konnten. Durch meine narzisstische Persönlichkeitsstörung fühlte ich mich anderen generell überlegen. Ich empfand Genugtuung dabei, andere zu demütigen ... Ich hatte ein sehr feines Gespür für mein Gegenüber, vor allem für seine Schwächen. Sobald ich sie verortet hatte, griff ich an.« Johannes arbeitet nun hart an sich, wie er schreibt, um die Folgen seiner Kindheit zu überwinden. »Vertrauen und Nächstenliebe sind Werte, an die ich glauben will.«

Die Geschichte von Johannes zeigt: Die Kindheit spielt eine große Rolle bei der Entwicklung narzisstischer Verhaltensweisen. Eltern, die durch ihr Verhalten, ihre eigenen Defizite und unerfüllten Bedürfnisse ein Kind entweder mit Zuwendung überschütten oder es vernachlässigen und allein lassen, tragen viel zur Entstehung narzisstischer Persönlichkeitszüge bei. Der Psychotherapeut Heinz-Peter Röhr lässt keinen Zweifel am Einfluss der Kindheit, wenn er schreibt: »Das Drama eines Menschen mit einer narzisstischen Störung beginnt mit dem Drama der Eltern.« Es sind drei ganz unterschiedliche frühe Lektionen, die zu einer späteren narzisstischen Entwicklung beitragen. Drei Lektionen, die in späteren Liebesbeziehungen zum Sprengsatz werden könnten.

1. Liebe ist eine Bedrohung

Ein Kind, das später als erwachsener Mensch ein narzisstisches Bindungsmuster zeigt, hat häufig eine Bezugsperson, die selbst narzisstisch ist. Oft, aber nicht ausschließlich, ist es die Mutter, die ihr Kind als ihren Besitz wahrnimmt und es für ihre Bedürfnisse, ihr Vergnügen, ihre Wünsche einspannt. Solange das Kind klein und abhängig ist, ist die Mutter selbstverständlich der Mittelpunkt seiner Welt. Doch spätestens mit zwei Jahren meldet sich der eigene Wille, das Kind fängt an, sich der Mutter zu widersetzen. Für besitzergreifende Eltern ist es eine schwierige Erkenntnis, dass das Kind ein eigenständiger Mensch ist. Oftmals reagieren sie mit drakonischen Strafen oder Psychoterror, wenn das Kind eigene Wege gehen will und einen eigenen Willen zeigt. Sie fühlen sich vom Kind im Stich gelassen, beschimpfen es als undankbar, egoistisch und versuchen es klein zu halten und zu entmutigen. Typische Bemerkungen sind beispielsweise: »Das kannst du noch nicht, dafür bist du zu klein/zu dumm/zu ängstlich.« Oder: »Wenn du mich nicht hättest, wärst du in der Schule nicht so gut«, »Du weiß gar nicht, welche Opfer ich für dich bringe«, »Von dir hätte ich ein solches Verhalten nicht erwartet. Ich bin sehr enttäuscht«. Die Folgen für das Kind sind dramatisch. Es wird durch das Verhalten der Eltern extrem unsicher, fühlt sich minderwertig und kann kein positives Gefühl für sich selbst entwickeln. Seine eigenen Bedürfnisse werden immer unklarer, dafür wird es immer besser darin, die Bedürfnisse der Mutter oder des Vaters zu erfüllen.

Eine Folge dieser vereinnahmenden elterlichen »Liebe« ist besonders dramatisch: Beim Kind bleiben »eine tiefe Enttäuschung, ein Hass und eine Ablehnung gegen jede ›Liebe‹«, erklärt der Psychotherapeut Jürg Willi. »Liebe wird als Taktik erlebt, andere für sich zu verpflichten, sie auszunützen, auszubeuten und zu kontrollieren.«

Kinder, die kein eigenständiges Selbst entwickeln können, weil die Eltern es als ihren Besitz ansehen, brauchen Überlebensstrategien, die sie unabhängiger machen von übergriffigen, egoistischen Eltern. Mit der Haltung »Ich pfeif auf eure angebliche Liebe. Ich brauche diese Liebe nicht. Ich verlasse mich nur auf mich« schützen sie sich vor erneuter Verletzung und Enttäuschung. Zu enge, zu innige Beziehungen sind für Kinder mit solchen Erfahrungen ein zu großes Wagnis, sie halten lieber Abstand. Und entwickeln einen unsicher-vermeidenden Bindungsstil, der zu einem narzisstischen werden kann. Diesen behalten sie auch als Erwachsene bei. Für diejenigen, die als verlängerter Arm der Mutter fungieren mussten, sind Zweierbeziehungen eine Bedrohung. Sie sind ständig auf der Hut, um nur ja nicht vereinnahmt und ihrer Autonomie beraubt zu werden. Sobald sie glauben, dass der Partner sich wie die besitzergreifende Mutter oder der dominante Vater verhält, wächst ihre Skepsis. Niemals mehr wollen sie die Erwartungen eines anderen erfüllen und seine Bedürfnisse befriedigen müssen. Deshalb lautet die Devise: »Wehre den Anfängen! Lass dich nicht zu sehr auf einen Menschen ein. Kümmere dich um dich, jemand anderes wird es nicht tun.«

2. Liebe ist Bewunderung

Wenn ein Kind für die Eltern »das Größte« ist, wenn alles, was es tut oder sagt, begeistert aufgenommen wird, lernt es, dass die Liebe der Eltern an Bedingungen geknüpft ist. Es muss witzig sein, gute Leistungen bringen, außergewöhnlich sein, nur dann kann es auf die Liebe der Eltern hoffen. »Oft fühlen sich diese Kinder nur als Schmuckstück der Mutter: der Sohn mit seinen beruflichen Leistungen, die Tochter als bildhübsche Prinzessin, Balletteuse oder Kinderstar. Das Kind hat all das zu werden und zu erfüllen, was die Mütter selbst in ihrem Leben nicht realisieren konnten«, schreibt Jürg Willi. Oft missbrauchen Eltern ihr Kind auch, indem sie dessen Fähigkeiten für ihre eigenen Grandiositätsgefühle ausnutzen. Sie lassen sich bewundern, weil sie ein so hübsches, kluges, begabtes Kind haben, erzählen stolz von den Erfolgen des Kindes, verhalten sich ihm gegenüber aber vermeidend und kühl.

Für spätere Paarbeziehungen bedeutet diese frühe Erfahrung: Der Erwachsene, der ein bewundertes und verwöhntes Kind war, ist angewiesen darauf, dass seine – oftmals durchaus beachtlichen – Leistungen vom Partner, der Partnerin gebührend bewundert werden und er in seinem Können ausreichend Wertschätzung bekommt. Selbst die leiseste Kritik wirkt tief verletzend und wird mit Wutausbrüchen oder Rückzug »geahndet«.

Joe wuchs in einem Klima der Bewunderung auf. »Ich war der Sonnenschein der Mutter und der ganze Stolz des Vaters«, erzählt er. Während die Mutter sein hübsches Äußeres lobte und ihn von klein auf mit schicken Klamotten ausstaffierte, prahlte sein Vater vor anderen mit den guten schulischen und später auch sportlichen Leistungen des Sohnes. Lange Zeit war sein Verhältnis zu den Eltern ungebrochen. Aber in letzter Zeit empfindet er auch Bitterkeit. Er erkennt, dass die Bewunderung und der Stolz seiner Eltern nicht ihm galten. Beide Elternteile gaben Joe das Gefühl, dass sie nicht wirklich stolz auf ihn waren, sondern auf sich selbst: »Sie haben schließlich ein so wunderbares Kind zustande gebracht, welch eine Leistung!«, sagt Joe heute.

3. Lieben heißt herrschen

Johannes führte ein anderer Weg in den Narzissmus. Er erfuhr keine besitzergreifende »Liebe«, er war nicht der verlängerte Arm seiner Mutter. Im Gegenteil: Für ihn war niemand da. Die Mutter hat ihn abgelehnt, er war ungewollt – und das bekam er zu spüren.

Niemand will sie, niemand freut sich über sie, niemand kümmert sich um sie: eine bedrohliche Situation für Kinder. Wenn sie daran nicht zerbrechen, retten sie sich häufig in eine Fantasiewelt, in der sie die Größten, Stärksten und Unbesiegbaren sind und in der sie über andere bestimmen und herrschen können. Damit legt sich ein extrem vernachlässigtes Kind eine Überlebensstrategie zu, die es unabhängig macht von den verletzenden und enttäuschenden Bezugspersonen.

Menschen, die als Kind abgelehnt, misshandelt, ignoriert, vernachlässigt wurden, haben erhebliche Schwierigkeiten mit Paarbeziehungen. Ihre Überlebensstrategie – der Rückzug in eine Traumwelt, in der sie der Star sind und in der ihre Bedürfnisse und Wünsche erfüllt werden – ist für spätere Liebesbeziehungen belastend. Denn der reale Partner, die reale Partnerin wird dann in die fiktive Traumwelt integriert. Der andere darf keine eigenen Bedürfnisse haben, sondern dient als Wunscherfüller, der sich ganz den Erwartungen des Narzissten anpassen muss.

Unabhängig davon, welche narzisstische Lektion ein Kind erteilt bekommt, der Effekt ist immer derselbe: Das Kind lernt, dass es sich auf andere nicht verlassen kann, versteckt seine Ängste und seine Bedürfnisse, weil es weiß, dass es keine Resonanz erwarten kann. Stattdessen bemüht es sich, außergewöhnlich zu sein, um die Eltern nicht zu enttäuschen, und legt sich eine Überlebensstrategie zu, die es scheinbar unabhängig von der Liebe der Eltern macht: Es versucht, sich vor Verletzung zu schützen. Spätere Narzissten waren meist jene Pokerface-Kinder, die einen vermeidenden Bindungsstil entwickelten und nach außen hin so taten, als wären sie auf die Erwachsenen überhaupt nicht angewiesen. Weil diese Kinder überzeugt davon waren, dass sie so, wie sie sind, keine Liebe verdienen, gingen sie davon aus, dass sie nur durch Selbstständigkeit und Unabhängigkeit seelisch überleben können. Zu enge, zu innige Beziehungen waren für sie ein zu großes Wagnis, sie halten lieber einen Sicherheitsabstand ein. Gut fühlen sie sich dabei allerdings nicht. Sie sind nicht glücklich mit der selbst gewählten, gespielten Autonomie. Auch später nicht, wenn sie, längst erwachsen, dieses Bindungsmuster in ihren Paarbeziehungen weiterleben.

Sich selbst erhöhen, um sich weniger klein zu fühlen

Grundsätzlich sind wir alle darum bemüht, unser Selbstwertgefühl zu schützen und nach Möglichkeit zu verbessern. Am besten gelingt das, wenn wir uns selbst nicht allzu kritisch und zu realistisch sehen. Ein gesunder Narzissmus ist notwendig, um uns selbst durch eine rosarote Brille betrachten zu können; das bewahrt uns vor zu viel Selbstkritik und Selbstzweifeln.

Allerdings: Um das Selbstwertgefühl auf diese Weise schützen zu können, muss man erst einmal eines haben. Die rosarote Brille nützt nur demjenigen, der sich grundsätzlich wertschätzt. Zu extremem Selbstlob und übersteigertem »Ich zuerst« aber müssen jene Menschen greifen, die zutiefst an sich zweifeln und unbedingt vermeiden wollen, dass andere ihre Selbstunsicherheit merken. Sie müssen sich selbst erhöhen und von anderen bestätigt bekommen, wie wunderbar sie sind. Indem er sich über andere stellt, hofft der selbstunsichere Narzisst, Kränkungen vermeiden zu können.

Die Verhaltensweisen, zu denen ein Narzisst greift, um sein Selbstwertgefühl zu schützen, sind vergleichbar jenen, die auch vermeidend gebundene Menschen häufig zeigen und die in Kapitel 5 bereits beschrieben wurden. Nur sind sie beim Narzissten noch schärfer, noch rücksichtsloser, noch verletzender.

- Ein Narzisst setzt den Partner, der Nähe sucht, herab, demütigt ihn und verhält sich tyrannisch: »Ich will dir nicht zu nahe treten, aber das Buch, das ich gerade lese, ist nichts für dich. Das ist zu komplex und anspruchsvoll.«
- Er braucht sehr viel Aufmerksamkeit, nur wenn sich alles um ihn dreht, ist er zufrieden. »Du hast mich noch gar nicht gefragt, wie ich heute auf dem Golfplatz war. Ich sag dir: Ich habe alle in Grund und Boden gespielt. Die konnten nur noch staunen. Kollege X hat mich mit dem Handy gefilmt. Das *musst* du dir anschauen.«
- Er misstraut den positiven, zugewandten Gefühlen des anderen und bezeichnet sein Verhalten als berechnend. »Du willst ja nur mit mir schlafen, damit ich dir erlaube, am Wochenende mit deiner Freundin wegzufahren.«
- Er duldet keinerlei Kritik an seiner Person oder seinem Verhalten. »Was heißt hier, ich höre dir nicht zu. Ich höre dir ständig zu, ich weiß nicht, wo du deine Ohren hast.«
- Er macht nie Fehler. Wenn etwas schiefläuft, weist er mit dem Finger auf den Partner, die Partnerin. »Beim Ausräumen aus der Spülmaschine ist eine Tasse kaputtgegangen. Wie kannst du die Sachen nur so blöd einräumen!«
- Er wertet Wünsche nach mehr Nähe als Gefühlsduselei ab: »Warum soll ich mich neben dich setzen beim Fernsehen? Du hast doch die Katze, die kannst du streicheln.«

- Er präsentiert sich dem Partner, der Partnerin als überlegen und erwartet, dass seine Ratschläge befolgt werden. »Ich habe dir doch schon so oft gesagt: Wenn du meine Vorschläge beachten würdest, wärst du heute schon weiter im Job. Aber nein, du weißt ja alles besser.«
- Er tut alles, um nur ja kein Interesse am anderen zu zeigen und in Gefahr zu kommen, dessen Situation und Gefühle zu verstehen. So vergisst er regelmäßig Geburts- oder Hochzeitstage. Er fragt nicht nach, wenn der andere berufliche Sorgen hat, und will nicht wissen, wie es der kranken Freundin geht.
- Es ist ihm fremd, etwas dem anderen zuliebe zu tun. »Warum soll ich dir zuliebe mal ans Meer fahren? Ich brauche die Berge zur Erholung, das weißt du doch.«
- Ein narzisstischer Partner bittet niemals um Entschuldigung, schließlich ist er sich keiner Schuld bewusst. »Wenn ich einen Fehler gemacht hätte, würde ich mich selbstverständlich entschuldigen. Aber da das nicht der Fall ist … ich kann mich nicht für etwas entschuldigen, was du verbockt hast.«
- Er zeigt niemals seine wahren Gefühle, sondern versteckt diese hinter Schuldzuweisungen und aggressiven Angriffen auf den Partner. »Wo warst du nur den ganzen Abend? Was heißt, du bist nur eine Viertelstunde zu spät. Du bist zu spät! Ich werde nie wieder auf dich warten, ich bin doch nicht dein Hampelmann.«

Diese Strategien vermitteln einem narzisstischen Menschen das Gefühl der Überlegenheit und schützen sein extrem schwaches Selbst vor Kratzern und Verletzungen. Da sein Beziehungsmodell seit der Kindheit lautet: »Ich brauche andere nicht. Ich darf niemandem vertrauen. Andere meinen es nicht ehrlich mit mir. Deshalb muss ich auf Abstand achten«, muss er alles vermeiden, was diese Überzeugungen infrage stellen könnte. Das gelingt aber nur mit großer Kraftanstrengung und ist niemals von Dauer: Denn alle Abwehrstrategien sind nur bedingt wirksam. Ein Narzisst muss ständig auf der Hut sein. Weil sein Glaube an seine Unverletzlichkeit nicht erschüttert werden darf, treffen ihn unvorhergesehene Niederlagen und Zurückweisungen tief ins Mark.

Narzisstisch und depressiv

Natürlich fällt es allen Menschen schwer, mit Schicksalsschlägen, Niederlagen und Enttäuschungen umzugehen, aber für Narzissten sind diese Erfahrungen eine ganz besondere Herausforderung, weil sie dadurch spüren, was sie auf keinen Fall spüren wollen: ihre Bedürftigkeit, ihre Verletzlichkeit, ihre innere Not. Wenn diese Gefühle die mühsam aufgebaute Rüstung durchdringen, wird es für Narzissten gefährlich. Ihre Schutzstrategien funktionieren dann nicht mehr. Wenn das passiert, merkt der Narzisst, der ein extrem unsicher gebundenes Kind war, sein frühkindliches Defizit. Dies kommt einer Bankrotterklärung gleich, der Narzisst stürzt tief. Größenwahn und Depression liegen bei narzisstischen Menschen nahe beieinander.

Auch Joe ist nach seinem beruflichen Höhenflug in den Niederungen des Alltags gelandet. Selbstständige müssen immer damit rechnen, dass auf gute Zeiten auch weniger gute folgen. Nicht aber Joe. Er muss erfolgreich sein. Nur der Erfolg gibt ihm eine Existenzberechtigung. Nur wegen seiner Erfolge wird er bewundert, ohne Erfolg ist er ein Nichts. Solange sich das Schicksal oder andere Menschen nicht gegen ihn verschworen hatten, fühlte er sich stark und auch grandios. Er hielt sich zeitweise sogar für den »erfolgreichsten

Makler aller Zeiten«. Überzogenes Selbstbewusstsein und depressive Verstimmung liegen bei ihm, wie bei vielen Narzissten, nah beieinander.

Hilfe fordert er nun von Ulrike. Sie, die immer zu ihm gestanden ist und nichts für sich selbst gefordert hat, lässt ihn nun im Stich. So empfindet es Joe.

Echo: die – meist – weibliche Seite des Narzissmus

Manche Narzissten sind nicht auf Anhieb als solche zu identifizieren: Sie beanspruchen scheinbar keinen Platz in der ersten Reihe, im Gegenteil: Sie passen sich an, unterwerfen sich dem Willen anderer, bewundern und idealisieren sie. Sie sind der sogenannte *abhängige* Narzissmustyp, der durch Unterordnung zu erreichen versucht, was existenziell wichtig für ihn ist: sein Selbstwertgefühl zu stärken, indem er sich dem »tollen« Narzissten anpasst und ihm dient. Frauen sind häufiger als Männer abhängig narzisstisch. Ulrike, die Partnerin von Joe, gehört zu diesem Narzissmustyp.

Abhängige Narzissten machen wenig Aufhebens von sich, sie wirken bescheiden und sind es seit ihrer Kindheit gewohnt, nicht besonders beachtet zu werden. Sie konzentrieren sich auf die Bedürfnisse anderer und beanspruchen wenig Raum für sich selbst. Doch so bescheiden, wie sie wirken, sind »Echoisten« nicht. Menschen dieses Typs haben durchaus auch Größenvorstellungen, die sie aber nicht wahrhaben und auf keinen Fall nach außen zeigen wollen. Deshalb halten sie Ausschau nach einem Partner, der stellvertretend für sie grandios und strahlend ist. »Der Glaube, mit dem Partner einen Glückstreffer gelandet zu haben, verleiht einem das Gefühl, auch selbst etwas Besonderes zu sein«, erklärt der Psychologe und Narzissmusexperte Craig

Malkin. So erging es auch Ulrike. Als sie Joe kennenlernte, war sie »fassungslos vor Glück«, wie sie sich erinnert. »Ich war hin und weg. Dass sich so ein attraktiver und erfolgreicher Mann für mich interessierte, ich konnte es nicht glauben.«

Ich passe mich dir an, dafür liebst du mich

Abhängige Narzissten haben einen ängstlichen Bindungsstil, ihr Beziehungsmodell sagt ihnen: »Wenn du nicht geliebt wirst, existierst du gar nicht.« Gleichzeitig warnt dieses Modell davor, dass die wichtigen anderen nicht verfügbar sind, dass man sich auf sie nicht verlassen darf, dass sie unzuverlässig und vermeidend sind. Durch übermäßige Anpassung und Unterordnung versuchen diese Menschen wenigstens ein wenig Sicherheit zu bekommen. Die Verbindung mit einem Narzissten ist für eine »Echoistin« daher ideal: Allein die Tatsache, dass dieser Mann sie überhaupt bemerkt, stärkt ihr Selbstwertgefühl. Gleichzeitig weiß sie, dass sie sich auf diese Liebe nicht verlassen darf. Sie spürt, dass sie vom narzisstischen Partner nicht wirklich gesehen wird, sondern dass sie sich nach seinen Vorstellungen und Erwartungen verhalten muss. Das passt zu den Überzeugungen, welche ängstlich gebundene Menschen in frühen Jahren gewonnen haben.

»Komplementärnarzissten« nannte Jürg Willi abhängige Narzissten. Diese sind »im Grunde auch narzisstisch strukturiert, aber mit umgekehrten Vorzeichen«: Der Narzisst will sich bewundern lassen, der Komplementärnarzisst möchte ganz für den anderen da sein. Der Narzisst ist bestrebt, sein Selbstwertgefühl zu stärken, der komplementäre Partner ist bereit, auf sein Selbst zu verzichten. Der Narzisst will bewundert werden, der Komplementärnarzisst stellt sich in seinen Dienst. Der Narzisst hat große Angst vor Nähe, der Komplementärnarzisst möchte ganz im anderen aufgehen. Beide haben ein äußerst schwaches

Selbst, allerdings unterscheiden sie sich in der Art, damit umzugehen.

Narziss und Echo, wenn sie sich finden, ergänzen sich also auf ideale Weise. Narziss erfährt durch die Bewunderung und Anpassungsbereitschaft von Echo eine Stärkung seines Selbstwertgefühls. Er springt auf eine Echoistin an, weil diese ihn bewundert und ihm »nach dem Munde redet«, das heißt, ihre eigenen Bedürfnisse zurückstellt. Und Echo kann ihre durchaus vorhandenen Größenfantasien stellvertretend von Narziss befriedigen lassen und erfährt dadurch ebenfalls eine Stärkung ihres Selbstwertgefühls.

Was passiert, wenn Echo anspruchsvoller wird?

Dann ist doch alles gut, könnte man meinen. Wenn Narziss und Echo sich so gut ergänzen, müsste die Verbindung zwischen diesen beiden doch stabil und für beide Seiten zufriedenstellend sein. In gewisser Hinsicht stimmt das. Wie die Verfolger-Vermeider-Konstellation ist auch deren narzisstische Ausprägung zwar extrem schwierig, oftmals aber durchaus »haltbar«. Zwar kann Narziss die Beziehung zu Echo zu eng werden, wenn Echo sich zu sehr unterordnet. Dann setzt er seine oben beschriebenen Distanzierungsstrategien ein, um Echo zu verletzen und wieder auf erträgliche Distanz zu bringen. Und weil Echoisten sich nur schwer vertreiben lassen, nehmen sie all die Verletzungen und Demütigungen meist sehr lange hin. Sie leiden, aber sie bleiben. Ihr subtiler Größenwahn verleitet sie zu der Annahme: »Ich weiß, wie der andere tickt. Selbst wenn er mich abweist, meint er es nicht so.«

Irgendwann aber tauchen dann doch Probleme auf. Irgendwann kann Echo ihre Wünsche und Ansprüche nicht mehr verleugnen, kann ihr Bedürfnis nach Nähe und Zuwendung nicht länger unterdrücken. Sie wird »anspruchsvoller«. Sie wünscht sich mehr Gespräche, Zärtlichkeit, Unterstützung, Interesse. Allerdings schämen sich Echoisten, wenn sie auf einmal eine Anspruchshaltung an den Tag legen und den anderen mit ihren Wünschen verfolgen.

So ergeht es auch Ulrike, die das Zusammenleben mit Joe seit Langem unerträglich findet. Oft hat sie es sich vorgenommen, ernsthaft mit ihm zu reden. Und einmal hat sie ihn sogar per WhatsApp um konkrete Änderungen gebeten. »Ich werde nicht mehr abends für uns kochen. Du kommst immer so spät, ich will das nicht mehr. Iss bitte auswärts.« Allerdings: Kaum war die Nachricht raus, bereute sie es schon und schickte eine relativierende Botschaft hinterher. »Menschen, denen es davor graut, irgendetwas von irgendjemandem zu fordern, können es als beängstigend empfinden, wenn sie plötzlich ein starkes Bedürfnis nach Rückhalt, Verständnis oder sogar Trost empfinden«, schreibt Malkin. »Ihre Schuldfühle und innere Zerrissenheit aufgrund ihrer jäh auftretenden Ansprüche können deutlich spürbar sein. Selbst wenn sie um Zuwendung bitten, ringen sie die Hände, als ob sie versuchten, sich die Bedürfnisse aus den Fingerspitzen herauszupressen. Genau dieses Muster erklärt (...), warum Echoisten ebenso häufig dazu neigen, anderen hinterherzulaufen wie andere wegzustoßen.«

Trotzdem glücklich werden

Als Partner sind Narziss und Echo, ebenso wie die schwächer ausgeprägte Variante, das Verfolger-Vermeider-Modell, eine Herausforderung füreinander. Beiden geht es darum, ihr Selbst zu schützen und ihren Selbstwert zu steigern. Wenn man sich die Beschreibungen von Narzissten in einschlägigen Veröffentlichungen zu Gemüte führt, kann man nur zu dem Schluss kommen, dass man Beziehungen mit diesen Menschen aus dem Weg gehen sollte. Erschwerend kommt noch hinzu, dass Narziss gewöhnlich nicht freiwillig therapeutische Hilfe sucht (Echoistinnen sind hier aufgeschlossener). Dennoch ist ein Zusammenleben von Narziss und Echo möglich. Wichtig ist, den Narzissten nicht zu pathologisieren, sondern zu erkennen, dass sich hinter dem großspurigen oder extrem unterwürfigen Verhalten des Komplementärnarzissten ein verletztes, einsames Kind verbirgt, das irgendwann einmal beschlossen hat, alles zu tun, um sein schwaches Selbstwertgefühl vor anderen (manchmal sogar vor sich selbst) zu verbergen und auf diese Weise seelisch zu überleben. Narziss und Echo sind Opfer ihrer früh erworbenen Bindungsstile.

Gleichgültig, welchen Bindungsstil Sie besitzen, gleichgültig, ob Sie in einer Verfolger-Vermeider-Beziehung leben oder in eine narzisstische Kollusion geraten sind: Sie haben eine Chance, glücklichere Beziehungen zu leben, sobald Sie den Einfluss Ihrer frühen Erfahrungen auf Ihre heutigen Beziehungen kennen. Das gilt auch dann, wenn Ihre Partnerschaft durch Untreue erschüttert worden ist.

10
Untreue – Ein Bindungsproblem?

Warum werden Menschen untreu? Welche Wünsche und Motive stecken dahinter? Und was hat der Bindungsstil damit zu tun?

PAUL

In den über drei Jahrzehnten seiner Ehe hielt sich Paul für einen absolut treuen und verlässlichen Partner und Familienvater. Niemals wäre ihm die Idee gekommen, dass dieses Selbstbild nicht stimmen könnte. Vor einem halben Jahr hat es jedoch einen kräftigen Riss bekommen. Damals verliebte er sich in seine Kollegin Julia. Es war keine spontane Affäre, und es war auch kein One-Night-Stand. Schon lange hatte er sich zu dieser Frau hingezogen gefühlt, aber seine Gefühle immer erfolgreich verdrängt. Und dann geschah es doch. Zwei, drei Monate schwebte er mit Julia auf Wolke sieben. Doch dann wurde sein schlechtes Gewissen immer drängender, er fand seine Lügen und sein Doppelleben immer unerträglicher. Paul wollte Inga, seine Frau, auf keinen Fall verlieren. Die Beziehung war ihm wichtig, und dennoch war er fremdgegangen. In seiner Verwirrung beschloss er, Inga alles zu beichten. Diese fiel nicht nur aus allen Wolken, denn auch sie hatte sich all die Jahre mit ihm sicher gefühlt, sie stellte nun auch alles

Bisherige infrage. Wer war dieser Mann an ihrer Seite? War ihr Vertrauen in ihn all die Jahre zuvor gar nicht gerechtfertigt? Inga war verzweifelt. Viele schlaflose Nächte und unzählige Gespräche folgten. Schuldzuweisungen und Selbstanklagen wechselten sich ab, es kam zu schlimmen Krisen und Zusammenbrüchen auf beiden Seiten. Die Situation wurde mit der Zeit nicht besser, sondern immer belastender. Denn Paul konnte Inga auf ihre berechtigte Frage, »Warum hast du das getan?«, keine wirklich befriedigende und befriedende Antwort geben.

Geht ein Partner fremd, ist neben dem fundamentalen Vertrauensverlust auch die Frage nach dem »Warum« für den Betrogenen extrem belastend. »Warum diese Frau, warum dieser Mann? Was hat die andere Person, was ich nicht habe? Hast du denn nicht an mich gedacht? Was hattest du für einen Grund für die Untreue? War es rein sexuell, oder war es mehr? Haben wir uns auseinandergelebt? Sind berufliche Belastungen daran schuld? Haben wir zu wenig miteinander unternommen? Hatten wir zu wenig Sex oder war er dir zu langweilig? Habe ich dir zu wenig Anerkennung und Wertschätzung gezeigt?« Fragen wie diese sind angebracht und wichtig. Die gefundenen Antworten bringen durchaus etwas Licht ins Dunkel, lichten jedoch den Nebel, in dem sich ein betroffenes Paar befindet, noch nicht. Die Partner wissen dann zwar, dass sie über die Jahre hinweg die Paarbeziehung vernachlässigt haben und daran etwas ändern müssen – aber sie spüren gleichzeitig: Das allein reicht noch nicht aus, um die Affäre zu bewältigen. Selbst wenn der »Betrüger« bereit ist, dem »Betrogenen« ehrlich Rede und Antwort zu stehen, und dabei oft sein Innerstes nach außen kehrt, gelingt es dem Paar meist nicht, ein überzeugendes Motiv ausfindig zu machen. Solange das aber nicht klar ist, kann das Paar nicht konstruktiv mit dem Geschehen umgehen.

Paul und Inga glaubten, ihre Ehe sei in Ordnung. Auch Freunde und Bekannte sahen in ihnen ein glückliches Paar. War das alles eine Illusion? Haben sie Probleme ignoriert? Möglicherweise. Zumindest war wohl Paul nicht mehr zufrieden. Aber geht man fremd, nur weil man nicht zufrieden ist? Das Thema »Unzufriedenheit« hat aus der Perspektive der Bindungstheorie eine ganz besondere Bedeutung. Diese Unzufriedenheit darf nicht mit der ganz normalen Unzufriedenheit verwechselt werden, die wohl jeder in einer Beziehung mal verspürt.

Zufriedenheit mit der Beziehung gilt bei Bindungsforschern als ein wesentliches Merkmal stabiler Partnerschaften. Sie entsteht, wenn beide Partner erleben, dass ihre zentralen Bindungsbedürfnisse (nach Liebe, Intimität und Verständnis, aber auch nach Autonomie und Selbstständigkeit) erfüllt werden. Sind diese Bedürfnisse in Balance, ist die Beziehung vor Turbulenzen weitgehend geschützt. Ist diese Balance aber gestört, entsteht ein übermäßiger Wunsch nach Nähe oder geht ein Partner zu extrem in die Distanz, entsteht bei beiden Partnern eine tief reichende Unzufriedenheit. Die wiederum ist dann oft ein Einfallstor für negative Entwicklungen. Missverständnisse und Streitereien nehmen zu, die Partner vernachlässigen einander, und es kommt zu Bindungsenttäuschungen – die wohl schwerwiegendste ist die Untreue.

Durch die Außenbeziehung schafft derjenige Partner Abstand, dem es in der Beziehung zu eng und zu nah geworden ist und dem die Luft zum freien Atmen fehlt. Er verlegt seinen emotionalen Schwerpunkt nach außen und kann so die Situation in der festen Beziehung besser ertragen.

Auch der umgekehrte Fall ist denkbar: Gibt es in einer Partnerschaft zu große Distanz, wird das Bedürfnis nach Geborgenheit, Zärtlichkeit und Anerkennung nicht erfüllt, dann kann eine Außenbeziehung, die genau das bietet, die Balance in der festen Partnerschaft wiederherstellen.

Die Rolle der Bindungsmuster

Die Bindungsstile der Partner werden bei der Suche nach den Gründen der Untreue allerdings meist außer Acht gelassen. Dabei sind sie von großer Bedeutung, wenn es zu einer Außenbeziehung kommt. Berücksichtigt man das jeweilige Bindungsmuster, kann ein Paar besser verstehen, wie es zur Affäre kam. Dieses Verständnis erleichtert die Verarbeitung des schmerzhaften Geschehens, und der Weg, der zur Versöhnung führen kann, wird schneller sichtbar.

Wie genau der Zusammenhang zwischen Bindungsstil und Untreue aussieht, haben die Wissenschaftler Elizabeth S. Allen und Donald H. Bauform in einer der wenigen substanziellen Studien zum Thema erforscht. Sie legten mehreren Hundert Teilnehmerinnen und Teilnehmern – jungen Studierenden und älteren Erwachsenen – diverse Fragebögen vor. Neben Fragen zur Treue beziehungsweise Untreue beantworteten die Teilnehmer und Teilnehmerinnen auch Fragen zum Bindungsstil. Überraschend outeten sich in beiden Gruppen relativ viele Personen als untreu: Junge Menschen waren dabei aufgrund ihrer wahrscheinlich noch nicht so gefestigten Lebensformen häufiger untreu als ältere. Aber auch unter den Älteren hatte etwas weniger als die Hälfte schon mal eine Affäre. Die Frage, ob der Bindungsstil dabei eine Rolle spielt, beantworten die beiden Forscher nach Auswertung der Daten eindeutig mit »Ja«. Wobei sich bei den einzelnen Bindungsstilen deutliche Unterschiede zeigten:

Sicher gebundene Menschen sind am wenigsten untreu. Sie äußern sich zufrieden mit ihren Beziehungen, ihre Bedürfnisse nach Nähe und nach Autonomie sind im Gleichgewicht. Die Sicherheit, die diese Menschen in der Beziehung zum Partner, zur Partnerin erleben, erleichtert es ihnen, gut für ihre Bedürfnisse zu sorgen, wie die Psychoanalytikerin Kate White erklärt: »Sicher gebundene Menschen legen größeren Wert darauf, in ihren

Bedürfnissen gesehen und verstanden zu werden. Sie haben gelernt, etwas von ihrem Partner fordern zu dürfen, auch in ihrem Intimleben.« Die Gefahr, dass »Sichere« in ihrer Beziehung unzufrieden werden, weil ihre Wünsche und Bedürfnisse (nicht nur die nach Sexualität und Intimität) nicht erfüllt werden, ist weniger groß als für Menschen mit einem unsicheren Bindungsstil.

Weil sie eine starke, sichere Bindung zum Partner oder der Partnerin haben, fällt es ihnen schwer, eine Bindung, und sei es auch nur eine kurzfristige, zu einem anderen Menschen einzugehen. Ein Doppelleben könnten sie aus Loyalität zum festen Partner schon gar nicht führen. Auch eine deutsche Studie bestätigte die Treue sicher gebundener Menschen. Lillian Helms und Hans-Werner Bierhoff konnten belegen, dass »sicher gebundene Personen signifikant weniger Untreue berichteten als unsicher gebundene Personen«.

Aber natürlich kommt es auch bei »Sicheren« vor, dass sie sich in einen anderen Mann, eine andere Frau verlieben, wenn die Balance zwischen Nähe und Distanz in ihrer Partnerschaft durch den Bindungsstil des anderen gestört wird. Verhält sich der andere zu anklammernd und fordernd, kann dem Sicheren langfristig die Luft zum Atmen genommen werden; ist der Partner zu distanziert und pocht zu sehr auf seine Autonomie, wird es dem sicher Gebundenen mit der Zeit zu unverbindlich. Dann wächst auch bei ihm die Bindungsunzufriedenheit. Doch wenn ein sicher gebundener Mensch sich in eine andere Person verliebt, zieht er meist schnell die Konsequenzen. Sicher gebundene Menschen praktizieren in der Regel die serielle Monogamie: Sie beenden erst eine Beziehung, ehe sie eine neue eingehen.

Ängstlich gebundene Menschen sind oft sehr lang treu. Weil sie ja ohnehin immer damit rechnen, dass der andere sie verlassen könnte, haben sie grundsätzlich viel zu viel Angst, dass eine Affäre das Ende der festen Beziehung sein könnte. Deshalb ist es für ängstlich gebundene meist eine Katastrophe, die sie nicht zu überleben glauben, wenn der Partner fremdgeht. Diesen Vertrauensbruch können sie in der Regel nicht verzeihen. Sie wollen dem anderen keine Chance geben, sondern glauben sofort, dass die Beziehung keine Grundlage mehr hat. »Ängstliche« sehen keinen Sinn darin, an der Beziehung zu arbeiten, denn der Vertrauensbruch ist aus ihrer Sicht nicht zu kitten. Weil sie ohnehin wenig Vertrauen in den anderen haben und im Grunde ihres Herzens nicht glauben, dass sie wirklich geliebt werden, werten sie Untreue als Bestätigung ihrer Befürchtungen. Sosehr sie glauben, dass Trennung der einzige Ausweg ist, fürchten sich »Ängstliche« gleichzeitig davor. Ein endgültiges Scheitern einer Beziehung wäre für sie deutlich dramatischer, als es dies für andere Menschen ist. »Ängstliche« leiden stärker und länger unter einer Trennung als zum Beispiel sicher gebundene Menschen. Sie halten deshalb auch viel länger als andere am untreuen Partner fest, fühlen sich oft sogar sexuell stärker denn je vom ihm angezogen.

Es liegt auf der Hand: Weil für sie die Untreue des Partners ein Desaster wäre, sind ängstlich Gebundene in der Regel sehr treu. Auch wenn die Beziehung sexuell wenig erfüllend ist und Nähe nicht gelebt werden kann, ertragen sie diese Situation oft sehr lange. Doch irgendwann stößt auch ihre Leidensfähigkeit an eine Grenze. Wird die Distanz zum Partner zu groß, erfahren sie zu wenig Resonanz, dann ist die Unzufriedenheit auch für den geduldigen »Ängstlichen« nur noch schwer auszuhalten. Das ist besonders dann der Fall, wenn ein ängstlich gebundener Partner mit einem Vermeider zusammenlebt. In einer solchen Konstellation kann ein ängstlich gebundener Mensch emotional auf Dauer zu sehr vereinsamen.

Wenn das Ungleichgewicht zwischen Nähe und Autonomie zu groß geworden ist, kann es vorkommen, dass sich selbst ein ängstlich Gebundener auf eine Affäre einlässt. Erscheint ihm eine andere Person verlässlicher und nahbarer als der feste Partner, siegt die Sehnsucht des Ängstlichen. Und erfährt er dann in der Außenbeziehung tatsächlich Sicherheit und Geborgenheit, erträgt er die »Unnahbarkeit« des festen Partners wieder besser.

Der Psychotherapeut Wolfgang Schmidbauer verdeutlicht diese Psychodynamik am Beispiel einer untreuen Frau. »Sie fürchtet es so sehr, verlassen zu werden, alles zu verlieren, dass sie ein zweites Leben aufbaut, wie ein Bauer zur Zeit des Dreißigjährigen Krieges, tief in den Wäldern versteckt, einen zweiten Haushalt einrichtete, der als Zuflucht dienen könnte, wenn sein Hof im Dorf geplündert würde.« Das heißt: Sollte die feste Beziehung schiefgehen, dann gibt es zur Absicherung noch eine zweite. Die Affäre gibt einem ängstlich gebundenen Menschen die Möglichkeit, in der Außenbeziehung Intimität und Nähe zu finden und sich vom festen Partner weniger abhängig zu fühlen. Die Angst, verlassen zu werden, verringert sich. Das Gleichgewicht zwischen Nähe und Autonomie ist wiederhergestellt.

Paul gehört zu jenem Männertyp, den man als »Kümmerer« bezeichnen könnte. Diese Männer tun alles, um die Bedürfnisse der Partnerin zu erfüllen, sie sind unablässig bemüht, alles recht und richtig zu machen. In der Kindheit waren diese Männer meist unsicher gebundene Kinder, die sich von der Mutter sehr abhängig fühlten. Auch Paul hatte ein schwieriges Verhältnis zur Mutter. Diese war alleinerziehend, zum Vater bestand kein Kontakt, er hatte Pauls Mutter noch während der Schwangerschaft verlassen. Paul hing sehr an seiner Mutter, allerdings hatte er wenig von ihr. Sie musste arbeiten und ließ Paul von ihrer Mutter großziehen. Der Junge sah sie nur an den Wochenenden. Dann war er ein besonders lieber Junge, der alles tat, um die Mutter zu erfreuen und sie zu unterhalten. Auf keinen Fall wollte er ihr zur Last fallen. »Wahrscheinlich«, so meint er heute, »habe ich immer gehofft, wenn sie merkt, wie lieb ich bin, schickt sie mich nicht zur Oma zurück.« Paul entwickelte einen ängstlichen Bindungsstil. Sein Wunsch nach verlässlicher mütterlicher Liebe und Zuwendung war getrübt durch das Wissen, dass er sich seiner Mutter niemals sicher sein konnte.

Dieser Konflikt zwischen Nähebedürfnis und Misstrauen prägt auch Pauls Beziehung zu Inga. Sie hat einen vermeidenden Bindungsstil, das heißt, für Paul wiederholt sich in seiner Ehe ein vertrautes Muster. Er muss um Nähe kämpfen und immer wieder ertragen, dass ihm dies nicht verlässlich gelingt. Solange sein Nähebedürfnis mit dem Autonomiebedürfnis von Inga einigermaßen in Balance ist, bleibt die Beziehung, die typisch für das Verfolger-Vermeider-Schema ist, stabil. Doch in der Zeit vor der Affäre ist ein Ungleichgewicht entstanden. Inga hatte immer häufiger etwas an seiner fürsorglichen Art auszusetzen. Seine »Ergebenheit«, wie sie es nannte, erschien ihr immer weniger attraktiv. Sie kritisierte Paul als zu passiv, zu wenig aktiv und unternahm immer mehr Dinge allein oder mit Freundinnen. Ein ängstlich gebundener Mann wie Paul hört bei einem solchen Verhalten die Alarmglocken läuten. Die Beziehung wurde für ihn immer unsicherer, seine Verlustängste nahmen zu. – Und dann kam Julia. Die Kollegin, die ihn bewunderte, die keine Ansprüche stellte, sondern glücklich war, wenn er ihr Aufmerksamkeit schenkte.

Vermeidend gebundene Menschen legen Wert darauf, dass es in ihrer Beziehung nicht zu eng wird. Ihre Unabhängigkeit ist ihnen wichtig, sehr viel wichtiger als Nähe und Intimität. Stimmt die Balance aus ihrer Sicht nicht mehr, zum Beispiel weil der Partner viel zu viel von ihnen fordert und sich an sie klammert, versuchen sie alles Mögliche, um den anderen auf Abstand zuhalten: Sie arbeiten mehr als sonst, treiben exzessiv Sport, gehen allein oder mit Freunden auf Reisen, halten sich den Partner, die

Partnerin mit Kränkungen und Streit vom Leib – oder verlieben sich in eine andere Person.

Es passt ins Bild, dass in der Studie von Elizabeth S. Allen und David Bauform vermeidend Gebundene am häufigsten untreu werden. Nach den Ergebnissen der beiden Forscher haben Männer mit diesem Bindungsstil doppelt so viele Affären wie Männer mit einem anderen Bindungsstil.

Zu ähnlichen Ergebnissen kam die kanadische Psychologin Geneviève Beaulieu-Pelletier. In ihren Studien mit einer Gruppe von jungen Menschen und einer weiteren Gruppe mit älteren Erwachsenen konnte auch sie bestätigen: Unabhängig vom Alter sind Menschen, die Angst vor zu enger Bindung haben, eher untreu. Ihre wichtigste Motivation fürs Fremdgehen: sexuelle Befriedigung und die Distanz zum primären Partner. Durch ihren Seitensprung verschaffen sie sich den Freiraum, den sie brauchen, um in der festen Beziehung bleiben zu können.

Übrigens gibt es keinen belegten Unterschied zwischen den Geschlechtern. Vermeidend gebundene Männer und vermeidend gebundene Frauen sind offenbar gleichermaßen anfällig dafür, die Lösung für ihr Nähe-Distanz-Problem in einer Affäre zu suchen.

Manchmal gehen »Vermeider« auch fremd, wenn sie sich ihrem festen Partner, der festen Partnerin *zu* nahe fühlen. Fürchten sie, sich an den anderen zu verlieren, schaffen sie durch eine Affäre einen Sicherheitsabstand. Kate White erzählt von einem Klienten, der große Angst vor Liebe und Intimität hatte: »Seiner Liebhaberin tief in die Augen zu schauen war eine nahezu unerträgliche Idee. Denn eigentlich war er überzeugt, dass ihn niemand lieben könne und dass er sofort verlassen werden würde, wenn er sein Innerstes zeigte.« Vermeider, sagt die Psychoanalytikerin, hätten oft »melancholischen Sex«.

Auch Matthias, der auf Seite 76 vorgestellt wurde und der immer mal wieder sexuelle Kontakte zu zwei anderen Frauen pflegt, ist ein »melancholischer« Liebhaber. Tief im Herzen wünscht er sich, endlich bei einer Frau, nämlich Susanne, zu Hause sein zu können. Er wünscht sich verlässliche Nähe und Geborgenheit. Aber das Kind, das er war, redet ihm diesen Wunsch aus. Es hat viel zu viel Angst, vereinnahmt und missbraucht zu werden, als dass es Matthias erlauben könnte, sich an nur eine einzige Frau zu binden. Die Erfahrung, die dieses Kind mit einer selbstsüchtigen Mutter machen musste, führt dazu, dass Matthias seinen Wunsch nach Nähe verdrängt.

Wie den vermeidend Gebundenen geht es auch Personen mit einem *ambivalenten* Bindungsstil. Auch sie wünschen sich Nähe, haben aber gleichzeitig große Angst vor Abhängigkeit. Während »Vermeidende« in der Regel keine Nähe zum Partner suchen, ist für den »Ambivalenten« das anstrengende »Komm her, geh weg«-Verhalten typisch. Mal wollen sie mit dem Partner, der Partnerin verschmelzen, mal schicken sie den anderen zum Teufel. Ihre Motive sind denen des vermeidenden Typus vergleichbar. Wie dieser haben auch »Ambivalente« häufiger Affären, weil sie auf diese Weise einem Menschen nah sein können, ohne die Gefahr einzugehen, durch zu große Nähe von ihm abhängig zu werden.

Elizabeth S. Allen und David Bauform fanden in ihrer Studie einen interessanten Aspekt: »Vermeider« wie »Ambivalente« suchen nicht nur unverbindlichen Sex und Ablenkung in einer Affäre, sie investieren durchaus auch Gefühle. Die natürlichen Begrenzungen einer Außenbeziehung – wenig Zeit, kein Alltag – scheinen die Angst vor Abhängigkeit zu mindern. So wird es sogar vermeidend und ambivalent Gebundenen möglich, größere Nähe und Offenheit zuzulassen. Dass dies sie unter

Umständen in große innere Nöte bringen kann, schildert die Therapeutin und Bindungsforscherin Kate White an dem Beispiel einer Klientin mit einem vermeidenden Bindungsstil:

> »Sie war verheiratet mit einer Frau, die Beziehung war allerdings wenig liebevoll. Nun aber traf meine Klientin eine andere Frau, von der sie sich zum ersten Mal in ihrem Leben wirklich akzeptiert, begehrt und geliebt fühlte. Sie begann eine Affäre mit ihr. Diese sexuelle Beziehung wurde meiner Klientin zunehmend wichtig, jedes Mal, wenn sie von dieser Frau getrennt war, bekam sie panische Angst. Den ganzen Tag telefonierten die beiden miteinander per Handy. Gleichzeitig konnte sie sich für diese Frau nicht entscheiden. Ich fragte mich, ob meine Klientin mit dieser Beziehung unbewusst eine frühere Erfahrung reinszenierte ... Schließlich fanden wir heraus, dass sie als Kleinkind sehr lange im Krankenhaus gelegen hatte. Diese Erfahrung, monatelang allein in einem kleinen Bettchen gelegen zu haben und täglich nur für ein paar Stunden Besuch von den Eltern bekommen zu haben, war traumatisch für sie gewesen. ›Ohne Ihr Handy‹, sagte ich zu meiner Klientin. Da brach sie zusammen, weil sie plötzlich erkannte, welche tiefen Verlustängste diese neue Liebesbeziehung bei ihr bewirkte.«

Für die Psychoanalytikerin ist diese Geschichte ein Beispiel dafür, wie vermeidend gebundene Menschen lange Zeit unbefriedigende Beziehungen leben können und große Angst bekommen, wenn sie in einer Außenbeziehung plötzlich erleben, dass Liebe emotional nah und auch sexuell befriedigend sein kann. Die Klientin von Kate White hat sich dann für ihre Geliebte entschieden. Sie hat ihre Angst besiegt und ihre Gefühle zugelassen.

Wenn ein Partner, eine Partnerin untreu wird, wird sich das Paar natürlich fragen, was es hilft, wenn es einen Zusammenhang zwischen dem Bindungsstil des oder der Untreuen und der Affäre erkennt. Um kein Missverständnis aufkommen zu lassen: Der Fremdgeher kann sich nicht mit dem Hinweis auf seine Kindheit »aus der Affäre« ziehen, er bleibt in der Verantwortung. Der Bindungsstil ist kein Alibi fürs Fremdgehen. Aber die Bindungsperspektive kann zu wichtigen Erkenntnissen verhelfen.

Wenn ein Paar akzeptiert, dass wichtige Bindungsbedürfnisse in der Beziehung nicht im Gleichgewicht sind und dass diese Schieflage mit ihrem jeweiligen Bindungsmuster zu tun hat, geht es nicht mehr länger um die Frage von Schuld und Sühne. Im Mittelpunkt stehen dann vielmehr die jeweiligen Bindungsängste und Bindungsbedürfnisse, die sich die Partner bislang nicht offen gezeigt haben. Spätestens wenn einer der Partner sich einem anderen Menschen außerhalb der Beziehung zuwendet, ist es Zeit, sich mit den eigenen Kindheitswunden und denen des Partners zu beschäftigen und einander ohne schützende Fassade zu begegnen.

Solange die Partner ihre jeweiligen lebensgeschichtlichen Hintergründe nicht kennen, erschwert das eine Aufarbeitung der Affäre. Das meint auch der Psychotherapeut Norbert Wilbertz. So hat zum Beispiel der oder die »Untreue« oft wenig Verständnis dafür, warum der oder die »Betrogene« auch dann, wenn die Affäre längst beendet ist, aus der Fassung gerät. Er steht oft ratlos vor der Heftigkeit der Reaktionen. Diese aber werden nachvollziehbar, wenn er die Bindungserfahrungen des anderen kennt, sagt Wilbertz und zählt mögliche Zusammenhänge auf:

- »Die Untreue des Partners kann existenziell bedrohliche Ängste auslösen, wie sie zum Beispiel im Zusammenhang mit dem Verlust eines nahen Angehörigen erlebt wurden.
- Die Erfahrung, vom Partner betrogen zu werden, kann traumatische Erinnerungen wachrufen an massive Enttäuschungen oder die Ausnutzung durch wichtige Menschen;

an Zeiten, in denen man sich als wertlos, ausgeliefert und hilflos wahrnahm.

- Die Erfahrung, vom Partner belogen worden zu sein, kann an Situationen erinnern, in denen man sich nicht ernst genommen, kleingemacht und verspottet erlebte. Dies kann die damals empfundene Wut wieder aufleben lassen.«

Eine sinnvolle Aufarbeitung der Untreue und eine Versöhnung werden erst möglich, wenn das betroffene Paar einen Bindungsprozess einleitet, der es ihm ermöglicht, das emotionale Band zwischen ihnen zu stärken. Dieses ist fast immer stark geschwächt, wenn ein Partner eine Außenbeziehung eingeht. Und war womöglich bereits vor der Affäre nicht besonders belastbar.

Die Bindungsforschung zeigt: Konflikte und Auseinandersetzungen sind selten für ernsthafte Beziehungskrisen wie zum Beispiel Untreue verantwortlich. Es ist vielmehr die verloren gegangene sichere Bindung, die eine Paarbeziehung in Gefahr bringt. Ist sich ein Paar dessen bewusst, kann es sich auf konstruktive Weise mit einer Affäre auseinandersetzen und einen heilenden Bindungsprozess einleiten.

11
Der Blick nach vorne

Was lässt sich verändern? Die Kindheit? Nein. Der Bindungsstil? Nur bedingt. Der Einfluss des Bindungsstils? Auf jeden Fall!

Inzwischen haben Sie vermutlich eine Vorstellung von Ihrem Bindungsstil und wie dieser Ihre Partnerwahl und Ihr Beziehungsleben beeinflusst. Sie können nun einschätzen, ob Sie ein sicher gebundenes Kind waren oder ob die Umstände Ihrer Kindheit zu einem unsicheren Bindungsstil geführt haben. Und vielleicht ahnen Sie, dass bestimmte Verhaltensweisen Ihres Partners, Ihrer Partnerin durch Kindheitserfahrungen zu erklären sind. »Aber«, so werden Sie sich wahrscheinlich fragen, »was nutzt mir dieses Wissen? Was kann ich damit anfangen? Die Vergangenheit lässt sich nicht verändern, muss ich nicht resignieren, wenn ich keinen sicheren Bindungsstil habe?«

In einem Punkt haben Sie recht: Ihre Kindheit ist rückwirkend nicht veränderbar. Die Erfahrungen, die Sie als Kind machten, können nicht gelöscht und durch positivere ausgetauscht werden. Und da Ihr Bindungsstil in der frühen Kindheit entstanden ist, kann auch er nicht durch einen anderen ausgetauscht werden. Dennoch gibt es keinen Grund zur Resignation. Sie müssen sich nicht mit Ihrem Bindungsstil abfinden. Er ist kein in Stein gemeißeltes Schicksal. Ihre Kindheitserfahrungen haben zwar Einfluss auf Ihr Bindungsverhalten heute, aber die *Stärke* dieses Einflusses und vor allem seine Auswirkungen sind veränderbar. Es gibt Spielräume, die Sie nutzen und damit einen unsicheren Bindungsstil mit der Zeit in einen sehr viel sichereren verwandeln können.

Natürlich wäre es am besten, Sie würden als Mensch mit einem unsicheren Bindungsstil auf einen sicheren Partner, eine sichere Partnerin treffen. Eine solche Verbindung könnte Ihnen beruhigende Erfahrungen vermitteln, die Ihnen als Kind versagt geblieben sind. Doch auch wenn Sie dieses Glück bislang nicht hatten, können Sie für sich allein oder gemeinsam mit dem Menschen, den Sie lieben, Ihr Bindungsverhalten und damit auch Ihren Bindungsstil nach und nach zum Positiven verändern. Das gelingt nicht von heute auf morgen. Aber wenn Sie sich auf den Weg begeben, werden Sie schon bald erkennen, dass sich so manche Situation entschärfen lässt, die Ihnen heute noch zu schaffen macht.

Welche Veränderungen können Sie erwarten?

Je besser Sie Ihren Bindungsstil kennen, je genauer Sie wissen, wie er Ihr Verhalten in schwierigen Beziehungssituationen beeinflusst, desto bewusster können Sie damit umgehen. Wenn Sie erkennen, dass Probleme in der Partnerschaft, in Freundschaften oder auch mit Kollegen am Arbeitsplatz möglicherweise auf Ihr Bindungsverhalten zurückzuführen sind, können Sie gegensteuern und prüfen: »Sind meine Reaktionen, Gedanken und Gefühle angemessen in dieser Situation? Oder spielen mir frühere Erfahrungen einen Streich?«

Ein Beispiel: Sie werfen in einem Streit dem Partner vor, dass er Ihnen niemals Blumen mitbringt. Andere Frauen bekämen wenigstens einmal in der Woche einen Strauß. Einige Tage später steht Ihr Mann mit Blumen vor Ihnen. Doch Sie können sich nicht freuen. Ganz im Gegenteil: Der bunte Strauß ist Auslöser einer schlimmen Auseinandersetzung. Sie sind tief enttäuscht. Ihr Partner hat die Blumen vom Feld gepflückt, es ist gerade Tulpenzeit. Tulpen aber mögen Sie gar nicht. Verärgert machen Sie Ihrem Mann den Vorwurf, er würde gar nicht auf Sie eingehen, sei gedankenlos und wolle es sich mit schnell neben der Straße gepflückten Blumen einfach machen. Ein Wort gibt das andere, und am Ende landen die Blumen in der Tonne.

Könnten Sie in einer solchen Situation daran denken, dass Ihr Bindungsmuster Ihre Reaktion beeinflusst, dann würden Sie sicher weniger heftig reagieren. Angenommen, Sie sind *ängstlich* gebunden: Dann könnte Ihre Enttäuschung über die falschen Blumen durch Einflüsterungen Ihres Beziehungsmodells ausgelöst sein. Sie wissen: In diesem sind Erfahrungen gespeichert wie: »Ich zähle nicht. Ich darf nichts wollen. Ich bin uninteressant. Ich muss kämpfen, ich muss auf mich aufmerksam machen. Ich bekomme nichts geschenkt.« Ganz im Sinne dieser Überzeugungen fallen dann auch Ihre Schlussfolgerungen aus: »Wenn ich ihm wirklich etwas wert wäre, dann hätte er richtige Blumen in einem richtigen Blumenladen gekauft. Wenn er mich wirklich liebte, wüsste er, dass ich keine Tulpen mag. Wahrscheinlich hatte er nur ein schlechtes Gewissen. Oder der Weg zum Blumenladen war ihm zu weit.« Solche Gedanken führen fast zwangsläufig zu einer emotionalen Überreaktion.

Die aber können Sie abfangen, wenn Sie erkennen, dass Ihr Bindungsstil im Hintergrund die Strippen zieht. Dann tauchen vielleicht Erinnerungen an ähnliche Situationen in der Vergangenheit auf: Wie war das, als jedes Jahr unter dem Weihnachtsbaum etwas lag, was Sie sich nicht gewünscht hatten? Wie war das, als Vater Ihnen immer wieder versprach, Ihnen am Abend vor dem Einschlafen vorzulesen, dann aber regelmäßig viel zu spät nach Hause kam? Erinnerungen wie diese bedeuten, dass Sie schon früh die Erfahrung machen mussten: »Meine Wünsche zählen nicht.« Wenn Sie den Zusammenhang zwischen diesen Kindheitserfahrungen und der Tulpenszene herstellen können, erkennen Sie, dass die »falschen« Blumen Ihren Bindungsstil angetriggert haben. Sie empfinden und handeln jetzt als Erwachsene wie das Kind, das Sie einst waren.

Angenommen, Sie sind in der Lage, die Tulpenszene im Nachhinein auf diese Weise neu zu interpretieren, was würde sich dadurch verändern? Ganz sicher wären nun andere, positivere Gedanken und Gefühle möglich. Denn nun schauen Sie nicht als das Kind, das Sie waren, auf diese Szene, sondern bewerten sie aus der Erwachsenenperspektive. Aus der könnten Sie folgende Worte für den Tulpenkavalier finden: »Ich finde es schön, dass du mir Blumen mitgebracht hast. Aber ich bin auch irritiert. Hast du vergessen, dass ich eigentlich keine Tulpen mag? Trotzdem freut mich deine Geste. Danke!«

Ein anderes Beispiel: Ihre Frau ist mit einer Freundin unterwegs. Sie hat versprochen: »Wenn es später als elf Uhr wird, rufe ich dich an.« Nun ist es dreiundzwanzig Uhr. Es wird 23:10 Uhr. Ihre Nervosität steigt, und Sie lassen die Uhr nicht mehr aus den Augen. 23:15 Uhr. Sie hören das Auto Ihrer Frau in der Einfahrt. Fröhlich stürmt sie ins Haus und will Sie umarmen. Sie aber wehren sie ab und schnauzen sie an: »Kommst du endlich nach Hause!« Ihren Hinweis, dass sie sich doch nur um eine Viertelstunde verspätet habe, lassen Sie nicht gelten. Sie sind zutiefst verärgert und reden kein Wort mehr mit ihr. In dieser Nacht schlafen Sie in Ihrem Arbeitszimmer.

Auch in dieser Situation hat Ihr Bindungsstil die Regie übernommen. Rechtfertigt die kurze Verspätung Ihrer Frau wirklich Ihren großen Ärger, oder steckt etwas anderes dahinter? Angenommen, Ihr Bindungsstil ist der *vermeidende*. Dann sind folgende Beziehungsüberzeugungen in Ihrem inneren Beziehungsmodell gespeichert: »Ich darf andere nicht mit meinen Gefühlen und Wünschen belästigen. Ich muss meine Ängste für mich behalten, sonst empfinden mich die anderen als lästig und als Zumutung. Auch meine Wünsche nach Nähe und Zuwendung muss ich unterdrücken. Ich muss unabhängig bleiben.«

Vielleicht erkennen Sie in der Nacht, wenn Sie schlaflos auf dem Sofa im Arbeitszimmer liegen, Parallelen zwischen Kindheitssituationen und dem Zuspätkommen Ihrer Frau. Dann wird Ihnen klar: »Meine Gefühle gestern Abend haben wenig mit meiner verspäteten Ehefrau zu tun, aber viel mit dem Jungen, der ich war.« Sie erinnern sich, dass Sie als Kind oft endlos lange in der Nacht auf die Eltern warteten. Die beiden gingen gern aus und dachten, Sie würden einfach durchschlafen. Sie aber wachten auf und hatten dann viel Angst. Doch die zeigten Sie Ihren Eltern nicht. Im Gegenteil: Am nächsten Morgen mimten Sie den coolen Jungen, was die beiden darin bestätigte, dass sie ihren Sohn ruhig allein lassen konnten. Natürlich haben Sie sich gewünscht, dass die Eltern hinter Ihre Fassade sehen und Sie trösten würden. Was aber nie geschah. Sie entwickelten einen vermeidenden Bindungsstil, weil Sie schmerzhaft lernen mussten, dass sich Ihre Eltern nicht in Sie einfühlen konnten und Ihre Ängste nicht erkannten. Und Sie realisieren, dass Sie auch heute noch Ihre wahren Gefühle verstecken, um nicht verletzt zu werden.

Mit dieser Erkenntnis finden Sie für Ihre Frau am Morgen vielleicht versöhnliche Worte: »Liebes, entschuldige mein Verhalten gestern. Ich habe mich wirklich etwas geärgert über dein Zuspätkommen. Aber das war nicht der Hauptgrund, dass ich so böse war. Ich habe dich den ganzen Abend über sehr vermisst und mich einsam gefühlt. Ich saß hier wie ein kleiner Junge, der auf seine Mutter wartet. Leider konnte ich dir gestern nicht gleich sagen, wie es mir wirklich geht. Stattdessen habe ich beleidigt reagiert. Es tut mir leid.«

Solange Sie wenig über Ihren Bindungsstil und seine Auswirkungen wissen, sind solche selbstoffenbarenden Gespräche natürlich nicht möglich. Denn Sie haben noch keinen Zugang zu Ihren wirklichen Gefühlen und können diese daher auch nicht mitteilen. Kennen Sie aber den Einfluss Ihres Bindungsstils und wissen Sie, welche frühen Gefühlslektionen dahinterstecken, sind Sie in der Lage, aktuell verunsichernde Bindungssituationen aus einer anderen Perspektive zu betrachten und die vom Bindungsstil ausgelöste erste Reaktion zu überprüfen: »Könnte es sein, dass ich gerade auf alte Erfahrungen reagiere und gar nicht auf die aktuelle Situation? Greift der andere wirklich in meine Autonomie ein? Interessiert er sich wirklich nicht für mich, gibt es nicht auch Beweise für das Gegenteil? Erinnert mich diese Szene hier an etwas aus meiner Kindheit?« Sobald es Ihnen gelingt, auf diese Weise Ihr Verhalten zu hinterfragen, schaffen Sie Raum für alternative Erklärungen und können kritische Situationen entschärfen.

Selbstverständlich ist es nicht möglich, sozusagen »aus dem Stand« die Unterscheidung zwischen dem Früher und dem Heute verlässlich zu treffen. Auch wenn Sie den eigenen Bindungsstil einigermaßen gut kennen, brauchen Sie geeignetes »Werkzeug«, um in kritischen Bindungssituationen einen Schritt zurückzutreten und emotional wie gedanklich einen Zusammenhang zwischen Ihren frühen Erfahrungen und der aktuellen Situation herzustellen.

Welche »Werkzeuge« sind dienlich? In den folgenden zwei Kapiteln lernen Sie zwei der wichtigsten kennen:

1. *Die Signale des Kindes richtig deuten*
   Zunächst ist es wichtig, dass Sie bewusst wahrnehmen, wenn in einer Situation Gefühle aus der Kindheit auftauchen. Sie geraten dann in den sogenannten Kind-Ich-Zustand. Sobald Sie in der Lage sind, diesen Zustand zu

identifizieren und das aufgebrachte »Kind« zu beruhigen, nimmt das Ihrem Bindungsstil schon viel von seiner Macht.

2. *Das Visier öffnen: Gefühle zeigen, Bindung aufbauen*
   Wenn Sie unsicher gebunden sind, verbergen Sie vor dem Partner, der Partnerin Ihr wahres Gesicht und Ihre wahren Gefühle. Das hat Gründe, die ebenfalls in der Kindheit liegen. Wagen Sie es jedoch, Ihr Visier zu öffnen und den geliebten Menschen nah an sich heranzulassen, wird sich Ihre Beziehung zum Positiven verändern.

12
Die Signale richtig deuten

Woran erkennt man, wenn in einer Beziehungssituation Gefühle aus der Kindheit auftauchen? Und wie reagiert man angemessen darauf? Wie beruhigt man das aufgebrachte »Kind«?

»Im richtigen Leben bin ich Professorin«, sagt Agnes. »Aber in einem anderen Leben bin ich ein hilfloses Wesen.« Dieses »andere« Leben macht sich meist an jedem zweiten Wochenende im Monat bemerkbar. Denn dann ist Tochter-Wochenende. Ihr Freund teilt sich mit der Mutter des gemeinsamen Kindes das gemeinsame Sorgerecht und ist alle vierzehn Tage am Wochenende für die Tochter Lilly verantwortlich. Für Agnes war das zunächst alles kein Problem. Sie mischte sich nicht in dieses Arrangement ein. Doch dann lernte sie die Sechsjährige kennen. Sie verstanden sich gut, und sie war immer öfter und intensiver bei den Tochter-Wochenenden anwesend.

Dann begannen die Probleme. »Ich wurde zunehmend unleidlich, ich fühlte mich an den Tochter-Wochenenden ignoriert und außen vor. Als Paar waren wir nicht mehr existent. Mein Partner kümmerte sich nur um die Tochter, und ich war die Ersatzmama.« Auch an den Paar-Wochenenden kam es jetzt zunehmend zu Spannungen. Agnes war unzufrieden, sie hatte das Gefühl, dass sie für ihren Partner nicht auf Platz eins steht. Sie warf ihm vor: »Du bist gar nicht bereit, das Leben mit mir zu teilen. Ich soll funktionieren und den Platz einnehmen, den du mir zuweist. Und dann unterstützt du auch noch deine faule Ex und deine verzogene Tochter. Und erwartest, dass ich dir dabei auch noch helfe. Ich bin so verletzt. Ich bin das Aschenbrödel an deiner Seite. Du bist ein Egoist durch und durch. Wie es mir geht, ist dir gleichgültig.« In solchen Situationen schwankte Agnes zwischen bodenloser Wut (»Hau ab, ich will dich nie wiedersehen«) und tiefer Verzweiflung, in der sie schon mal ihren Partner auf den Knien anflehte, bei ihr zu bleiben.

Was passiert hier mit Agnes? Warum gerät sie derart außer sich? Woher kommen die Angst und das Gefühl, neben sich zu stehen? Agnes erkennt sich in solchen Situationen selbst nicht wieder. Wo ist die sonst so souveräne und sicher im Leben stehende Frau geblieben?

Für den emotionalen Ausnahmezustand, in den Agnes in ihren extrem eifersüchtigen Momenten gerät, gibt es eine Erklärung: Wenn sie der Neid auf die Tochter des Freundes übermannt, wird sie selbst zum Kind. Sie fühlt sich wie früher klein und unbedeutend. Agnes befindet sich dann im Kind-Ich-Zustand.

Woher kommt das aktuelle Erleben?

Es gibt drei Ich-Zustände, welche die Persönlichkeit eines Menschen ausmachen. Eric Berne, der Begründer der Transaktionsanalyse, prägte dafür die Bezeichnungen *Eltern-Ich*, *Erwachsenen-Ich* und *Kind-Ich*. Wir alle haben diese drei Ich-Anteile, keiner davon ist besser oder schlechter als der andere. Was immer wir in einer Situation denken, sagen oder tun, lässt sich einer dieser drei Erlebnisweisen zuordnen.

Das *Eltern-Ich* hat zwei Aspekte: Das *kritische* Eltern-Ich wertet und bewertet, weist andere zurecht, tadelt oder lobt, sorgt für Ordnung und Disziplin. Sind Sie in diesem Ich-Zustand, beginnen Ihre Sätze meist mit »Du musst«, »Du darfst nicht«, »Du kannst nicht«, »Du sollst«. Im *stützenden* Eltern-Ich verhalten Sie sich dagegen fürsorglich, haben für andere Verständnis, lassen Ihren Mitmenschen allerdings auch wenig Freiheit. Ob stützend oder kritisch – handeln Sie im Zustand des Eltern-Ich, dann können Sie davon ausgehen, dass Sie jemanden nachahmen: Ihre Mutter, Ihren Vater oder andere Autoritätspersonen Ihrer Kindheit. Im Eltern-Ich sind gelernte Wertvorstellungen, Regeln, Vorschriften, Verbote und Gebote gespeichert, die Sie vor allem in Stresssituationen abrufen. Vielleicht haben Sie selbst schon mal festgestellt, dass Sie unter Stress plötzlich Sätze sagen, wie Sie sie von Ihrem Vater kennen (»Solange du von meinem Geld lebst, kannst du eben nicht tun und lassen, was dir gefällt!«). Oder Sie verfallen in eine schrille Tonlage, die Sie stark an Ihre Mutter erinnert.

Das *Erwachsenen-Ich* lässt sich nicht von Emotionen leiten. Es agiert überwiegend vernünftig, sammelt Informationen, baut Wissen auf, beobachtet und schlussfolgert. Im Erwachsenen-Ich bleiben Sie im Hier und Jetzt und haben Ihre Gefühle unter Kontrolle. Sie lassen sich nicht von Impulsen aus dem Eltern-Ich oder dem Kind-Ich stören.

Das *Kind-Ich* hat wie das Eltern-Ich zwei Seiten. Es gibt das *angepasste* Kind-Ich und das *freie Kind-Ich*. Wenn Sie im freien Kind-Ich-Zustand sind, dann verhalten Sie sich als erwachsener Mensch manchmal kindlich oder kindisch: Sie kaufen sich spontan einen viel zu großen Eisbecher, fahren auf dem Rummel mit dem Kettenkarussell, bis Ihnen schlecht wird, legen sich faul aufs Sofa, obwohl die Arbeit wartet, singen laut im Auto, kaufen sich viel zu jugendliche Klamotten. Das freie Kind bietet Ihnen zeitweise Entlastung vom Ernst des Lebens.

Im *angepassten* Kind-Ich-Zustand geht es Ihnen dagegen nicht gut. Sie fühlen sich klein, hilflos, können keine Entscheidung fällen, sehnen sich schmerzlich nach einem nahen Menschen, der Sie trösten und bemuttern soll, fühlen sich allein gelassen, trauen sich nicht viel zu. Geraten Sie in diesen Ich-Zustand, dann hat eine Situation oder das Verhalten eines wichtigen Menschen Sie an früher erinnert und alte Gefühle ausgelöst. Sie verlassen dann meist die Erwachsenen-Ebene, und Ihr Denken, Handeln und Fühlen wird vom Kind-Ich gesteuert.

Das Kind-Ich erkennen

Wie alle Ich-Zustände bleibt Ihnen auch das Kind-Ich ein Leben lang erhalten. Das ist gut und wichtig, solange es sich um das *freie* Kind-Ich handelt. Es ist dagegen belastend, wenn das *angepasste* Kind-Ich aktiv wird. Dieses überrumpelt vor allem in kritischen Situationen das vernünftige Erwachsenen-Ich, indem es unreflektiert und äußerst emotional auf Ereignisse reagiert und für Sie nicht wahrnehmbar die Regie übernimmt. Von allen drei Ich-Zuständen ist das *angepasste Kind-Ich* im Zusammenhang mit Ihrem Bindungsverhalten und Ihrem Bindungsstil von großer Bedeutung. Das angepasste Kind-Ich kann so lange Ihr Leben beeinflussen, solange Sie von dessen Existenz nichts wissen. Es ist also enorm wichtig, ihm auf die Spur zu kommen. Das gelingt, wenn Sie auf folgende »Indizien« achten:

Wenn Ihr Kind-Ich-Zustand aktiviert ist, haben Sie möglicherweise während Sie handeln oder sprechen das Gefühl, nicht Sie selbst zu sein. Sie stehen neben sich und beobachten sich selbst erstaunt oder vielleicht sogar entsetzt. *Habe ich das jetzt wirklich gesagt? Woher kommen die bösen Worte? Wieso klingt meine Stimme so piepsig? Bin das ich, die sich da an den anderen klammert und um seine Nähe bettelt? Habe ich wirklich die teure Vase vor Wut an die Wand geschmissen? Bin ich das, der kein Wort mehr herausbringt? Warum breche ich so schnell in Tränen aus und kann nicht aufhören zu weinen?* Solche und ähnliche Reaktionen sind ein Hinweis auf das Wirken des Kind-Ich. Ihr erwachsenes, rationales Ich steht dann hilflos daneben, außerstande, einzugreifen und der Situation die Dramatik zu nehmen.

Ein weiteres Indiz sind die Reaktionen Ihres Gegenübers. Vielleicht gerät Ihr Partner, die Partnerin aufgrund Ihrer Kind-Ich-Reaktionen ins Eltern-Ich, wird zum strengen Vater, zur ungeduldigen Mutter. Dann hören Sie vielleicht Ermahnungen und Maßregelungen wie: »Führ dich nicht so auf!«, »Nun reiß dich mal zusammen!«, »Komm mal wieder runter!« oder »Du vergreifst dich im Ton!«. Möglicherweise werden Sie auch als »unzurechnungsfähig«, »unreif«, »kindisch« gerügt. Oder der andere spricht es klar aus: »Ich bin nicht deine Mutter, ich kann nicht ständig für dich sorgen.« Oder: »Du benimmst dich wie ein quengelndes Kind.« Wenn Sie solche Sätze hören, können Sie davon ausgehen, dass der andere auf Ihr Kind-Ich reagiert.

Ihre Gefühle können ebenfalls ein wichtiges Indiz sein. Werden Sie von Emotionen überrannt, fühlen Sie sich dumm und inkompetent, einem Geschehen hilflos ausgeliefert, fehlt Ihnen die Orientierung und haben Sie das Gefühl, den Halt zu verlieren? Dann haben diese Gefühle wenig mit Ihnen, der erwachsenen Person, zu tun; vielmehr durchleben Sie wahrscheinlich Gefühle, die Ihnen schon als Kind zu schaffen machten.

Auch wenn Sie in Konfliktsituationen sehr laut werden, mehr schreien als sprechen, oder wenn Sie aus Mangel an Argumenten handgreiflich werden, sind Sie wahrscheinlich vom Kind-Ich gesteuert.

Taucht aufgrund dieser »Indizien« der Verdacht auf »Jetzt bin ich vermutlich im Kind-Ich«, ist schon viel gewonnen. Diese

Erkenntnis nimmt Ihren Reaktionen die Wucht. Sie verlieren nicht ganz so schnell Ihre Fassung, und Sie können in der ein oder anderen Situation innehalten und Ihr Erwachsenen-Ich aktivieren.

Aber meist reicht diese Erkenntnis allein noch nicht aus. Ist das Kind-Ich so richtig in Fahrt, braucht es mehr: Es ist auf Zuwendung und Beruhigung angewiesen.

Selbstberuhigung – wie geht das?

Alle Kinder erleben beunruhigende Situationen in ihrem jungen Leben. Ängste, Unsicherheit, Schmerz gehören leider zum Kind-Sein dazu. Von großer Bedeutung ist daher, wie die Erwachsenen mit ihrem verstörten Kind umgehen. Nehmen sie die Gefühle des Kindes ernst? Sind sie zugewandt und unterstützend? Ignorieren sie die seelische Not des Kindes, oder versuchen sie, es von der Grundlosigkeit seiner Gefühle zu überzeugen?

Wie war das bei Ihnen? Wenn Sie ein unsicher gebundener Mensch sind, dann wurden Sie wahrscheinlich als Kind mit Ihren Ängsten allein gelassen. In beunruhigenden Situationen hat man Sie nicht oder nicht ausreichend getröstet und beruhigt. Als Folge davon fühlen Sie sich auch heute hilflos und überfordert, wenn Ihr Kind-Ich sich meldet. Heute sind erst recht keine Eltern in Sicht, die beruhigen könnten, und auch der Partner, die Partnerin ist mit dieser Aufgabe meist überfordert. Die dringend benötigte Beruhigung durch einen nahen Menschen bleibt somit erneut aus.

Was also tun? Wenn heute Ihr Kind-Ich Beunruhigung signalisiert, gibt es einen bedeutsamen Unterschied zu früher: Heute sind Sie nicht mehr auf andere angewiesen, heute können Sie sich selbst »beeltern«, das heißt, sich selbst den Zuspruch und Halt geben, den Sie brauchen.

Wenn aktuelle Bindungssituationen Sie an vergleichbare Situationen in der Kindheit erinnern und Sie dadurch in einen unangemessenen Kind-Ich-Zustand geraten, dann ist Selbstberuhigung eine wichtige Gegenstrategie. Wie aber gelingt es, das Kind in sich konkret zu besänftigen? Fünf konkrete Fragen helfen Ihnen dabei. Mit ihnen können Sie Verständnis und Mitgefühl für das kleine Wesen entwickeln, das Sie einst waren. Und Sie können feststellen, dass der Platz Ihrer Sie momentan quälenden Gefühle nicht die Gegenwart ist – sondern die Vergangenheit. Sobald Ihnen diese zeitliche Zuordnung gelingt, legt sich auch der Aufruhr in Ihrem Inneren.

Die Fünf-Fragen-Übung

Am Beispiel von Agnes wird deutlich, wie durch fünf gezielte Fragen ein Prozess in Gang kommt, der belastende Gefühle eindämmt und das aufgewühlte innere Kind beruhigt.

1. *Welche Situationen sind kritisch für mich? In welchen Situationen gerate ich schnell ins Kind-Ich und verliere die Kontrolle?*

Agnes liebt ihren Beruf. Sie forscht und lehrt gern an der Universität. Hier gibt es keinerlei Probleme. Naht aber ein Tochter-Wochenende, wird sie schon am Donnerstag nervös. Sie ist hin- und hergerissen: Soll sie ihrem Freund zuliebe mit ihm und seiner Tochter das ganze Wochenende verbringen? Wo bleibt sie mit ihren Wünschen? Wer kümmert sich dann um sie? »Wenn er wenigstens auch an diesen Wochenenden ein richtiger Partner wäre, wenn wir ein paar Stunden Zeit für uns allein hätten, ginge es mir besser«, meint Agnes. »Aber der Supervater muss sich ja rund um die Uhr um seine Prinzessin kümmern!«

Agnes weiß, welche Situation ihr gefährlich wird: »Schon Tage vor dem Tochter-Wochenende geht es mir nicht gut.« Das bedeutet: Sie sollte rechtzeitig aufmerksam auf ihre Stimmung achten und sich bewusst sein, dass »Gefahr« droht.

2. *Kann ich mich an eine Kindheitssituation erinnern, die der aktuellen Situation ähnelt? Gibt es Parallelen zwischen dieser frühen Erfahrung und der heutigen?*

Agnes forscht nach Situationen in ihrer Kindheit, in denen sie sich ähnlich elend gefühlt hat wie heute, wenn sie ihren Freund mit seiner Tochter Lilly teilen muss. Sie erinnert sich daran, dass sie oft bei einer Nachbarin übernachten musste, weil die alleinstehende Mutter ausgehen wollte. Mit häufig wechselnden Männern. Sie hat sich dann immer herausgeputzt, roch gut und war guter Laune. Agnes wäre so gern mit ihr gegangen. Stattdessen nahmen ihr fremde Männer die Mutter weg. Diese reagierte wenig verständnisvoll, sondern war regelmäßig genervt von den Tränen der Tochter und konnte nicht schnell genug aus der Tür sein. Agnes denkt bitter: Sie war keine Tochter, um die sich alles drehte, ganz im Gegenteil. Lilly geht es da sehr viel besser, sie hat einen liebevollen Vater, dem das Wohl seiner Tochter wichtig ist.

Die konkreten Erinnerungen an frühere ähnliche Bindungssituationen können Agnes helfen, die aktuelle kritische Situation besser zu verstehen: »Wenn sich mein Freund so intensiv und liebevoll um seine Tochter kümmert, dann beneide ich das Kind. Dann wünsche auch ich mir so viel Aufmerksamkeit und Zuwendung. Aber eigentlich ist es das kleine vernachlässigte Mädchen in mir, das sich all das wünscht. Dieses Mädchen ist eifersüchtig auf das andere Mädchen, dem es so viel besser geht. Dieses Mädchen hat einen fürsorglichen Vater. Ich hatte als Kind eine egoistische Mutter.« In Agnes entwickelt sich eine

Ahnung: »Wenn ich gegen die Tochter-Wochenenden kämpfe, bin ich im Kind-Ich.«

3. *Wie war das damals? Welche Gefühle hat die Kindheitssituation ausgelöst? Und gibt es Ähnlichkeiten? Fühle ich mich heute in diesen Situationen genau wie damals, als ich noch klein und hilflos war?*

Wenn Agnes von ihrer Mutter bei der Nachbarin »abgestellt« wurde, war sie »zutiefst verzweifelt«, wie sie sich erinnert. »Es war ein Schmerz, der mich schier zerrissen hat.« Es dauerte Stunden, bis sie sich beruhigte, jedenfalls fühlte es sich für sie als Kind so endlos an. Wenn ihr Freund sich mit seiner Tochter beschäftigt und sie sich abgehängt fühlt, sind ihre Gefühle heute den damaligen ähnlich. »Die Verzweiflung ist wirklich vergleichbar. Ich fühle mich unendlich einsam und wertlos.« Die Angst, dass sie ihren Partner an dessen Tochter verlieren könnte, fühlt sich ebenso schrecklich an wie die Angst des kleinen Mädchens, das die Mutter regelmäßig an einen fremden Mann verloren hat.

4. *Stellen Sie sich das Kind, das Sie waren, möglichst konkret vor. Vielleicht setzen Sie es in der Fantasie Ihnen gegenüber auf einen Stuhl. Wie wirkt es auf Sie? Was möchten Sie am liebsten tun? Wie könnten Sie dieses Kind beruhigen?*

Was sieht Agnes? Vor ihr sitzt eine Vierjährige, die herzzerreißend schluchzt, die Ärmchen um sich selbst geschlungen, und die durch nichts und niemanden zu beruhigen ist. Wenn Agnes dieses Kind anschaut, spürt sie einen tiefen Schmerz und möchte am liebsten mit dem Kind weinen. Aber das würde das Kind noch nicht beruhigen. Agnes sollte sich überlegen, was sie für das traurige, aufgewühlte Mädchen tun könnte. Möchte sie es in den Arm nehmen, was könnte sie zu ihm sagen, um es zu trösten? Möchte sie ihm etwas vorsingen oder vorlesen? Reicht es, wenn sie sich neben das Mädchen setzt? Was immer Agnes auch tut, das Kind soll spüren, dass sie auf seiner Seite ist und mit ihm mitfühlt.

Indem sie Mitgefühl für das Mädchen aufbringt, das sich früher so oft verlassen gefühlt hat, bringt sie auch sich selbst Mitgefühl entgegen. Sie erkennt: »Ich fühle mich so allein und im Stich gelassen, weil mich die Situation an meine frühen Verlustängste und meine vergnügungssüchtige Mutter erinnert. Jedoch: Mein Freund lässt mich nicht im Stich, und er ist auch nicht vergnügungssüchtig. Er ist ein verantwortungsvoller Vater. Wäre nur meine Mutter so verantwortungsvoll gewesen. Er kann nichts dafür, dass sie es nicht war.« Sobald Agnes das verstanden hat, kann sie überlegen, was sie braucht: Würde Musik sie beruhigen, ein Stück von ihrer Lieblingstorte, ein Spaziergang, ein Telefonat mit der Freundin? Vielleicht aber gibt es auch einen Ort, an dem sie sich geborgen und sicher fühlt? Kann sie den Ort aufsuchen oder in ihrer Fantasie zu ihm reisen? Und vor allem: Wie kann sie das eifersüchtige Kind in sich beruhigen? Agnes hat eine Idee: Sie könnte etwas für ihr inneres Kind tun, indem sie sich um das reale Kind, Lilly, kümmert. Und zwar ohne den Vater. »Ich könnte mit dem Mädchen backen, das tue ich gern, vielleicht könnte ich ihm etwas beibringen.«

Außerdem kann sie mit ihrem Freund auf der Ebene des Erwachsenen-Ich über ihre Kind-Ich-Gefühle sprechen. Dazu mehr im zweiten Teil dieses Kapitels.

5. *Wie kann ich die Perspektive des Kind-Ichs verlassen und wieder ins Erwachsenen-Ich zurückkehren?*

Seit ihrer Kindheit hat Agnes grundlegende Gedanken über sich selbst, über die Welt und die Menschen, zu denen sie in Beziehung steht – Gedanken, die sie schon so lange und oft wiederholt hat, dass sie vergaß: Es sind nur Gedanken. Sie haben sich zu Überzeugungen verdichtet, die fesseln und belasten können. Agnes hat Gedanken verinnerlicht wie: »Ich werde verlassen.« »Ich bin anderen gleichgültig.« »Ich werde abgeschoben.« Auf diese vertraute Weise interpretiert Agnes aktuelle Situationen – und gerät dadurch ins Kind-Ich. Will sie diesen Ich-Zustand verlassen und auf die Erwachsenen-Ebene zurückfinden, muss sie ihre Gedanken aktiv überprüfen und infrage stellen.

Solange Agnes aufgrund ihrer frühen Erfahrungen mit der Mutter davon überzeugt ist, dass sie einem anderen Menschen wenig bedeutet und andere wichtiger sind, wird sie sich entsprechend verhalten. Sobald sie jedoch mit sich selbst über den Wahrheitsgehalt dieser Überzeugung diskutiert, wird sie feststellen, dass es durchaus auch andere Sichtweisen gibt: Habe ich Grund, zu fürchten, dass ich für meinen Freund nicht wichtig bin? Welche Gegenbeweise gibt es? Wie verhält er sich mir gegenüber wirklich? Zeigt er Verständnis? Geht er auf meine Bedürfnisse ein? Die Antworten, die Agnes findet, widersprechen ihren bisherigen Annahmen und können ebenfalls zur Selbstberuhigung beitragen.

Diese fünf Fragen sind eine Art Detektivarbeit. Mit ihnen können Sie herausfinden, wann Ihr »Kind-Ich« aktiviert wird und Ihre Gefühle und Handlungen von frühen Erlebnissen gesteuert werden. So wächst Ihr Verständnis dafür, warum Sie manchmal Ihren wichtigsten Bezugspersonen so »unvernünftig« begegnen, welche Verletzungen, Enttäuschungen und seelischen Schmerzen sich hinter Ihren Vorwürfen oder Ihren Stimmungsschwankungen verbergen, welche Ängste in bestimmten Situationen aktiviert werden. Sie sind in der Lage, »gefährliche« Situationen rechtzeitig zu identifizieren, damit das Kind, das Sie waren, Sie nicht zu sehr beeinflusst.

Sobald Sie in Zukunft bewusster wahrnehmen wollen, wenn

Ihr Kind-Ich sich meldet, gehen Sie auf eine spannende Reise. Es ist eine Reise der kleinen Schritte, des täglichen Übens und auch der Rückfälle. Geduld und Dranbleiben sind für diese Reise unerlässlich. Wenn Sie diese Herausforderung annehmen, entwickeln Sie nicht nur Mitgefühl und Verständnis mit diesem Kind, sondern auch mit dem Erwachsenen, der sich in kritischen Beziehungssituationen mit Altlasten herumschlagen muss.

13
Das Visier öffnen: Gefühle zeigen, Bindung stärken

Aus Angst vor Verletzung verbergen unsicher gebundene Menschen ihre wahren Gefühle vor anderen. Wagen sie es jedoch, sich zu öffnen, können sie die Beziehung finden, nach der sie sich sehnen.

»Ich muss dir unbedingt was erzählen ...«, »Du glaubst nicht, was mir heute passiert ist ...«, »Was würdest du an meiner Stelle tun?« »Ich bin so traurig, weiß aber gar nicht, warum.« – Wohl jeder kennt das aus eigener Erfahrung: Gleichgültig, ob wir uns über einen beruflichen Erfolg freuen, ob die Freundin uns schlimm gekränkt hat, ob wir uns vor einer ärztlichen Diagnose fürchten, ob wir einen schrecklich stressigen Tag hinter uns haben oder deprimiert sind, weil wir am Sinn unseres Lebens zweifeln – wir wollen das, was uns bewegt, mit einem Menschen teilen. Und zwar nicht mit irgendeinem Menschen, sondern mit einem, der uns nahesteht, der uns gern zuhört und sich für uns interessiert. So manche Hürde im Leben lässt sich meistern, wenn uns ein naher Mensch zur Seite steht.

Doch nicht jedem fällt es leicht, sich anderen gegenüber zu öffnen und von seinen Sorgen und seinem Kummer zu erzählen. Es liegt auf der Hand, dass vor allem ängstlich und vermeidend gebundene Menschen besonders viel Scheu haben, andere näher an sich heranzulassen. Schließlich haben sie schon sehr früh gelernt, dass sie ihre Bedürfnisse besser nicht oder nicht allzu deutlich zeigen dürfen, weil sie damit rechnen müssen, zurückgewiesen, gedemütigt und alleingelassen zu werden. Deshalb neigen sie auch heute dazu, engen Beziehungen zu misstrauen, deshalb machen sie Belastungen lieber mit sich selbst aus, ziehen sich zurück, wenn es ihnen schlecht geht, und bitten nicht um Hilfe. Unsicher gebundene Menschen sind häufig in einer »Rüstung« unterwegs, hinter der sie »unliebsame« Gefühle verstecken: Niemand soll merken, wenn sie sich schwach, abhängig, ängstlich, unsicher und klein fühlen. Sie zeigen ihre wahren Gefühle und Bedürfnisse nicht, aus Angst, dann ähnliche Erfahrungen machen zu müssen wie damals in der Kindheit, als sie von den Eltern abhängig waren und von diesen im Stich gelassen wurden. Abhängigkeit, so haben sie damals gelernt, ist schädlich. Und davon sind sie auch heute noch überzeugt. Sie verbergen ihre Sehnsucht nach Unterstützung nicht nur vor den anderen, sondern häufig auch vor sich selbst.

Was ist das wirkliche Gefühl?

Wenn Sie einen unsicheren Bindungsstil haben, dann halten auch Sie wahrscheinlich Ihre wirklichen Gefühle und Bedürfnisse unter Verschluss. Sie stecken fest in Ihrer Rüstung, die Sie sich schon als Kind zum Schutz vor seelischen Verletzungen zugelegt haben. An diese Rüstung haben Sie sich gewöhnt, sie ist Ihnen vertraut. Ohne sie fühlen Sie sich ungeschützt, ausgeliefert, angreifbar.

Neben diesem Schutzbedürfnis haben Sie aber gleichzeitig den Wunsch und die Erwartung, dass der oder die andere durch Ihre Rüstung hindurch spüren kann, was Sie brauchen und ersehnen. Leider erfüllt sich diese Hoffnung nicht oder nur sehr selten; nur wenige Menschen verfügen über solch extrem empathische Fähigkeiten.

Um dennoch gehört und gesehen zu werden, gehen Sie deshalb einen anderen, indirekten Weg: Sie verpacken Ihre Bedürfnisse und Wünsche in scheinbar vernünftige Argumente oder scheinbar sachliche Kritik: Sie beklagen sich beim anderen über sein mangelndes Engagement für Haushalt und Kinder. Sie reagieren gereizt, wenn die Partnerin zu viel Zeit mit ihrer Arbeit oder ihren Freundinnen verbringt. Sie kritisieren Ihren Partner wegen seiner Unzuverlässigkeit. Sie werfen dem anderen vor, Ihnen nie zuzuhören. Sie kritisieren, dass immer Sie sich um die sozialen Kontakte kümmern müssen. Sie verlangen, dass die ständigen Telefonate mit den alten Eltern aufhören müssen.

So berechtigt Ihnen diese Vorwürfe auch erscheinen und so vernünftig sich Ihre Begründungen auch anhören – die dahinterliegenden Motive sind oft andere. In vielen Fällen tarnen Sie auf diese Weise Ihren Wunsch nach Aufmerksamkeit und Zuwendung, weil Sie nicht wagen, offen zuzugeben »Ich brauche dich! Bitte kümmere dich um mich!«. Ihr Beziehungsmodell, das Ihnen sagt, wie Beziehungen funktionieren, will Sie vor Verletzungen schützen und warnt daher vor zu großer Offenheit und zu großem Vertrauen. Das aber ist kein guter Rat. Denn die hinter Vorwürfen, Anklagen und Kritik versteckten Wünsche gehen nicht in Erfüllung. Der Partner, die Partnerin versteht nicht, was Sie wollen. Stattdessen entsteht schlechte Stimmung, es kommt zum Streit, und nicht selten eskalieren die Konflikte. Diese Entwicklung ist unvermeidlich, denn Ihre Bindungssignale sind nicht als solche zu erkennen. Sie locken den Partner, die Partnerin auf eine falsche Fährte, weil nicht erkennbar ist, dass hinter Ihren Anschuldigungen, Vorwürfen und Ihrer heftigen Kritik Ihre wahren Gefühle und Bedürfnisse versteckt sind. Der andere kann nur auf das reagieren, was er wahrnimmt – auf die »Verpackung«. Damit aber setzt er einen destruktiven Teufelskreis in Gang.

Die Folge: Ihre Enttäuschung über den Partner nimmt stetig zu. Sie verzweifeln an seiner Sturheit, seiner mangelnden Einfühlungsfähigkeit, seinem Egoismus, seiner Kälte. Zunehmend erleben Sie den Partner oder die Partnerin als Stressquelle, vielleicht sogar als Feind. Vielleicht taucht sogar der Gedanke an Trennung auf: Lieber ein Ende mit Schrecken als ein Schrecken ohne Ende.

So weit muss es aber nicht kommen. Diese Entwicklung lässt sich stoppen. Auch als ängstlicher oder vermeidend gebundener Mensch können Sie lernen, mehr Vertrauen zu dem Menschen zu entwickeln, der Ihnen so wichtig ist. Damit das möglich wird, müssen Sie jedoch bereit sein, Ihre wahren Gefühle nicht länger zu tarnen. Nur so können Sie bindungssicherer werden.

Selbstoffenbarung statt Versteckspiel

Sicher gebundene Menschen besitzen, wie in Kapitel 7 beschrieben, eine wichtige Fähigkeit: Sie können offen über sich selbst sprechen – ohne Netz und doppelten Boden. Sie haben kein Problem damit, dem Partner, der Partnerin ihre Gefühle »unverpackt« zu offenbaren: ihre Ängste, ihren Unmut, ihre Enttäuschung, ihre Trauer wie auch ihre Freude und ihr Glück. Sicher Gebundene gehen davon aus, dass ihre Ehrlichkeit und Offenheit vom Gegenüber Wertschätzung erfährt und ihr emotionales Outing nicht gegen sie verwendet wird. Diese Fähigkeit zur Selbstoffenbarung ermöglicht ein wirkliches Miteinander und ist eine wesentliche Voraussetzung dafür, dass Beziehungen gelingen.

Sicher gebundene Menschen müssen Offenheit also nicht lernen, unsicher gebundene schon. Dies ist allerdings alles andere als leicht. Als unsicher gebundener Mensch können Sie nicht einfach beschließen: »Jetzt sage ich einfach mal, was ich tatsächlich fühle, denke und wünsche.« Denn genau mit dieser Offenheit haben Sie in Ihrer Kindheit schlechte Erfahrungen gemacht: Zeigten Sie Ihre Gefühle und Wünsche offen, wurden Sie nicht verstanden, ignoriert oder die Erwachsenen kritisierten Ihre Gefühle als falsch, schwach und dumm. Es gab also gute Gründe, sich eine »Rüstung« zuzulegen und das Innerste vor anderen zu verbergen. Diese Rüstung können Sie jetzt nicht von heute auf morgen ablegen. Erschwerend kommt hinzu, dass Sie inzwischen selbst oft nicht wissen, was Ihre wahren Gefühle sind. Je geschickter Sie im Verpacken und Verstecken wurden, umso weniger hatten Sie Zugang zu Ihren Bedürfnissen. Das Projekt »Selbstoffenbarung statt Versteckspiel« braucht also sorgfältige Vorbereitung.

Der im Folgenden skizzierte Weg stützt sich unter anderem auf eine von Psychologinnen und Psychologen entwickelte Therapiemethode: die Emotionsfokussierte Therapie (EFT). Sie kann eine hervorragende Hilfe sein, weil sie konsequent das Ziel verfolgt, die verloren gegangene emotionale Verbundenheit eines Paares wiederherzustellen. Begründet wurde die EFT von dem Therapieforscher und Psychotherapeuten Leslie S. Greenberg und seiner Kollegin, der Psychologieprofessorin Susan M. Johnson. Neben deren grundlegenden Werken existieren inzwischen zahlreiche Veröffentlichungen, in denen die Wirksamkeit der Methode belegt wird.

Schritt für Schritt: Die Rüstung ablegen

Die Emotionsfokussierte Therapie hat einen Bindungsprozess entwickelt, der Paaren, die sich aus welchen Gründen auch immer emotional voneinander entfernt haben oder zwischen denen es noch nie wirkliche Nähe gab, einen effektiven Lösungsweg aufzeigt. Ziel ist, dass am Ende des Prozesses keine Rüstung mehr notwendig ist und die wahren Gefühle nicht mehr länger voreinander versteckt werden müssen.

Nehmen wir zum Beispiel Max und Maria. Sie erinnern sich: Die Beziehung der beiden leidet darunter, dass Maria, die anfänglich so selbstbewusst und selbstständig auf Max wirkte, im Laufe der Beziehung immer unzufriedener und klammernder wurde. Vorwürfe und Auseinandersetzungen sind nun an der Tagesordnung. Max zeigt wenig Verständnis für Maria, im Gegenteil: Er ist enttäuscht von ihr. Er ist es leid, sich ständig mit ihr zu streiten. Er will die Frau zurück, in die er sich verliebte. Wie kann dieses Paar, dessen Beziehung ein typisches Beispiel für die Verfolger-Vermeider-Konstellation ist, wieder zueinanderfinden, vielleicht sogar auf einer neuen, stabileren Basis als zuvor?

Gehen Sie mit Maria und Max Schritt für Schritt durch diesen Bindungsprozess und überlegen Sie, was auf Sie und Ihre Beziehung (die aktuelle oder eventuell auch eine frühere) zutrifft. Reflexionsfragen helfen Ihnen dabei.

Schritt 1: Das ist typisch für uns!

In diesem ersten Schritt geht es darum, den typischen Teufelskreis zu identifizieren, in den Maria und Max immer wieder geraten. Wie verlaufen in der Regel ihre Streitigkeiten? Wie erlebt Max dann seine Partnerin? Meist läuft dieses Muster ab: Kommt er am Abend nach Hause, ist Maria oft schlecht gelaunt. Sie ist einsilbig und sagt nicht viel. Will er sie zur Begrüßung küssen, weicht sie ihm aus. Dann weiß er schon, dass wieder was im Busch ist. Und tatsächlich, meist dauert es nicht lange, bis die Vorwürfe kommen: »Na, hattest du wieder einen erfolgreichen Tag? Warum hast du nicht zwischendurch mal angerufen? Sicher hast du mich vergessen. Du bist doch nur noch an deiner Arbeit interessiert. Du hast eine Liebesbeziehung mit deiner Arbeit, nicht mit mir. Ich habe es satt. Du hast nicht das geringste Interesse an mir.« Max wehrt ab und rechtfertigt sich, antwortet mit Gegenvorwürfen: »Du bist so schwierig. So egoistisch. Nichts mache ich richtig. Es ist immer dasselbe. Du bist nicht mehr die Frau, in die ich mich verliebt habe. Ständig bist du verärgert, freust dich nicht, wenn ich nach Hause komme. Kein Wunder, dass ich lieber länger im Büro bleibe. Da habe ich wenigstens ein bisschen Frieden.« Der Teufelskreis von Vorwurf und Gegenvorwurf ist dann in vollem Gang:

- Maria ist verärgert und will mehr Aufmerksamkeit, Max zieht sich zurück.
- Maria macht Max Vorwürfe. Max macht Maria Vorwürfe.
- Maria wird immer verzweifelter, Max zieht sich immer mehr zurück.
- Maria wird immer drängender, Max wird immer kälter und desinteressierter.

Reflexionsfragen

Kommt Ihnen dieser Teufelskreis bekannt vor? Erleben Sie ein ähnliches Konfliktmuster in Ihrer Beziehung? Entzünden sich Konflikte an Banalitäten und endet der Konflikt erst, wenn einer von Ihnen erschöpft aufgibt oder den Schauplatz der Auseinandersetzung verletzt verlässt?

Spielen Sie und Ihr Partner das Pingpongspiel? Ein Vorwurf löst einen Gegenvorwurf aus, dieser wiederum führt zu weiteren Vorwürfen und so weiter und so fort?

Schritt 2: Wie geht es mir wirklich?

Maria und Max sind »Verpackungskünstler«, wenn es um ihre Gefühle geht. Beide fühlen sich in ihrer Beziehung nicht sicher genug, um sich dem jeweils anderen offen und ungeschützt zeigen zu können.

»Wenn wir uns in unserer Beziehung nicht sicher fühlen und wir das Gefühl haben, dass unser Partner sich nicht auf uns einlässt, haben wir nur zwei Möglichkeiten, uns zu schützen«, erklärt Susan M. Johnson in ihrem Buch *Halt mich fest.* »Die eine besteht darin, sich erst gar nicht auf engeren Kontakt einzulassen, indem wir unsere Emotionen betäuben – indem wir uns verschließen und unsere Bindungsbedürfnisse leugnen. Die andere Möglichkeit ist, dass wir unserer Angst Gehör schenken und um Anerkennung und eine kommunikative Reaktion des Partners kämpfen.« Max hat den ersten Weg gewählt, er versteckt seine Gefühle hinter einer Mauer von Kälte und Abwehr. Marias Weg ist der zweite: Sie kämpft. Keiner dieser Wege führt zum Ziel. Denn sowohl die Leugnung von Bindungsbedürfnissen als auch das Kämpfen und Umsichschlagen verschleiern, worum es wirklich geht.

Gibt es in einer Liebesbeziehung unerfüllte Bindungswünsche, zeigen die Partner einander oft nur ihre *sekundären* Emotionen. Sekundäre Gefühle »dienen der Abwehr«, erklären Leslie Greenberg und Rhonda Goldman. »So kann beispielsweise eine Person wütend werden, wenn sie verletzt wurde, weinen, obwohl sie in Wirklichkeit Wut verspürt, oder Angst- bzw. Schuldgefühle haben, weil sie wütend ist.« Sekundäre Emotionen verschleiern die tatsächlichen, primären Gefühle. Damit sind jene Gefühle gemeint, die als erste in einer Situation auftauchen: Wir reagieren mit Angst auf Bedrohung, sind traurig über einen Verlust, freuen uns über ein Geschenk.

Marias sekundäre Gefühle sind Wut und Aggression. Sie präsentiert sich Max hilflos, wütend, aggressiv; sie schreit, gerät außer Kontrolle. Ihre primären Gefühle wagt sie nicht zu zeigen. Die sind gut verpackt. Würden sie die Verpackung lösen, dann kämen ganz andere Gefühle zum Vorschein. Gefühle wie Einsamkeit, Verlassenheit, Scham, Wertlosigkeit, Unzulänglichkeit.

All diese Gefühle kann Max nicht erkennen, er sieht nur ihre Wut. Auf diese Wut reagiert er. Und Maria bekommt nicht die Beruhigung, die sie sich so sehnlichst wünscht, denn: »Wer lediglich seiner sekundären Wut Ausdruck verleiht, die das tiefe Gefühl von Verletzung und Schmerz überdeckt, wird wütend bleiben, keine Erleichterung spüren«, erklären Greenberg und Goldman.

Max selbst verhält sich nicht anders. Ließe er Maria hinter seine Gefühlskulisse schauen, dann würde sie erkennen, dass sich hinter seiner Kälte und Aggression ganz andere Gefühle verbergen: Vermutlich kämpft er mit Enttäuschung, mit Trauer, mit Verzweiflung. Er hatte so gehofft, aus der Rolle des Kümmerers aussteigen zu können, er wollte eine Partnerin auf Augenhöhe, er wollte nicht immer der Starke sein. Doch all dies zeigt er Maria nicht. Auch er unterdrückt die primären Emotionen, die er von früher kennt und die durch die Konflikte mit Maria ausgelöst werden. Um sich zu schützen, reagiert er kalt, gefühllos, verschließt sich. Er reagiert auf Maria genau so, wie er früher auf seine Mutter reagiert hat.

Sekundäre Gefühle überdecken die wahren Gefühle und verhindern wirkliche Begegnung. Eine sichere, vertrauensvolle und nahe Bindung kann zwischen zwei Menschen, die sich nur ihre sekundären Gefühle zeigen, nicht entstehen. Im Gegenteil: Sekundäre Gefühle schüren Konflikte geradezu.

Sekundäre Gefühle führen zu Streit

Wenn zwei Menschen ihre wahren Gefühle vor sich und dem anderen verbergen, dann kann man davon ausgehen, dass in dieser Beziehung die »Vier apokalyptischen Reiter« vorkommen, von denen der US-amerikanische Psychologe und Paartherapeut John Gottman spricht. Diese können eine Partnerschaft extrem belasten und das Trennungsrisiko erhöhen. Wenn die Reiter unterwegs sind, dann ist die Kommunikation des Paares alles andere als liebevoll, sondern verletzend: Zu den vier Reitern gehört an erster Stelle *verletzende Kritik.* Dazu zählen Schuldzuweisungen und Anklagen (»Wenn du dich mehr um mich kümmern würdest, dann wäre ich jetzt nicht krank geworden«) oder auch Abwertung des Partners (»Wenn du besser zuhören würdest, dann wüsstest du, dass morgen die Handwerker kommen. Aber du interessierst dich ja nur für dich!«). Typischerweise schlagen sich die Konfliktparteien »Du-Botschaften« um die Ohren: »Du hast dies getan …«, »Du bist schuld, dass …«, »Du bist egoistisch.«

Der zweite apokalyptischer Reiter ist *Abwehr.* Argumente des anderen werden nicht aufgegriffen, der eigene Standpunkt wird verteidigt und gerechtfertigt. Eigene Anteile am Konflikt werden nicht gesehen: »Ich bin sicher, wenn du etwas höflicher zu meiner Mutter wärst, würde sie öfter die Kinder nehmen.« »Unsinn. Deine Mutter hat gefälligst sich mir anzupassen, sie weiß nicht, was sich gehört!«

Der dritte Reiter: *Verachtung oder Geringschätzung des Partners.* Dazu gehören sarkastische Bemerkungen wie: »Du hast natürlich immer recht, du bist ja hier der Intellektuelle«, oder Respektlosigkeiten wie: »Du bist den Kindern eine gute Mutter!? Das ist ja mal die Übertreibung des Tages.«

Den vierten Reiter hat John Gottman vor allem bei Männern beobachtet. Wenn die Konflikte zu heftig werden, ziehen sie sich aus der Kommunikation zurück, sie mauern, schweigen oder verlassen den Raum.

Max und Maria kennen die apokalyptischen Reiter gut. In ihren heftigen Auseinandersetzungen sind meist alle vier anzutreffen: Maria klagt Max an, der wehrt sich und gibt ihr die Schuld; wenn er nicht mehr weiterweiß, wird er häufig zynisch, oder er mauert, indem er sich auf sein Rennrad schwingt und für Stunden verschwindet.

Haben sich die vier Reiter erst einmal in einer Beziehung einquartiert, dann reichen oft kleine Auslöser, um sofort in den Clinch zu gehen. Die Partner sind nicht in der Lage, auf den anderen mit Interesse oder Verständnis zu reagieren, stattdessen verhalten sie sich in einer Weise, die aus einem kleinen Konflikt einen Trennungsgrund macht. Nicht selten droht dann einer der Partner: »Ich lasse mich jetzt endgültig scheiden. Ich will, dass du ausziehst.« Oder: »Ich suche mir eine eigene Wohnung. Ich halte dich nicht mehr aus.«

Hinter solchen heftigen, dramatischen Szenen kann in den meisten Fällen eine Frustration von Bindungsbedürfnissen vermutet werden. Ein Partner wünscht sich Aufmerksamkeit und Nähe, der andere zieht sich zurück oder antwortet mit Vorwürfen – dies führt zu hohem psychischen und physiologischen Stress. Unter Stress aber reduziert sich die Beziehungsfähigkeit, die Partner verhalten sich zunehmend problematisch: Es folgen weitere Anklagen und Gegenanklagen, der Stress nimmt ständig zu. Mit der Zeit verliert der Partner seine Bedeutung als »sicherer Hafen« und wird stattdessen zunehmend als Stressquelle oder gar Feind erlebt, was zu weiteren Konflikten führt. Irgendwann sehen die Partner eine Trennung als Erleichterung oder gar Lösung an.

Einhalt gebieten kann dem Treiben der vier apokalyptischen Reiter nur eine Haltung, die wirklich interessiert ist am anderen und seiner Meinung. Die EFT-Expertinnen Veronica Kallos-Lilly und Jennifer Fitzgerald schlagen »LOVE-Gespräche« vor. Diese geben Paaren eine Art Gerüst an die Hand, damit ihre Gespräche nicht aus dem Ruder laufen. Was »LOVE« konkret bedeutet, geht aus ihrer Anleitung hervor. In dieser Form zu kommunizieren bedeutet:

Lauschen mit
Offenem Herzen und ohne Voreingenommenheit.
Validieren und anerkennen, was der Partner, die Partnerin sagt, und
Eigene Gedanken und Gefühle in einfachen, ruhigen Worten äußern.

Lauschen bedeutet: nicht zu schnell das Wort ergreifen, nicht dem anderen ins Wort fallen, nicht kritisieren, keine Kontrolle ausüben.

Offenheit bedeutet: dem anderen unvoreingenommen zuhören, als sei er ein Fremder oder ein entfernter Bekannter. Das bewahrt vor schnellen Urteilen.

Validieren bedeutet: nicht gleich auf die Aussagen des anderen reagieren; sich Zeit lassen und sich fragen, ob die Meinung des anderen oder sein Anliegen berechtigt ist.

Eigene Gedanken und Gefühle äußern: dem anderen Gefühle, Gedanken, Wünsche und Träume anvertrauen, bereit sein, über sein »Innerstes« zu sprechen. Dazu muss man aber den Mut haben, das Visier zu öffnen.

Schritt 3: Das Visier öffnen

»Emotionen binden Paare aneinander, sie sind es aber auch, die sie auseinanderreißen«, schreiben die EFT-Therapeutinnen Greenberg und Goldman. Um Letzteres zu vermeiden, ist es enorm wichtig, die sekundären Gefühle zu entlarven und es zu wagen, einander die wirklichen Bedürfnisse und die primären Gefühle zu zeigen. Wenn das gelingt, dann brauchen Liebende ihre Bindungswünsche nicht mehr länger zu verpacken, sondern können sie dem anderen offen zeigen.

Dieser Schritt ist nicht leicht, denn in der Vergangenheit wurden die primären Gefühle ja immer getarnt. Möglicherweise ist der Zugang zu ihnen zunächst versperrt. Manchmal ist professionelle Hilfe notwendig, aber mit etwas Geduld gelingt dieser Schritt auch ohne Experten.

Nehmen wir an, Maria könnte mit der Zeit entdecken, dass sie Max angreift, weil sie Angst hat: Angst, dass sie nicht wichtig für ihn ist. Angst, nicht liebenswert genug zu sein. Angst, dass er sie verlassen könnte, so wie ihre Mutter sie verlassen hat. Angst, wieder in die Einsamkeit gestoßen zu werden. Sobald sie diese Angstgefühle zulassen kann und nicht mehr abwehren muss, kann sie in einem nächsten Schritt Max von diesen Ängsten berichten. Wenn ihr das gelingt, macht das einen bedeutenden Unterschied zur bisherigen Kommunikation: Maria muss Max nicht angreifen, sie muss ihm keine Vorwürfe machen, sie sendet keine überkritischen Du-Botschaften. Vielmehr spricht sie von sich: »Ich habe Angst, dich zu verlieren. Ich habe Angst, dass ich nicht gut genug für dich bin.«

Wie wird Max auf diese Selbstoffenbarung reagieren? Mit Gegenvorwürfen? Sicher nicht. Vielleicht ist er zunächst verunsichert. Aber wenn er die Ernsthaftigkeit hinter Marias Äußerungen erkennt, kann er auf sie zugehen.

Gleichzeitig sollte auch er den Mut aufbringen, seine primären Gefühle mitzuteilen, und Maria erklären, woher diese kommen und was ihr Verhalten damit zu tun hat. Wenn er ihr sagen kann, dass seine Kälte und Abwehr ebenfalls mit Ängsten zu tun haben – der Angst, vereinnahmt zu werden, wie damals in der Kindheit von seiner Mutter; der Angst, nichts Eigenes haben zu dürfen; der Angst, sein eigenes Leben für das Leben von Maria aufgeben zu müssen –, dann kann auch Maria auf diese neue Offenheit von Max zugewandt reagieren. Und es kommt das Gespräch zustande, das beide sich so sehnlichst wünschen: Sie können über das reden, das sie wirklich bewegt. Wagen sie es, sich einander zu offenbaren, sind sie nicht in Gefahr, dem jeweils anderen bestimmte Gefühle, Absichten oder Verhaltensweisen zuzuschreiben wie: »Du liebst mich nicht.« »Du bist aggressiv.« »Du enttäuschst mich.«

Durch die gegenseitige Offenheit erkennen Max und Maria zunehmend, was wirklich hinter dem Verhalten des jeweils anderen steckt. Sie verstehen, dass ihre Auseinandersetzungen ein ungeeigneter Weg sind, um die bei beiden vorhandene Sehnsucht nach einer sicheren Bindung herzustellen. Mit dem Verstehen und dem Verständnis wächst auch Vertrauen, und das macht Mut, sich dem anderen zu zeigen.

Wenn Max seiner Partnerin Maria sagen kann: »Deine Vorwürfe verletzen mich sehr. Dann friert etwas in mir ein, ich erstarre regelrecht«, ermöglicht er es auch Maria, sich zu »outen«: »Ich habe nie erkannt, dass du so verletzt bist. Du wirkst auf mich immer so kühl und kontrolliert, ja, gleichgültig. Dann denke ich, du brauchst mich nicht, und fühle mich zutiefst einsam. Ich bin dann davon überzeugt, dass es kein Wir gibt, ich fühle mich in solchen Situationen verloren.«

Reflexionsfragen

Kennen Sie die »vier apokalyptischen Reiter«? Bestimmen diese in Konfliktsituationen die Kommunikation zwischen Ihnen und Ihrer Partnerin, Ihrem Partner?

Neigen Sie oder Ihr Partner, Ihre Partnerin dazu, das Verhalten des jeweils anderen zu interpretieren, schreiben Sie sich gegenseitig schlechte Eigenschaften zu, werten Sie einander ab?

Können Sie Wut, Aggression, Ärger, Groll, Zynismus, Überlegenheit, Verachtung, Gleichgültigkeit dem anderen zeigen? Aber ist es unvorstellbar, ihm von Ihren tief sitzenden Ängsten, von Ihren Selbstzweifeln und Ihrem Gefühl der Minderwertigkeit zu erzählen?

Haben Sie eine Ahnung, welches Ihre primären Gefühle sind? Wissen Sie, auf welche Art Sie diese bisher verpackten?

Schritt 4: Verantwortung übernehmen – für sich selbst und für den anderen

Sobald zwei Menschen einander ohne Rüstung gegenüberstehen, haben sie bereits einen wichtigen Veränderungsschritt geschafft. Der aber reicht noch nicht aus. Wenn Maria ihrem Partner Max mitteilt, welche Ängste und Sorgen sie plagen, kann Max verständnisvoll reagieren, aber hilft das schon, um Maria vor einem Aufbrechen alter Bindungswunden zu schützen? Und umgekehrt: Ist es für Max hilfreich, wenn Maria in Zukunft seine wunden Punkte kennt? Kann er sich dann anders verhalten?

In diesem dritten Schritt geht es deshalb darum, dass jeder Partner Verantwortung für konkrete Veränderungsschritte übernimmt. Damit nachhaltige Verbesserungen eintreten können, sollte zunächst jeder sich selbst in die Pflicht nehmen und sich fragen: »Was kann ich tun, damit sich die Situation verbessert?« Diese Frage ist möglicherweise zunächst unangenehm. Denn in der Regel wartet in einer Partnerschaft jeder darauf, dass der andere etwas tut, oder ist davon überzeugt, dass alles gut wäre, würde der andere sich endlich verändern. Erst wenn das der Fall ist, ist man unter Umständen bereit, über das eigene Verhalten nachzudenken. Mit dieser Haltung, »Erst du, dann ich«, hat man schon verloren, meinen Leslie S. Greenberg und Rhonda N. Goldman. »Eine solche auf Leistung und Gegenleistung fixierte Mentalität führt nicht zu Intimität. Die Ehe ist kein Handel, vielmehr ein emotionales Band.« Und dieses Band lässt sich nicht durch einseitige Schuldzuweisungen stärken.

Verantwortung zu übernehmen ist im Sinne der Emotionsfokussierten Therapie ein gegenseitiger Prozess. Zum einen geht es darum, die eigenen Bindungswunden anzuerkennen und sich bewusst damit auseinanderzusetzen. Zum anderen geht es aber auch um einen bewussten Umgang mit den Wunden des Partners, der Partnerin. Verantwortung für sich und auch den anderen übernehmen bedeutet zum Beispiel:

- Sobald das Pingpongspiel von Vorwurf und Gegenvorwurf in einer Beziehung einsetzt, kann jeder der Beteiligten innehalten und sich fragen, aus welchem Ich-Zustand heraus er selbst handelt: »Bin ich noch im Erwachsenen-Ich oder schon im hilflosen Kind-Ich oder vielleicht sogar im Eltern-Ich, das moralisiert und alles besser weiß?« Welche Erwartung, welche Sehnsucht steckt hinter meinem Angriff beziehungsweise hinter meinem Rückzug? Welche Gefühle überschwemmen mich gerade? Sind das die wahren Gefühle? Wenn ich meinen Vorwurf als Wunsch formulieren würde, was würde ich dann sagen?«

- In einem weiteren Schritt kann man dann auch die Perspektive verändern und prüfen, in welchem Ich-Zustand sich der andere befindet. Reagiert da der »kleine Junge«, der sich in die Enge getrieben fühlt, reagiert da die »Mutter«, die aus dem Eltern-Ich heraus maßregelt und Forderungen stellt?
- Verantwortung für sich und den anderen übernehmen heißt weiter: Man interessiert sich nicht nur für die eigene Kindheitswunde, sondern auch für die des Partners, der Partnerin.

Wie könnte das im Fall von Max und Maria aussehen? Beide wissen inzwischen genauer übereinander Bescheid. Sie haben sich ihre primären Gefühle mitgeteilt und auch über ihre Kindheitserfahrungen gesprochen. Um dieses Wissen zu vertiefen und konkrete Veränderungen zu ermöglichen, sollten sie nun gemeinsam prüfen, was sie jeweils für den anderen tun können, wenn sie merken, dass ihr Bindungsstil die Regie über eine Auseinandersetzung übernommen hat und einer von ihnen droht, die Erwachsenen-Ebene zu verlassen. Am besten ist es, wenn das Paar in konfliktfreien Zeiten miteinander bestimmte Maßnahmen vereinbart:

Maria kann Max fragen: »Wenn ich merke, dass es wieder passiert, dass du kühl und vermeidend auf mich reagierst, was kann ich dann tun? Ich will nicht wie früher darauf reagieren, denn ich weiß jetzt, dass ich durch mein Verhalten bei dir alte Gefühle auslöse.« Vielleicht schlägt Max dann vor: »Es wäre schön, wenn ich den Raum verlassen dürfte, ohne dass du mir hinterherkommst. Lass mich eine Zeit lang allein, dann kann ich mich sammeln und wieder zu dir kommen.«

Umgekehrt kann Max fragen: »Was kann ich tun, Maria, wenn deine Kindheitswunde durch mein Verhalten aktiviert wird?« Und vielleicht kommt Maria auf die Idee: »Nimm mich einfach ohne Worte in den Arm, dann weiß ich, dass du mich verstehst.«

Verantwortung übernehmen bedeutet auch: darauf achten, dass in kritischen Situationen die Verbindung zum anderen nicht verloren geht. Der Forscher und Paartherapeut John Gottman konnte in seinen Studien mit Paaren zeigen, dass nicht Konflikte und Auseinandersetzungen eine Beziehung gefährden, sondern dass in den meisten Fällen die emotionale Distanz eine Partnerschaft in die Gefahrenzone der Trennung bringt. Jedes Paar streitet, aber solange es dabei emotional verbunden bleibt, ist die Beziehung nicht gefährdet. So sind Paare auf der sicheren Seite, die selbst im heftigsten Kampfgetümmel die körperliche Nähe zum anderen suchen oder sich wenigstens nach dem Streit Zuwendung geben – zum Beispiel durch »Sicherheitsgesten« wie eine Umarmung oder eine leichte Berührung. Durch diese Kontaktaufnahme zeigen sie einander, dass sie sich trotz heftiger Meinungsverschiedenheiten aufeinander verlassen können, dass sie füreinander wichtig sind, auch wenn es gerade ziemlich enttäuschend und anstrengend zwischen ihnen läuft.

Zur Befriedung emotional aufgeladener Situationen könnten Max und Maria ein bestimmtes Codewort zu vereinbaren. Das ist vor allem dann hilfreich, wenn einer der Partner von Gefühlen überflutet wird, die, wie er nun weiß, nicht in die Beziehung gehören. Sagt er oder sie das Codewort, zum Beispiel »Regenschirm«, weiß der andere, dass das aggressive Verhalten nicht ihm gilt. Er kann dann mit der Situation besser umgehen.

Was tun, wenn der Partner oder die Partnerin ein Narzisst ist?

Ist dieser Bindungsprozess auch für Narziss und Echo, diese schwierige Beziehungskonstellation, geeignet? Durchaus. Auch für den narzisstischen Bindungsstil gilt: Er kann kontrolliert und seine Macht eingeschränkt werden. Die Bereitschaft zur Selbstreflexion und Selbstöffnung ist jedoch auch hier Voraussetzung. Einem Menschen mit narzisstischen Persönlichkeitszügen fällt dies jedoch noch schwerer als anderen. Schließlich versucht er mit allen Mitteln, sein schwaches Selbst zu schützen. Seine primären Gefühle wie Trauer, Angst, Scham, Verletzlichkeit darf er nicht spüren und schon gar nicht zeigen. Er ist ein Meister der sekundären Gefühle. Ehe ein Narzisst zugibt, dass er gekränkt ist, Verlustängste hat oder ihn Sorgen quälen, geht er lieber zum Angriff über. Dann wird er ungerecht und verletzend. Deshalb ist der oben beschriebene »Bindungsprozess« in einer narzisstischen Paarkonstellation besonders schwierig. Und die Hauptlast der Bindungsarbeit liegt zunächst bei »Echo«.

Der Psychologe und Narzissmusexperte Craig Malkin rät betroffenen Partnern, den Narzissten aus der Deckung zu locken. Wichtig dabei seien die Bereitschaft und der Mut zur Selbstoffenbarung. Indem der nicht narzisstische oder angepasst narzisstische Partner (Echo) dem narzisstischen offen von seinen Gefühlen berichtet, ermutigt er ihn, seinen eigenen Gefühlen auf die Spur zu kommen. »Empathie-Einflüsterungen« nennt Malkin diese Strategie. Nur wenn der Partner »in Vorlage« geht und zunächst einseitig seine Gefühlsrüstung ablegt, kann der Narzisst begreifen, was er mit seinem Verhalten anrichtet. Durch Empathie-Einflüsterungen wird der narzisstische Partner in seiner Ich-Bezogenheit verunsichert und darauf aufmerksam gemacht, dass es da noch einen anderen Menschen gibt, dem er mit seinem Verhalten emotionale Schmerzen zufügt. Möglicherweise wird er motiviert, seinen Schwerpunkt vom Ich »auf das Wir zu verlagern«, meint der Psychologe. Allerdings ist sehr wahrscheinlich, dass der Narzisst die Selbstoffenbarung des Partners nur schwer aushalten kann: zu viel Gefühl, zu viel Nähe, zu wenig Distanz! Aber es gibt keine andere Chance: Wer eine positive Veränderung in der narzisstischen Beziehung erreichen will, muss dem narzisstischen Mann oder der narzisstischen Frau die eigenen wahren Gefühle zumuten. Es besteht die berechtigte Hoffnung, dass der Narzisst dadurch Zugang zu seinen Kindheitsgefühlen bekommt und seine bisherigen Überzeugungen (»Bleibe unabhängig, binde dich nicht, behalte die Kontrolle, mach dich nicht angreifbar, sei immer toll …«) infrage stellt.

Craig Malkin jedenfalls ist optimistisch. Empathie-Einflüsterungen hält er für ein Erfolg versprechendes Vorgehen. Denn Narzissmus ist der Versuch, mit Bindungsunsicherheit fertigzuwerden. Wenn sich in einer Beziehung die Sicherheit für den narzisstischen Partner erhöht – durch ehrliche und offene Kommunikation über primäre Gefühle –, kann die narzisstische Ausprägung abgemildert werden.

Aber: Auch Empathie-Einflüsterungen haben ihre Grenzen. Es ist nicht die Aufgabe von Partnern, Narzissten zu therapieren. Sie können nur ihre eigenen Gefühle offen und ehrlich zeigen. Wenn das nichts bewirkt, gerät auch der verständnisvollste und bindungswilligste Partner an seine Grenzen.

Reflexionsfragen

Warten Sie darauf, dass der andere sich ändert? Kommt Ihnen der Satz »Warum soll immer ich als Erste/als Erster etwas tun?« bekannt vor?

Kennen Sie die Kindheitserfahrungen Ihres Partners, Ihrer Partnerin?

Wissen Sie, wann er oder sie aus dem Kind-Ich heraus handelt? Woran merken Sie das?

Erkennen Sie es, wenn Sie selbst das Erwachsenen-Ich verlassen? Was könnten die Anzeigen dafür sein?

Ist Ihnen das Gefühl vertraut, neben sich zu stehen und die eigenen Gefühle nicht mehr kontrollieren zu können?

Was könnte Sie beruhigen und wie könnte Ihr Partner oder Ihre Partnerin Ihnen dabei helfen?

Können Sie sich vorstellen, den Menschen an Ihrer Seite zu fragen, was Sie für ihn tun können, wenn Sie vermuten, dass Situationen frühe Erfahrungen aktivieren und sein Verhalten aus dem Kind-Ich steuern?

Entscheidende Momente der Veränderung

Gelingt es einem Paar, in schwierigen Bindungssituationen einander die wahren, primären Gefühle zu zeigen und auch deren Ursprung in schmerzhaften Kindheitserfahrungen offenzulegen, haben quälende Pingpongspiele keine Chance mehr. Auch den apokalyptischen Reitern wird dann der Boden entzogen. Denn durch die mutige Offenbarung der wahren Gefühle erlebt ein Paar wichtige *change moments,* entscheidende Augenblicke der Veränderung, in denen es sich gegenseitig emotional nahe und sicher gebunden fühlt. Je häufiger es zu solchen verändernden Momenten in einer Partnerschaft kommt, desto stärker wird das Sicherheitsgefühl, das die Partner bekommen. Und umso seltener müssen sie »Bindungsalarm« schlagen. Sie wissen: Der andere hört meine Bindungssignale, er antwortet verlässlich darauf, kann sich einfühlen und mich beruhigen. Kann ein Paar regelmäßig diese wichtige Erfahrung miteinander machen, wird die Partnerschaft immer bindungssicherer. »Wenn wir wissen, dass der Mensch, den wir lieben, für uns da ist und dass er antworten wird, wenn wir nach ihm rufen, sind wir uns unseres eigenen Wertes sicherer«, sagt Susan M. Johnson. »Und die Welt erscheint uns als weniger beängstigend, wenn wir einen Menschen haben, auf den wir zählen können, und wenn wir wissen, dass wir nicht allein sind.«

Einander brauchen dürfen

Wenn Sie allein oder gemeinsam mit Ihrem Partner, Ihrer Partnerin diesen Bindungsprozess in Angriff nehmen, dann werden Sie immer bewusster Ihren Bindungsstil wahrnehmen und erkennen, wie groß Ihr Bedürfnis nach Nähe, nach Wertschätzung, nach Gesehenwerden ist, wie abhängig Sie von der sicheren Zuwendung des anderen sind. Gleichgültig, ob Sie ängstlich gebunden oder ein Vermeider sind, auf diese Erkenntnis werden Sie wohl im ersten Moment abwehrend reagieren. Abhängig wollten Sie doch auf keinen Fall sein! Abhängigkeit hat einen schlechten Ruf, zumal in Beziehungen. Zu viel Nähe schadet, Autonomie ist das Kennzeichen einer emanzipierten Partnerschaft.

Die Wissenschaft von der Bindung im Erwachsenenalter widerlegt diese weitverbreitete Annahme.

14
An deiner Seite

Nur nicht abhängig werden! Wer nach dieser Devise lebt, macht sich das Leben unnötig schwer. Denn ohne die Absicherung durch eine sichere Bindung ist ein selbstbestimmtes Leben nicht möglich. Klingt paradox? Ist es aber nicht!

Die Frauen lagen in einem Magnetresonanztomografen (MRT). Dort mussten sie nicht nur die für das MRT typischen lauten Geräusche ertragen, sondern bekamen auch noch eine zusätzliche, beunruhigende Instruktion: »Solange Sie auf dem Computerbildschirm vor Ihnen einen blauen Kreis sehen, passiert nichts. Taucht jedoch ein rotes Kreuz auf, müssen Sie mit einem leichten Elektroschock am Fußknöchel rechnen.«

Diese »Androhung« kam von dem US-amerikanischen Psychologen und Neurowissenschaftler James A. Coan und seinen Mitarbeitern, und die Frauen waren freiwillige Versuchspersonen in einem Experiment, das belegen sollte: Händchenhalten ist mehr als eine nette Geste.

James Coan führte die Studie in drei Varianten durch. In Variante eins berührte eine fremde Person die Hand der Frau während des Experiments, in der zweiten Variante war sie allein, und in der dritten saß der Ehemann neben der Frau und hielt ihre Hand. Die Reaktionen der Testpersonen wurden jeweils mithilfe der funktionellen Magnetresonanztomografie aufgezeichnet.

Anhand der Hirnwellen konnte James Coan deutliche Unterschiede ablesen. Schon die Ankündigung der Elektroschocks versetzte die Frauen in einen extrem angespannten Zustand. Lagen sie allein im MRT, ohne Beistand, war die Aufregung am stärksten. Nur geringfügig weniger gestresst waren sie, wenn ein Fremder beruhigend Händchen hielt. Deutlich am geringsten aber fiel die Stressreaktion der weiblichen Versuchspersonen aus, sobald sie die Hand ihrer Ehemänner spürten. Die MRT-Daten zeigten klare Veränderungen: Die Hirnregionen, die in den beiden anderen Versuchsdurchgängen Alarm schlugen, beruhigten sich. Das bedeutet: Hielt der Ehemann die Hand seiner Frau, sah diese den Elektroschocks gelassen entgegen. Die Berührung vermittelte Sicherheit und minderte die Stressreaktion.

Die Idee zu diesem Experiment bekam der Neurowissenschaftler James Coan bereits zu Beginn seiner therapeutischen und wissenschaftlichen Laufbahn. Damals, so erzählt er in einem TED-Talk mit dem Titel »Warum wir Händchen halten« *(Why we hold hands)*, hatte er einen über 80-jährigen Mann in Behandlung. Dieser hatte als Soldat im Zweiten Weltkrieg Schreckliches erlebt und litt an einem massiven Posttraumatischen Stresssyndrom. Die Behandlung dieses Mannes war schwierig, er hatte Angst, sich seinen Erinnerungen zu stellen. Coan wollte schon aufgeben, so erzählt er, als der alte Patient ihn plötzlich fragte, ob seine Ehefrau bei den Gesprächen dabei sein könnte. Warum nicht! Coan willigte ein.

Nun also war die Ehefrau bei den Sitzungen anwesend. Zunächst veränderte sich nichts. Der alte Mann verweigerte nach wie vor die Mitarbeit. Doch als Coan erneut eine schwierige Frage stellte, nahm die Ehefrau plötzlich die Hand ihres Mannes in die ihre – und der Patient fing an zu reden. Die beruhigende Geste seiner Frau ermöglichte es ihm, sich seinen schrecklichen

Erinnerungen zu stellen. Seine Kriegstraumata konnten nun behandelt werden.

Das verdrängte Bedürfnis

Der alte Mann benötigte die körperliche Berührung des Menschen, dem er am meisten vertraute: Erst die Nähe seiner Frau ermöglichte es ihm, über seine traumatischen Erlebnisse zu sprechen. Die zärtliche und beruhigende Berührung seiner Frau signalisierte ihm: »Du bist nicht allein, ich bin bei dir und passe auf, dass dir nichts geschieht.« Ohne diese nonverbale Botschaft hätte er sich auf die psychologische Behandlung nicht eingelassen, davon ist Coan überzeugt. Diese frühe Episode und die späteren Experimente sind für den Wissenschaftler eindrucksvolle Belege dafür, dass nicht nur kleine Kinder die beruhigende körperliche und emotionale Nähe eines Bindungspartners brauchen, sondern dass wir auch als Erwachsene das Bedürfnis nach einer Sicherheit spendenden Bindung haben. Dieses Bedürfnis begleitet uns ein Leben lang, es verschwindet nicht, nur weil wir an der Börse handeln, eine hervorragende Lehrerin sind, ein Team leiten oder Kinder großziehen.

Das Problem ist nur: Wir gestehen uns dieses Bedürfnis meist nicht ein, verdrängen es oder, falls wir es doch bemerken, schämen uns dafür. Das ist verständlich, wenn einem der andere nicht sehr vertraut ist. Aber auch in intimen Beziehungen wagen es viele nicht, ihre wahren Gefühle ungeschützt zu zeigen. Den meisten ist ihre Zurückhaltung dabei nicht bewusst. Sie vermeiden eher intuitiv und unbewusst alles, was als Abhängigkeit erlebt werden könnte. Denn: Autonomie gilt als wichtige Eigenschaft. Emotionale Unabhängigkeit ist seit Langem das gesellschaftliche Ideal. Bindungswünsche und Abhängigkeitstendenzen werden dagegen als Schwäche abgewertet.

Ich bin ich, und du bist du

Begonnen hat die Aufwertung extremer Individualität und Unabhängigkeit in den 1970er-Jahren. Damals formulierte Frederick S. Perls, der Begründer der Gestalttherapie, diese Zeilen:

»Ich bin ich, und du bist du. Ich bin nicht auf dieser Welt, um nach deinen Erwartungen zu leben, und du nicht, um meine zu erfüllen. Ich bin ich, und du bist du, und wenn es der Zufall will, dass wir uns treffen, ist das wunderbar. Wenn nicht, kann man nichts machen.«

Mit diesem »Gestaltgebet« läutete Perls – neben vielen anderen – das »Zeitalter des Ich« ein. Selbstverwirklichung, die Unabhängigkeit von anderen und deren Bedürfnissen, galt nun zunehmend als *das* Ziel der persönlichen Entwicklung. Der Humanistische Psychologe Abraham Maslow, ein weiterer prominenter Vertreter dieser Idee, lieferte die Erklärung, was unter einem selbstverwirklichten Menschen zu verstehen sei. Er unterschied zwischen »mangelmotivierten« und »wachstumsmotivierten« Menschen und erklärte den Unterschied zwischen diesen beiden so: »Mangelmotivierte Menschen müssen andere Menschen verfügbar haben, da die meisten ihrer Hauptbedürfnisbefriedigungen (Liebe, Sicherheit, Achtung, Prestige, Geborgenheit) nur von anderen menschlichen Wesen kommen können. Doch wachstumsorientierte Menschen können von anderen in Wirklichkeit *behindert* sein … Sie sind stark genug geworden, um von der guten Meinung anderer Menschen unabhängig zu werden, ja, sogar von deren Zuneigung.«

Enge Bindungen waren für die Humanistischen Psychologen damals nicht von großem Wert. So hielt es der Psychologe Carl Rogers für ein wichtiges Merkmal selbstverwirklichter Menschen, dass sie »intime, kommunikative und persönliche Bindungen ohne heftigen Konflikt oder übergroßes Trauern auch wieder aufgeben können«.

Das »Zeitalter des Ich« war keine vorübergehende Epoche. Ganz im Gegenteil: Mehr denn je sind wir mit der Entwicklung unseres Ichs beschäftigt. Selbstverbesserung, Selbstoptimierung, Selbstcoaching sind die Schlagworte unserer Zeit. Statt Kooperation herrschen häufig Konkurrenz und individualistisches Denken. Autonomie und überbetonter Individualismus sind nach wie vor Ideale, welche nicht nur zur Vereinzelung in unserer Gesellschaft geführt haben, sondern auch in Zweierbeziehungen zum Fallstrick werden können. Dies ist vor allem dann der Fall, wenn das gesellschaftliche Ideal der Unabhängigkeit beim Einzelnen auf unsichere Bindungsstrukturen trifft. Dann werden intime Beziehungen zu einem Projekt, das eigentlich nicht gelingen kann.

Autonomie wichtiger als Nähe?

Ein sicher gebundener Mensch wird sich vom »Abhängigkeitsverbot« nicht sonderlich beeinflussen lassen. Er hört auf seine Bedürfnisse und hat keine Angst, sich auch mal schwach zu zeigen. Doch unsicher Gebundene werden zusätzlich verunsichert, wenn sie sich – zum einen belastet durch frühe Bindungsenttäuschungen und zum anderen durch falsche Autonomievorstellungen – ihre Bedürfnisse nach Nähe und Sicherheit versagen. Abhängigkeitsgefühle sind dann unerträglich, wenn wir als Kind in unseren Eltern keine sichere Basis gefunden und deshalb einen unsicheren Bindungsstil entwickelt haben. Wir müssen unser ganz normales Bedürfnis nach einer sicheren Bindung bekämpfen oder es, wie gezeigt, so verpacken, dass niemand auf die Idee kommen kann (auch wir selbst nicht), wir seien abhängig. Der gesellschaftliche Autonomiekult hilft uns dabei. Dabei wäre eine wirklich offene und ehrliche Beziehung zu einem geliebten Partner für unsicher gebundene Menschen eine große Chance. Stoßen wir jedoch auch in unseren Liebesbeziehungen auf »Autonomie first«-Barrikaden, bleibt diese Chance ungenutzt.

Wenn heute so viele Paarbeziehungen chronisch schwierig sind, wenn sie in viel zu hoher Zahl scheitern, wenn Menschen zunehmend glauben, beziehungsunfähig zu sein – dann spielen die Betonung der Autonomie und die Abwertung der Abhängigkeit dabei eine wichtige Rolle. Denn sobald wir uns verlieben, lassen wir einen anderen Menschen ganz nah an uns heran, wir lassen zu, dass er für uns »so wichtig wird, dass er beeinflusst, was wir tun und wie wir uns selbst sehen«, sagt Susan M. Johnson. Damit aber geraten wir in einen heftigen Konflikt.

Dieses Abhängigkeitsgefühl, das in einer Liebesbeziehung unvermeidlich auftaucht, wird als unerträglich empfunden, weil es mit unseren Autonomiebestrebungen kollidiert und weil es uns möglicherweise an ungute frühe Bindungen erinnert, so Johnson. Nachdem wir diese Bindungen »hinter uns gelassen haben, weigern wir uns meist vehement, anderen die Macht einzuräumen, uns zu definieren und zu bestimmen, was wir tun, wie wir uns fühlen und selbst sehen«.

Gesunde Abhängigkeit ermöglicht Selbstverwirklichung

Die Bindungsforschung verhilft uns nun zu einem anderen Blick auf das Thema »Abhängigkeit«. Auf die Frage, warum manchen Menschen Beziehungen gelingen, während andere immer wieder Probleme damit haben, liefern Bindungsstudien eine eindrucksvolle Antwort, die quer zum Zeitgeist liegt: Abhängigkeit ist ein wichtiges Merkmal enger Beziehungen, und es ist vor allem ein wesentliches Element *funktionierender* Beziehungen.

Das heißt nicht, dass wir es uns zu zweit gemütlich machen und die Welt draußen vor der Tür lassen sollen. Die Abhängigkeit, von der Bindungsforscher sprechen, hat nichts mit Passivität und Unselbstständigkeit zu tun. Ganz im Gegenteil: Diese

Abhängigkeit ist die unabdingbare Voraussetzung, damit wir uns – gleichgültig, wie alt wir sind – mutig und neugierig in die Welt hinaus bewegen können. Fühlen wir uns auf gute Weise abhängig in der Beziehung zu einem geliebten Menschen, stärkt das unser Selbstwertgefühl, unser seelisches Gleichgewicht und – so widersprüchlich es klingt – auch unsere Unabhängigkeit und Autonomie.

Es ist paradox: Die Selbstverwirklichung, die humanistische Psychologen vor Jahrzehnten aufs Podest stellten, ist ohne Abhängigkeit nicht zu haben. Ohne die Absicherung durch eine sichere Bindung sind wir nicht wirklich autonom. Erst wenn wir uns sicher fühlen, können wir unsere Unabhängigkeit stärken und ausbauen. Vom »sicheren Hafen« der Beziehung (als Kind zu den Eltern, als erwachsener Mensch zu Partnern oder verlässlichen Freunden) können wir in die Welt hinaussegeln. Wir wissen, der Hafen wird noch da sein, wenn wir zurückkehren wollen. So abgesichert, können wir selbst auch anderen eigene Wege und Unabhängigkeit zugestehen.

Erst wenn unsere Bindungsbedürfnisse erfüllt sind und auch die des anderen, können wir reif und erwachsen mit dem Erleben von Getrenntsein und Andersartigkeit umgehen, das in jeder nahen Beziehung unausweichlich ist.

Leugnen wir jedoch dieses Bindungsbedürfnis oder werten es ab, verhindern wir wahre Intimität und bauen eine innere Barriere auf, die langfristig funktionierende Partnerschaften verhindert.

Ein Leben lang abhängig

Die wohl wichtigste Erkenntnis der Bindungsforschung ist diese: Was verlässliche Bindungen angeht, sind erwachsene Menschen ebenso bedürftig wie ein Kind.

Unsere Reife zeigt sich nicht daran, dass wir unabhängig von anderen funktionieren, sondern dass wir eine positive, effektive Abhängigkeit zu einem anderen Menschen aufbauen können. Wie Kinder abhängig sind von der feinfühligen und bedingungslosen Zuwendung der Eltern, so sind auch wir als erwachsene Frau, als erwachsener Mann von der Zuwendung und Akzeptanz wenigstens eines wichtigen Menschen abhängig. »Wir wollen verstanden werden. Wir wollen akzeptiert werden. Wir wollen bewundert werden. Wir wollen, dass uns jemand zuhört. Wir wollen, dass unsere Schwächen akzeptiert werden«, sagt die Bindungsexpertin Maria Solomon. Sie ist fest davon überzeugt, dass persönliche Entwicklung am besten in der »sicheren Verletzlichkeit« einer intimen Beziehung möglich ist.

Solange wir uns aber für unsere Verletzlichkeit schämen und sie deshalb verleugnen und verdrängen, werden wir uns in Liebesbeziehungen (und vielleicht nicht nur dort) weiterhin wie ein Kind aufführen, das sich klein und unbedeutend fühlt: Wir werden »quengeln«, uns schmollend zurückziehen, andere herabsetzen, um uns größer zu fühlen; unangemessene Wut zeigen, uns ängstlich an den anderen klammern oder ihm die kalte Schulter zeigen. Auch Streitereien um Geld, um den Haushalt, die Kinder oder um sexuelle Bedürfnisse werden dann nicht zwischen Erwachsenen geführt, sondern die Kinder, die wir waren, signalisieren auf diese Weise, dass ihre Bindungsbedürfnisse nicht gesehen werden.

Diese unreifen Verhaltensweisen sollen vertuschen, dass wir, wie früher als Kind, ein tiefes Bedürfnis nach Abhängigkeit und Nähe verspüren, dessen Existenz uns jedoch äußerst unangenehm ist. Es geht also darum, sich als Erwachsener dieser Bedürfnisse bewusst zu werden – und sich ihrer nicht zu schämen. Ein Bindungsprozess ist dann erfolgreich, sagt die Psychologin Susan Johnson, wenn das Paar erkennt: »Wir haben gelernt, dass wir die Intimität nicht der Unabhängigkeit opfern dürfen. Wir wissen nun, wie sehr wir einander brauchen.«

Neue Begegnungen

Bindungswissen verändert. Es entsteht Sicherheit, und die Überzeugung wächst: Ich bin liebenswert. Das ist die Basis für offene, vertrauensvolle Begegnungen. Die neun Liebesgeschichten und ihre Gemeinsamkeit.

Die Frauen und Männer, die in diesem Buch von ihren Begegnungen mit der Liebe erzählten, haben sich auf den Weg gemacht. Sie stellten sich allein oder gemeinsam mit ihrem Partner, ihrer Partnerin dem Bindungsprozess und lernten ihre Bindungsstile kennen. Maria und Max, Hannelore, Joe und Ulrike, Johanna, Matthias, Annalena und Tom, Agnes, Elena und Paul – sie alle haben allein oder zu zweit den Bindungsprozess durchlaufen und sind ihrem persönlichen »Bindungseffekt« auf die Spur gekommen. Sie machten sich mit dem Kind vertraut, das sie waren, und überprüften ihre in der Kindheit entstandenen Beziehungsmodelle auf ihre Richtigkeit. Dabei stellten sie fest: Das, was sie als Kind über Beziehungen lernten, war für das kleine Mädchen und den kleinen Jungen damals hilfreich. Heute ist dieses Wissen veraltet und blockiert ihr Beziehungsglück. Diese Männer und Frauen lernten, dass die Gefühlsrüstung, die sie sich vor vielen Jahrzehnten zugelegt haben, ausgedient hat. Und sie trauen sich nun, oftmals mit viel Angst, aus dieser Rüstung heraus. Neue Begegnungen werden dadurch möglich. Mit den »alten« Partnern, aber möglicherweise auch mit noch unbekannten neuen.

Maria und Max konnten erkennen, dass ihre immer wiederkehrenden Konflikte mit ihren sehr unterschiedlichen Bindungsängsten zu tun haben. Maria fand heraus, dass sie einen *ängstlichen* Bindungsstil entwickelt hatte. Ihre Kindheit mit einem zwar liebevollen, aber wenig verlässlichen Vater hat zu einem Beziehungsmodell geführt, das ihr zur Vorsicht rät.

Max musste in seiner Kindheit ähnliche Erfahrungen machen, allerdings hat er andere Schlussfolgerungen daraus gezogen. Das Leben mit der allzu nahen und übergriffigen Mutter hat ihn zu einem *Vermeider* gemacht, der darauf achtet, dass Beziehungen nicht zu eng werden. Max und Maria sind ein typisches Verfolger-Vermeider-Paar. Im gemeinsamen Bindungsprozess lernten sie, sich zu öffnen: Sie erzählten einander von den Verletzungen ihrer Kindheit und wagten es zunehmend, ihre wahren Gefühle zu zeigen.

Hannelore entwickelte in ihrem Bindungsprozess Verständnis und Mitgefühl mit sich selbst. Sie erkannte, dass sie aufgrund der instabilen und verwirrenden Beziehung zur Mutter einen *ängstlichen* Bindungsstil hat. Ihre Bindungslektionen waren zum einen: »Du musst um Liebe kämpfen. Streng dich an, Liebe bekommst du nicht geschenkt.« Zum anderen lernte sie, dass sie sich auf die Liebe, die sie bekam, auf keinen Fall verlassen durfte. Hannelore versteht inzwischen, warum sie sich in Beziehungen oft klammernd verhält und sich viel zu bereitwillig anpasst. Und ihr ist klar geworden, dass sie durch dieses Verhalten häufig an Partner gerät, die gar nicht zu ihr passen. Der Bindungsprozess hat ihr im wahrsten Sinn des Wortes die Augen geöffnet: Sie sieht inzwischen Männer, die sie früher übersehen hat.

Joe und Ulrike sind ein *narzisstisch* gebundenes Paar. Das heißt: Er hat einen extremen vermeidenden Bindungsstil, und sie ist eine ängstlich gebundene »Echoistin«. Auch dieses Paar lernte im Bindungsprozess zunächst das Beziehungsmodell kennen, das sie in ihrem jeweiligen Kindheitsrucksack mit sich schleppen. Das förderte das gegenseitige Verständnis und brachte sie miteinander ins Gespräch. Ulrike fiel es dabei leichter als Joe, sich zu öffnen und ihm ihre wahren Gefühle zu zeigen. Joe verteidigte noch länger sein »grandioses« Selbstbild; doch je mehr er das verwöhnte, aber ungeliebte Kind entdeckte, das er gewesen war, desto weicher wurde er – sich selbst und Ulrike gegenüber.

Johanna hat einen *sicheren* Bindungsstil. Sie hatte das Glück, mit zugewandten und feinfühligen Eltern aufzuwachsen. Für sie war hilfreich, Ellas Verhalten besser verstehen zu können. Je mehr sie sich mit ihrem eigenen Bindungsstil beschäftigte, desto mehr erkannte sie, dass Ella ganz anders aufgewachsen war und einen *ambivalenten* Bindungsstil hat. Diese Erkenntnis macht es ihr leichter, Ellas mal klammerndes, mal abwehrendes Verhalten zu akzeptieren. Und sie weiß jetzt, dass Ellas Widersprüchlichkeit nicht ihr als Person gilt, sondern dass sie als sicher Gebundene ihrer Partnerin jene Geduld und Liebe entgegenbringen kann und will, die diese in ihrer Kindheit entbehren musste.

Matthias wuchs mit einer Mutter auf, die vermutlich eine Narzisstin war. Sie benutzte ihren Sohn als Spiegel für ihre Eitelkeit. Die Bedürfnisse des Jungen interessierten sie nicht. Matthias lernte, dass Nähe belastend ist und Liebe Angst machen kann. Er wurde zum »Vermeider«. Die Sehnsucht nach Bindung aber blieb. So lebt Matthias heute »Liebe auf Distanz«. Eine feste Partnerin hält er auf Abstand, indem er sich nicht wirklich einlässt und immer mal wieder fremdgeht. Matthias hat inzwischen den Zusammenhang zwischen seinen frühen Erfahrungen und seinen Beziehungsproblemen erkannt. Sein Bindungsprozess ist nicht abgeschlossen, denn die Angst, die Kontrolle in einer Beziehung zu verlieren, ist noch zu stark.

Annalena und Tom haben beide einen *vermeidenden* Bindungsstil entwickelt. Annalena, die in der Geschwisterschar unterging und früh selbstständig werden musste, und Tom, das zwischen den Eltern herumgeschubste Kind, lebten eine Zeit lang wie zwei Singles in ihrer Beziehung. Damit fühlten sich beide einigermaßen wohl und sicher. Als Annalena befürchten musste, an Brustkrebs erkrankt zu sein, konnte sie ihre so lange unterdrückten Ängste und Unsicherheiten nicht mehr länger ignorieren. Sie, die bislang wie jeder vermeidend gebundene Mensch davon ausging, dass sie mit ihren Wünschen und Bedürfnissen allein fertigwerden muss, spürte nun durch die schockierende Nachricht ihre Bedürftigkeit. Die Paarbeziehung geriet dadurch zunächst in heftige Turbulenzen. Doch im Bindungsprozess erkannte auch Tom den Preis für sein vermeidendes Verhalten. Nach und nach kamen beide aus ihrem Schneckenhaus und offenbarten einander ihre Ängste und Wünsche. Natürlich sind sie immer noch vermeidend gebunden. Aber durch die vorsichtige Annäherung wird der Effekt des vermeidenden Bindungsstils abgeschwächt.

Agnes, die so eifersüchtig auf die Tochter ihres Partners reagierte, entdeckte in ihrem Bindungsprozess das kleine Mädchen, das sie einst war. Das Mädchen, das von ihrer Mutter regelmäßig bei der Nachbarin abgegeben wurde und mitansehen musste, wie die schöne Mutter fremde Männer ihrer kleinen Tochter vorzog. Agnes erkannte: »Dieses kleine Mädchen bekam zu wenig Liebe. Die Tochter des Partners dagegen bekommt so viel.« Und sie merkt: Nicht sie, die Erwachsene, war eifersüchtig, sondern das *ängstliche und vernachlässigte* Kind, das sie einst war. Nun konnte Agnes ihre Eifersucht verstehen und einen erwachsenen Kontakt zur Tochter des Partners herstellen.

Elena wuchs mit einer alkoholkranken Mutter und einem impulsiven, cholerischen Vater auf. Sie hatte keine Eltern, die für sie Halt und Vorbild waren, sie hatte niemanden, der sie beruhigte, wenn sie verwirrt oder orientierungslos war. Elena wurde ein ambivalent gebundenes Kind. Dieser Bindungsstil ist typisch für Menschen, die in ihrer Kindheit äußerst belastende, traumatische Erfahrungen machen mussten. Elena weiß inzwischen, woher ihr »Komm her, geh weg«-Verhalten Mario gegenüber kommt. Dieses Verständnis ermöglicht es ihr, hin und wieder den Teufelskreis von Annäherung und Vermeidung zu durchbrechen. Noch immer passiert es ihr, dass ihre Gefühle sie überwältigen und sie die Kontrolle über sie verliert. Aber immerhin kann sie dann im Nachhinein ihr Verhalten verstehen und Mario erklären. Elena ist auf einem guten Weg.

Paul ist seiner Frau Inga untreu geworden. Niemals hätte er gedacht, dass ihm so etwas passieren kann. Warum konnte das geschehen? Auf der Suche nach einer Antwort stellte er fest, dass in seiner Ehe schon länger etwas nicht stimmte: Seine Frau war ihm immer mehr abhandengekommen. Der *ängstlich* gebundene Paul und die *vermeidend* gebundene Inga lebten so lange harmonisch zusammen, solange sein Bedürfnis nach Nähe und ihr Bedürfnis nach Distanz einigermaßen im Gleichgewicht waren. Aber als Inga zunehmend ihre Autonomie suchte, wurde Paul immer unsicherer und bedürftiger. Paul weiß, dass sein Bindungsstil keine Ausrede für seine Affäre sein kann. Doch das Wissen darüber hat etwas Gravierendes zwischen ihm und Inga verändert: Sie arbeiten nun nicht mehr nur die Affäre auf, sondern lernen sich in ihren jeweiligen Bindungsbedürfnissen kennen.

Bindungssicherheit erwerben

Vier Paare, vier Frauen und zwei Männer erzählten von ihren Begegnungen mit der Liebe. Sie erzählten ganz unterschiedliche Geschichten – aber Sie wissen nun: Alle Geschichten haben eine Gemeinsamkeit: Beziehungsprobleme sind in den meisten Fällen Bindungsprobleme. Es sind die frühen Bindungserfahrungen, die bis heute in Liebesfragen Regie führen und verhindern, dass zwei Menschen glücklich zusammenfinden.

Aber diese Erkenntnis bedeutet kein endgültiges Urteil. Denn auch wenn man nicht das Glück hatte, von Anfang seines Lebens an »sicher« zu sein – ein unsicherer Bindungsstil lässt sich entschärfen. Sobald man das eigene Bindungsmuster kennt, kann man selbst etwas dafür tun, um seinen Effekt abzuschwächen. Die Bindungsforschung spricht von *earned security*, erworbener Sicherheit, wenn durch neue Erfahrungen doch noch jene emotionale Sicherheit entsteht, die in der Kindheit leider nicht vorhanden war. Manchmal ist es ein sicher gebundener Partner, der diese Erfahrung dem unsicheren Partner ermöglicht. Aber auch ein gemeinsamer Bindungsprozess, vielleicht mit therapeutischer Unterstützung, kann zu *earned security* verhelfen.

Wenn die Liebe Probleme macht, lohnt es sich also, wie eingangs gesagt, »tiefer zu tauchen«. Wie immer Sie sich auf den Weg machen, allein oder zu zweit oder mit professioneller Unterstützung: Sobald Sie den wichtigen Zusammenhang zwischen dem Früher und dem Heute erkennen, sind Sie in der Lage, Ihr Beziehungsglück autonomer zu gestalten. Im Wissen um die Vergangenheit. Aber ohne länger von ihr unbewusst gesteuert zu werden.

Exkurs
Gefährliche Unsicherheit

Wie werden kindliche Bindungsstile erforscht?
Und welchen Zusammenhang gibt es zwischen Bindungsunsicherheit und der Radikalisierung von Jugendlichen? – Zur Relevanz der Bindungsforschung über die Paarbeziehung hinaus.

Die Bindungsfähigkeit erwachsener Menschen ist erst seit Ende der 1980er-Jahre in den Fokus der Bindungsforschung gerückt. Die Wissenschaftler Cindy Hazan und Phillip R. Shaver stellten damals zum ersten Mal die Frage, wie sich Bindungsmuster in Liebesbeziehungen auswirken. Die Bindungsforschung an sich ist aber viel älter. Diese Forschungsrichtung wurde in den 1950er-Jahren von dem englischen Psychiater und Psychoanalytiker John Bowlby begründet und liefert seit Jahrzehnten eindrucksvolle Erkenntnisse zum Zusammenhang der frühen Eltern-Kind-Beziehung und der seelischen Stabilität beziehungsweise Instabilität eines Kindes. Bowlby war einer der ersten Forscher, der zusammen mit seiner Kollegin Mary Ainsworth belegen konnte: Die Bedeutung einer konstanten, verlässlichen und einfühlsamen Bezugsperson in den ersten Lebensjahren kann gar nicht hoch genug eingeschätzt werden. Erleben Kleinkinder keine sichere Bindung an einen Erwachsenen, dann speichern sie ihre negativen Erfahrungen in einer Art »Beziehungsmodell«

ab. Das auf diese Weise gespeicherte Wissen kann dann die weitere Entwicklung der Kinder bis hinein ins Erwachsenenleben beeinflussen. Von der Qualität des Beziehungswissens hängt nicht nur die spätere physische wie psychische Gesundheit eines Menschen ab, sondern auch seine Beziehungs- und Bindungsfähigkeit.

Grundlage der Bindungstheorie sind vor allem die Arbeiten von Mary Ainsworth mit Kleinkindern. Mit der von ihr entwickelten Methode »Fremde Situation« gelang es, die unterschiedlichen Bindungsmuster bei sehr kleinen Kindern zu identifizieren.

Vier Erfahrungswelten – vier Bindungsstile

Im Experiment »Fremde Situation« werden Kleinkinder im Alter von 12 bis 20 Monaten zweimal kurz Trennungssituationen ausgesetzt. Zunächst verlässt die Mutter für kurze Zeit den Raum, und Forscher zeichnen per Video auf, wie sich ihr Kind während ihrer Abwesenheit verhält und wie es reagiert, wenn die Mutter nach kurzer Zeit wiederkommt. Diese kurze Trennung wird dann wiederholt, wobei beim zweiten Mal vor der Rückkehr der Mutter eine fremde Person zum Kind ins Zimmer geht, um sicherzustellen, dass es wirklich auf die Mutter ankommt und nicht darauf, dass irgendjemand sich um das Kind kümmert. Die Unterschiede in der Reaktion der Kinder sind aufschlussreich.

Mary Ainsworth beschrieb zunächst nur »sicher gebundene« und »unsicher gebundene« Kinder. In Nachfolgestudien zeigten sich weitere Unterschiede in der Gruppe der »unsicheren« Kinder. Heute unterscheiden Bindungsforscher – ähnlich wie bei Erwachsenen – zwischen vier Bindungsstilen, die jedoch teilweise anders bezeichnet werden: sicher, unsicher-vermeidend, ängstlich/ambivalent und desorganisiert.

Sicher gebundene Kinder

Sie verhalten sich in der *Fremden Situation* so: Sie vermissen ihre Mutter und reagieren traurig, sobald sie den Raum verlässt. Kommt die fremde Person in den Raum, begrüßen sie diese mit Neugierde und lassen sich meist auch auf ein Spiel mit ihr ein. Sobald die Mutter zurückkehrt, krabbeln sie erfreut und manchmal auch vor Erleichterung weinend auf die Mutter zu oder empfangen sie, wenn sie schon laufen können, mit ausgestreckten Armen. Das Kind genießt dann kurz die mütterliche Sicherheit, aber schon bald darauf ist es wieder neugierig und erkundet allein oder auf dem Arm der Mutter die Umgebung. Diese Kinder lassen sich also durch die kurze Trennung von der Mutter nicht grundsätzlich verunsichern. Auch sie sind aufgewühlt, wenn die Mutter den Raum verlässt, aber die fremde Person kann ihre Aufmerksamkeit gewinnen und sie beruhigen sich schnell.

Was brauchen Kleinkinder, um eine sichere Bindung entwickeln zu können? Feinfühligkeit! Eltern und Erzieher verhalten sich feinfühlig, so fand die Bindungsforscherin Mary Ainsworth heraus, wenn sie möglichst rechtzeitig und angemessen auf ein Kind reagieren:

Rechtzeitig reagieren bedeutet: Wenn eine Mutter sehr beschäftigt ist oder wenn sie den Wunsch nach einem anspruchslosen Kind hat, ist es ihr vielleicht manchmal lästig, auf die Signale des Kindes zu reagieren. Sie macht dann erst einmal ihre Arbeit fertig, schließt erst in Ruhe das Telefonat mit der Freundin ab oder schreibt noch eine Mail aus dem Homeoffice an die Firma. Für das Kind kann die Wartezeit zur Qual werden. Es weiß nicht, ob die Mutter je kommen wird, seine Angst und Unruhe werden steigen. Wenn eine Mutter aber weiß und versteht, dass ihr Kind sie »jetzt und sofort« braucht, wird sie ihre eigenen

Bedürfnisse hintanstellen und sich dem Kind zuwenden. Manche Eltern reagieren nicht sofort auf die Wünsche des kleinen Kindes, weil sie es nicht verwöhnen oder verweichlichen wollen, und hoffen, es durch Strenge zu Selbstständigkeit und Selbstbeherrschung erziehen zu können. Bei einem kleinen Kind sind solche Erziehungsüberlegungen jedoch kontraproduktiv – sie lassen das Kind mit seinen Bedürfnissen im Stich und geben ihm keine Sicherheit.

Angemessen reagieren bedeutet: Die Erwachsenen geben dem Kind nur das, wonach es verlangt. Auf keinen Fall zwingen sie ihm ihre eigenen Bedürfnisse auf. Eine feinfühlige Mutter, ein feinfühliger Vater respektiert die kindliche Autonomie. Die Eltern bevormunden ihr Kind nicht, wenn es etwas selbst tun kann oder selbst tun möchte. Sie lassen sich vom Verhalten ihres Kindes leiten und versuchen zu erspüren, wann sie gebraucht werden und wann sie sich zurückhalten sollen. Verhalten sich Eltern feinfühlig, spürt das Kind, dass es geliebt und respektiert wird.

Unsicher-vermeidend gebundene Kinder

Einige Kinder wirken äußerlich völlig unbeeindruckt, wenn die Mutter den Raum verlässt, und auch die fremde Person beachten sie nicht weiter und lassen sich, scheinbar selbstvergessen, nicht in ihrem Spiel stören. Und sie reagieren auch nicht, wenn die Mutter wieder zurückkommt. Ja, sie vermeiden es sogar, mit der Mutter Blickkontakt aufzunehmen. Haben diese Kinder tatsächlich keine Angst, ist für sie die Welt auch in Abwesenheit der Mutter in Ordnung? Nichts ist für diese Kinder in Ordnung, ganz und gar nichts. Sie haben vielmehr einen traurigen Grund, sich so scheinbar gleichgültig zu verhalten. Diese Kinder mussten bereits in ihren ersten Lebensmonaten prägende Erfahrungen machen. Erfahrungen, die keine Sicherheit vermittelten, sondern das Gegenteil. Sie haben gelernt, dass ihre Wünsche nach Bindung und emotionaler Zuwendung ignoriert oder sogar zurückgewiesen werden. Die Mütter dieser Kinder machen ihrerseits einen unsicheren Eindruck: Mal drängen sie sich dem Kind regelrecht auf, mal ignorieren sie es. Für das Kind ist dieses inkonsequente Verhalten nicht durchschaubar. Es lernt, dass es mit seinem Kummer und seinen Problemen allein zurechtkommen muss, und unterdrückt Ängste und Verunsicherung. Kinder, die das erleben, entwickeln einen unsicher-vermeidenden Bindungsstil. Sie tun so, als ob sie in der *Fremden Situation* die Mutter nicht vermissen. Sie spielen vor sich hin und reagieren nicht, wenn die Mutter zurückkommt. Ja, sie vermeiden es sogar, mit der Mutter Blickkontakt aufzunehmen. Diese Kinder zeigen der Mutter nicht, dass sie Angst haben oder sich verlassen fühlen, sondern täuschen vor, alles sei in Ordnung.

Diese Kinder sind überzeugt, dass sie am besten damit fahren, wenn sie ihren Eltern möglichst wenig Einblick in ihre Gefühlswelt gewähren. Sie verbergen, wenn es ihnen schlecht geht, sie warten ab, bis der Schmerz, die Angst, die Not von selbst vergehen. Auf keinen Fall wollen sie es riskieren, dass sie von Mutter oder Vater ausgeschimpft, nicht verstanden, ignoriert oder weggeschickt zu werden. Sie bemühen sich, möglichst nicht aufzufallen, schon gar nicht negativ.

Bindungsforscher beobachteten Kleinkinder nicht nur in der *Fremden Situation*, sondern prüften danach auch ihre Stressreaktionen. Um das Niveau des Stresshormons Kortisol zu bestimmen, nahmen sie Speichelproben. Und hier stießen die Forscher auf deutliche Unterschiede: Bei den sicher gebundenen sank der Kortisolspiegel nach Ende des Experiments. Bei vermeidend gebundenen Kindern dagegen stiegen die Kortisolwerte an. Je mehr die Kleinen ihre Gefühle unterdrückten, je mehr sie ihre Tränen herunterschluckten, desto mehr Stresshormone fanden sich in den Speichelproben. Ihre »Selbstbeherrschung« ist für diese Kinder also purer Stress – Stress, der ihre seelische und körperliche Gesundheit auf Dauer gefährdet.

Unsicher ängstlich-ambivalent gebundene Kinder

Diese zeigen in der *Fremden Situation* durchaus ihren Kummer und suchen die Nähe der Bindungsperson. Manchmal klammern sie sich regelrecht an die Mutter, wenn diese zurückkehrt, und wollen sie nicht loslassen. Aber nichts kann sie beruhigen: Die Mutter nimmt das Kind vielleicht spontan auf den Arm, setzt es dann aber gleich wieder ab, obwohl es sich noch nicht beruhigt hat. Die Mütter ängstlich-ambivalent gebundener Kinder sind wenig achtsam im Umgang mit ihrem Kind. In einem Moment überschütten sie es mit Zuneigung und Liebe, im nächsten wenden sie sich ab, weil ihnen etwas anderes wichtiger erscheint. Zudem erlauben diese Mütter ihrem Kind wenig Selbstständigkeit. Sobald das Kind einen eigenen Willen zeigt, greifen sie ein. Sie neigen zur Überbehütung und ängstlichen Überwachung. »Kinder merken schnell, dass ihre Eltern Angst bekommen, wenn sie auf Erkundung gehen und Autonomie zum Ausdruck bringen«, schreibt der Psychologe David Howe. »Daher ist es lediglich eine Frage der Zeit, bevor die Kinder selbst Angst empfinden, wann auch immer sie versuchen, unabhängig zu werden.« Unsicher ängstlich-vermeidend gebundene Kinder sehnen sich nach einer sicheren Bezugsperson und tun alles, um deren Aufmerksamkeit zu bekommen, gleichzeitig aber haben sie schon früh gelernt, dass Zuwendung, wenn sie denn kommt, schnell wieder entzogen werden kann. Diese Kinder können Trennungen von der Bezugsperson kaum verkraften: Sie schreien, klammern sich an, sind nur schwer zu beruhigen.

Desorganisiert gebundene Kinder

Kinder, die dem vierten Bindungsstil zugeordnet werden, verhalten sich in der *Fremden Situation* äußerst irritierend. Sie schreien, wenn die Mutter nach der Trennung ins Labor zurückkommt. Sie signalisieren »Ich will zu dir« und tun gleichzeitig das Gegenteil, indem sie sich von der Mutter wegbewegen. Manchmal legen sie sich steif auf den Boden, klammern sich aber im nächsten Moment völlig unerwartet ans Bein der Mutter. Diese Kinder zeigen in Konfliktsituationen stereotype motorische Verhaltensweisen. Manchmal erstarren sie regelrecht für Sekunden. Diese Bindungsform bildet sich aus, wenn die wichtigen Bindungspersonen dem Kind Angst machen, es verwirren, ihm feindselig begegnen oder durch eigene Hilflosigkeit und schwere persönliche Probleme das Kind seelisch überfordern.

Die *Fremde Situation* ist eine aufschlussreiche Beobachtungsmethode: Sie macht die Geschichte der bisherigen Eltern-Kind-Beziehung auf einfache Weise deutlich. In den Reaktionen des Kindes spiegelt sich, welche Erfahrungen es in der Vergangenheit gemacht hat und welche Erwartungen daraus entstanden sind. Das kleine Kind, das auf die zurückkehrende Mutter reagiert, zeigt im Grund eine Erwartung – die Erwartung, dass die Mutter ihm sicher zur Seite steht, oder die Erwartung, dass es in seiner Not auf sich allein gestellt ist.

Bindungsunsicherheit kann radikalisieren

Bindungsforscher sind sich einig: Ein Hauptrisikofaktor für die Entwicklung unsicherer Bindungsmuster ist »emotionale Vernachlässigung«. Sie hat viele Gesichter. Man spricht von emotionaler Vernachlässigung, wenn Bindungspersonen ein Kind

- ignorieren,
- ablehnen oder abwerten und ihm negative Eigenschaften zuschreiben,
- überfordern, überbehüten oder in seinem Erkundungsdrang einengen,
- zur Befriedigung eigener Bedürfnisse missbrauchen,

- nicht angemessen fördern und ihm kindgerechte Erfahrungen verwehren.

Häufig geht emotionale Vernachlässigung mit äußerer Vernachlässigung und dysfunktionalen Familienverhältnissen einher. In solchen Fällen ist ein unsicheres Bindungsmuster nicht nur für das einzelne Kind und seine Entwicklung gefährlich, sondern zieht größere Kreise.

Die Sozialwissenschaftlerin Saskia Lützinger hat zusammen mit einem Forscherteam neununddreißig junge Männer aus terroristischen oder links- und rechtsextremistischen Gruppierungen zu ihren biografischen Hintergründen befragt. Ein wichtiges Ergebnis dieser Interviews: Die Familien dieser jungen Männer waren auf vielfältige Weise belastet und wiesen in hohem Maße dysfunktionale Strukturen auf. Das heißt: Diese Familien konnten den Heranwachsenden keine Orientierung geben, sie waren auf sich allein gestellt und bekamen wenig bis keine Unterstützung. Die jungen Männer hatten enorme schulische Probleme und fühlten sich zudem sozial ausgegrenzt. Eine große Anziehung und Attraktivität strahlten daher für die jungen Menschen Gruppierungen aus, die versprachen, die Lücke zu füllen, welche die Familienstrukturen geschaffen hatten. »Mangels erlebter Geborgenheit und Orientierung im Elternhaus war die engere Clique für die Befragten das einzig verfügbare soziale Stützsystem. Dies stellt sich nicht zuletzt auch als die Hauptursache für eine ausgeprägte Anfälligkeit für gruppendynamische Prozesse und eine auffällig starke Bindung an die Clique heraus«, so Saskia Lützinger. »Häufig ersetzten die Cliquen aus funktionaler Sicht heraus die Familien der Befragten, was sich auch im Sprachgebrauch der Befragten ausdrückte, die von ihren Cliquen in der Regel als ›Familie‹ sprachen.«

Wir Menschen sind nicht nur soziale Wesen, »sondern auch Wesen, die es brauchen, mit anderen auf besondere Weise verbunden zu sein«, schreibt die Psychologin Susan M. Johnson. Und sie warnt: Wenn dieses Bedürfnis nicht erfüllt, wenn es unterdrückt oder gar geleugnet wird, bringen wir uns in Gefahr. Und nicht nur uns selbst als Partner oder Eltern, sondern auch die Gesellschaft insgesamt. Denn Bindungsunsicherheit oder Bindungslosigkeit haben nicht nur Auswirkungen auf die individuelle psychische Gesundheit, sie können auch dazu führen, dass Bindung verzweifelt an gefährlichen Orten gesucht wird.

Sichere Bindung lernen – von Anfang an

Es ist das große Verdienst der Bindungsforschung, dass sie mit ihren Studien den Elfenbeinturm der Wissenschaft verlassen und ihre Erkenntnisse dorthin getragen hat, wo sie Wirkung zeigen können: zu den Eltern, zu Erzieherinnen und Erziehern, zu Lehrkräften. Viele Menschen sind inzwischen sensibilisiert und wissen um die Bedeutung einer sicheren Bindung.

Viele Projekte sind im Laufe der Zeit aus den Forschungsarbeiten zur Eltern-Kind-Bindung entstanden. So hat beispielsweise der Münchner Bindungsforscher und Kinder- und Jugendpsychiater Karl-Heinz Brisch in den vergangenen Jahrzehnten sehr erfolgreiche Präventionsprogramme aufgebaut, in denen Eltern und Menschen, die Kinder betreuen, darüber informiert werden, wie sichere Bindung entsteht. Eines dieser Programme ist SAFE (der Name steht für »Sichere Ausbildung für Eltern«). In diesen Kursen treffen sich Eltern schon vor der Geburt ihres Kindes und stellen sich Fragen wie beispielsweise diese:

Wie kann ich eine gute Beziehung zu meinem Kind aufbauen und seine Entwicklung fördern? Was soll ich tun, wenn mein Baby trotz aller Bemühungen schreit oder nicht einschlafen kann? Wie gehen wir als Eltern damit um, wenn wir andere Bedürfnisse haben als unser Baby? Können wir unser Baby verwöhnen, wenn wir ihm das geben, was es wirklich entsprechend seinen Bedürfnissen braucht? Wie kann ich verhindern, dass ich unbewusst eigene belastende Kindheitserlebnisse an mein Kind weitergebe?

Gerade der letzte Punkt ist Bindungsforschern wichtig. Denn wenn Eltern ihre eigenen unverarbeiteten frühkindlichen Traumata nicht kennen, geben sie diese an die eigenen Kinder weiter. Karl Heinz Brisch hat die Vision, dass es irgendwann diese SAFE-Kurse für alle gibt. Er wünscht sich »eine Art emotionale Grundimmunisierung der Eltern, gegen die Tendenz zur übermäßigen Frustration und Härte schon gegenüber Babys, gegen Fehlinterpretation und Missachtung von überlebenswichtigen Gefühlen und Bedürfnissen von Kindern. Und zwar für alle Eltern, unabhängig davon, aus welchem Stadtteil sie kommen. Wenn möglichst viele Eltern einen SAFE-Kurs besuchen würden, könnte sich die Welt also ein bisschen ändern. Das wäre dann echte Friedensarbeit.«

Literatur

Allen, Elizabeth S.; Bauform, Donald H.: Adult Attachment and Patterns of Extradyadic Involvement. *Family Process*, 43, 2004, 467–488.

Beaulieu-Pelletier, Geneviéve: Mitteilung der Universität von Montreal. ddp/wissenschaft.de, 10. 9. 2008.

Bowlby, John: Bindung. Ernst Reinhardt Verlag, München/Basel 2006.

ders.: Bindung als sichere Basis. Grundlagen und Anwendung der Bindungstheorie. Ernst Reinhardt Verlag, München 2018.

Brisch, Karl-Heinz; Grossmann, Klaus E., Grossmann, Karin; Köhler, Lotte (Hrsg.): Bindung und seelische Entwicklungswege. Klett-Cotta, Stuttgart 2002.

Brisch, Karl-Heinz: Bindungsstörungen. Von der Bindungstheorie zur Therapie. Klett-Cotta, Stuttgart 2003.

ders.: »Viele Eltern reagieren auf ihre Kinder nicht feinfühlig.« Interview in *Psychologie Heute compact,* Nr. 41, 2015.

Cassidy, Jude; Shaver, Phillip R.: Handbook of Attachment. The Guilford Press, New York 2016 (3).

Faller, Heike: Verrückt nach mir. Interview mit Elinor Greenberg. *ZEIT-Magazin* Nr. 33, 08. 08. 2019.

Fromm, Erich: Die Kunst des Liebens. Ullstein, Berlin 2015 (73. Auflage).

George, Carol; Kaplan, Nancy; Main, Mary: The Adult Attachment Interview. Unpublished protocol, Department of California, Berkeley, 1996. Zitiert nach Mario Mikulincer, Phillip R. Shaver, a. a. O.

Gloger-Tippelt, Gabriele (Hrsg.): Bindung im Erwachsenenalter. Hans Huber, Bern 2001.

Greenberg, Leslie S.; Goldman, Rhonda N.: Die Dynamik von Liebe und Macht. Emotionsfokussierte Paartherapie. Ernst Reinhardt Verlag, München/Basel 2010.

Grossmann, Klaus E.; Grossmann, Karin; Winter, Monika; Zimmermann, Peter: Bindungsbeziehungen und Bewertung von Partnerschaft. Von früher Erfahrung feinfühliger Unterstützung zu späterer Partnerschaftspräsentation. Klett-Cotta, Stuttgart 2002.

Hazan, Cindy; Shaver, Phillip R.: Love and Work: An Attachment-Theoretical Perspective. *Journal of Personality and Social Psychology*, 59, 2, 1990.

Hehl, Franz-Josef: Von der Herkunftsfamilie zur Paartherapie. Asanger Verlag, Heidelberg/Kröning 2002.

Helms, Lillian; Bierhoff, Hans-Werner: Lässt sich Untreue durch Geschlecht, Einstellung oder Persönlichkeit vorhersagen? *Zeitschrift für Familienforschung*, 13, 3, 2001, 5–25.

Hesse, Erik; Main, Mary: Desorganisiertes Bindungsverhalten bei Kleinkindern, Kindern und Erwachsenen. In: Karl-Heinz Brisch u. a. (Hrsg.), Bindung und seelische Entwicklungswege. Klett-Cotta, Stuttgart 2002.

Howe, David: Bindung über die Lebensspanne. Grundlagen und Konzepte der Bindungstheorie. Junfermann, Paderborn 2015.

Johannes: Wie es wirklich ist, ein Narzisst zu sein. Aufgezeichnet von Sara Tomsic. *DIE ZEIT*, Nr. 10, 28. 2. 2019.

Johnson, Susan M.: Creating Connection. The Practice of Focused Marital Therapy. Routledge 1996.

dies.: Die Praxis der Emotionsfokussierten Paartherapie. Junfermann, Paderborn 2009.

dies.: Halt mich fest. Sieben Gespräche zu einem von Liebe erfüllten Leben. Junfermann, Paderborn 2011.

Kallos-Lilly, Veronica; Fitzgerald, Jennifer: Wir beide. Das Arbeitsbuch zur Emotionsfokussierten Paartherapie. Junfermann, Paderborn 2016.

Levine, Amir; Heller, Rachel S. F.: Attached. Penguin Random House, New York 2010. Deutsche Ausgabe: Warum wir uns immer in den Falschen verlieben. Goldmann, München 2015 (3).

Lützinger, Saskia (Hrsg): Die Sicht der anderen. Eine qualitative Studie zu Biografien von Extremisten und Terroristen. Luchterhand, Köln 2019.

Malkin, Craig: Der Narzissten-Test. Dumont, Köln 2016.

Maslow, Abraham: Motivation und Persönlichkeit: Reinbek, Rowohlt 1984.

Mikulincer, Mario; Shaver, Phillip R.: Attachment in Adulthood. The Guilford Press, New York 2016, S. 529–534.

Nast, Michael: Generation beziehungsunfähig. Edel Books, Hamburg 2016 (2).

Nuber, Ursula: Was Paare wissen müssen. 10 Grundregeln für das Leben zu zweit. Fischer TB, Frankfurt a. M. 2005.

dies.: Lass die Kindheit hinter dir. Das Leben endlich selbst gestalten. Piper, München 2019 (aktualisierte und überarbeitete Neuauflage).

Pistole, M. Carole: Adult attachment style and narcisstic vulnerability. *Psychoanalytic Psychology*, 12(1), 1995, 115–126.

Roesler, Christian: Paarprobleme und Paartherapie. Theorien, Methoden, Forschung – ein integratives Lehrbuch. Kohlhammer, Stuttgart 2018.

Rooney, Sally: Gespräche mit Freunden. Luchterhand, München 2019.

Schmidbauer, Wolfgang: Die heimliche Liebe. Rowohlt, Reinbek 2001.

Simpson, Jeffry A. et al.: Attachment and the experience and expression of emotions in romantic relationships: A developmental perspective. *Journal of Personality and Social Psychology*, 92, 2, 2007.

Solomon, Marion: Lean on me. The power of positive dependency in intimate relationships. Kensington Books, New York 1994.

dies.: Emotion in romantic partners: Intimacy found, intimacy lost, intimacy reclaimed. In: D. Fosha u.a.: The healing power of emotion. New York, Norton, 2009.

Solomon, Marion; Tatkin, Stan: Liebe und Krieg in Paarbeziehungen. Junfermann Verlag, Paderborn 2013.

St Aubin de Teràn, Lisa: Joanna. Roman. Suhrkamp, Frankfurt a.M. 1997.

Strauß, Bernhard; Schauenburg, Henning (Hrsg.): Bindung in Psychologie und Medizin. Ein Handbuch. Kohlhammer, Stuttgart 2017.

Sydow, Kirsten von: Bindung und Paarbeziehung. In: Bernhard Strauß, Henning Schauenburg (Hrsg.), a.a.O.

White, Kate: »Liebe kann ein gefährliches Gefühl sein«. Interview in *Psychologie Heute compact*, 41, 2015.

Wilbertz, Norbert: Wenn der Versöhnungsprozess stagniert. Zum Umgang mit blockierenden, aus der Kindheit stammenden Erlebens- und Verhaltensmustern. In: Friederike von Tiedemann (Hrsg.): Versöhnungsprozesse in der Paartherapie. Ein Handbuch für die Praxis. Junfermann, Paderborn 2017.

Willi, Jürg: Die Zweierbeziehung. Rowohlt, Reinbek b. Hamburg 2014 (2).

Ziegenhein, Ute: Sichere mentale Bindungsmodelle. In: Gabriele Gloger-Tippelt a.a.O.

Fragebögen zum Bindungsstil

Die unter Kapitel 3 veröffentlichten Statements sind den folgenden drei Fragebögen entnommen und von der Autorin übersetzt. Quelle: Mario Mikulincer, Phillip R. Shaver, a. a. O.

Attachment Style Questionnaire (ASQ): J. A. Feeney et al.: Assessing adult attachment. In: M. B. Sperling, W. H. Berman (Eds.): Attachment in adults: Clinical and developmental perspectives. New York, Guilford Press 1994.

Relationship Style Questionnaire (RSQ)
D. W. Griffin, K. Bartholomew: The metaphysics of measurement: The case of adult attachment. In: K. Bartholomew, D. Perlman (Eds.): Advances in personal relationships: Attachment processes in adulthood. Vol. 5, S. 17–52, 1994. London: Jessica Kingsley.

Experiences in Close Relationships Scale (ECR)
K. A. Brennan et al.: Self-report measurement of adult romantic attachment: An integrative overview. In: J. A. Simpson, W. S. Rholes (Eds): Attachment theory and close relationships, New York, Guilford Press 1998.

Karl-Heinz Brisch: Leitfaden AAI, Adult-Attachment-Interview nach Carol George und Mary Main. Modifiziert für SAFE – Mentorenausbildung. www.khbrisch.de

Gabriele Gloger-Tippelt: Das Adult-Attachment-Interview. In: Gabriele Gloger-Tippelt, a. a. O.